U0934038

中国休闲体育发展报告（2021—2022）

ANNUAL REPORT ON DEVELOPMENT OF LEISURE SPORTS IN CHINA (2021-2022)

主编 李相如 罗帅呈 冯 宇

图书在版编目（CIP）数据

中国休闲体育发展报告. 2021—2022 / 李相如，罗帅呈，冯宇主编. -- 厦门 ：厦门大学出版社，2023.10
ISBN 978-7-5615-9113-0

Ⅰ. ①中… Ⅱ. ①李… ②罗… ③冯… Ⅲ. ①休闲体育-研究报告-中国-2021－2022 Ⅳ. ①G812.4

中国版本图书馆CIP数据核字(2023)第176658号

出版人 郑文礼
责任编辑 李峰伟
美术编辑 张雨秋
技术编辑 许克华

出版发行 厦门大学出版社
社　　址 厦门市软件园二期望海路 39 号
邮政编码 361008
总　　机 0592-2181111 0592-2181406(传真)
营销中心 0592-2184458 0592-2181365
网　　址 http://www.xmupress.com
邮　　箱 xmup@xmupress.com
印　　刷 厦门集大印刷有限公司

开本 720 mm×1 020 mm 1/16
印张 16.25
字数 266 千字
版次 2023 年 10 月第 1 版
印次 2023 年 10 月第 1 次印刷
定价 78.00 元

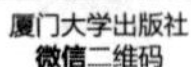

厦门大学出版社
微博二维码

本书编委会

主编简介

李相如，教授，博士研究生导师，北京市教学名师，首都体育学院休闲与社会体育学院首任院长；全国群众体育先进个人，全国老龄委首届专家委员会委员（2020—2023），国家发改委城市与小城镇改革发展中心中国城市体育联赛组委会常务副主席，国家体育总局智库专家，教育部国培专家库专家，国家社科基金项目同行评审专家，教育部人文社会科学课题评审专家，教育部博士学位抽检评审专家等。主要社会兼职：世界休闲体育协会轮值主席，澳门休闲体育协会名誉主席，中国大学生体育协会高校体育发展战略研究工作委员会常务理事，国家体育总局体育行业职业技能鉴定专家指导委员会委员等。主持国家级社科基金项目、省部级项目和委托课题40余项。曾获国家级教学成果奖二等奖（主要成员），北京市教学成果奖一等奖（主要成员），体育总局科技进步奖三等奖、教学成果奖三等奖；国家级教学团队主要负责人，北京市学术创新团队带头人，国家规划教材《休闲体育概论》主编等；出版专著、教材、译著90余部，发表论文350余篇。

罗帅呈，教授，硕士生导师，南昌工学院体育与健康学院院长。主要社会兼职：中国体育科学学会体育产业分会委员，国际空竹联合会大学联盟副秘书长，中国大学生体育协会理事，中国老年保健协会适老化健身教练专业委员会委员，江西省学生体育协会常务理事，中国少数民族体育协会院校委员会副秘书长等。主持国家、省部级课题9项，目前参与国家社会科学基金重大项目“中华人民共和国体育史研究（1949—2019）”和“新发展阶段中国体育战略转型与发展模式创新研究”的研究。出版《民间民俗体育文化发展研究》《中华人民共和国少数民族传统体育运动会史》等学术专著，主编《蹴球运动》《大学体育理论与实践教程》《现代大学体育选项教程》《大学体育指导教程》等教材，发表学术论文30余篇。

冯　宇，央视网文体教育事业群总经理。于2011年加入央视网，主要从事企业经营管理、分公司建设与管理、体育新媒体运营管理以及新媒体客户端运营管理工作。负责体育工作以来，组织参与伦敦奥运会、里约奥运会、平昌冬奥会的新媒体转播报道，组织参与法国欧洲杯、俄罗斯世界杯、亚运会、天津全运会等大型综合体育和专业体育赛事的新媒体转播报道工作。担任《足球道路》体育文化纪录片制片人，该纪录片获得国际体育记者协会“2018体育媒体奖”铜奖、第24届中国纪录片学术盛典年度收藏奖，入选2018年度中国最具影响力十大纪录片。担任《冰雪道路》体育文化纪录片制片人，该纪录片获得2020年第26届中国纪录片系列片十优作品奖。带领团队联合成都市体育局以及相关合作伙伴举办中国（成都）生活体育大会。

前　言

习近平总书记在党的二十大报告中指出，广泛开展全民健身活动，加强青少年体育工作，促进群众体育和竞技体育全面发展，加快建设体育强国。到 2035 年，建成教育强国、科技强国、人才强国、文化强国、体育强国、健康中国，国家文化软实力显著增强，体育成为中华民族伟大复兴的重要支柱之一。

2022 年 12 月 27 日，国家体育总局局长高志丹指出，党的十八大以来，我国群众体育蓬勃开展，人均体育场地面积达到 2.41 平方米，经常参加体育锻炼人数比例达 37.2%，农民体育健身工程覆盖到全国超过 96% 的行政村。竞技体育综合实力不断提升，共获得 986 个世界冠军，创超世界纪录 127 次，截至 2018 年雅加达亚运会，连续 10 次蝉联金牌榜首位，截至 2020 年东京奥运会，连续 6 届跻身金牌榜前 3 名。成功举办北京冬奥会，创造了我国参加冬奥会历史最好成绩。体育产业规模水平不断提高，体育产业增加值占国内生产总值的比重从 0.60% 提升至 1.06%。体育文化建设内容不断丰富、阵地不断扩大、精品不断涌现，传承和弘扬了中华体育精神和新时代女排精神。体育对外交往日趋活跃。体育事业全面融入新时代伟大事业之中，为建设富强民主文明和谐美丽的社会主义现代化强国增添了动力、贡献了力量。

2022 年 3 月，中共中央办公厅、国务院办公厅印发了《关于构建更高水平的全民健身公共服务体系的意见》（以下简称《意见》），指出到 2025 年，更高水平的全民健身公共服务体系基本建立，人均体育场地面积达到 2.6 平方米，经常参加体育锻炼人数比例达到 38.5%，政府提供的全民健身基本公共服务体系更加完善、标准更加健全、品质明显提升，社会力量提供的普惠性公共服务实现付费可享有、价格可承受、质量有保障、安全有监管，群众健身热情进一步提高。到 2035 年，与社会主义现代化国家相适应的全民健身公共服务体系全面建立，经常参加体育锻炼人数比例达到 45% 以上，体育健身和运动休闲成为普遍生活方式，人民身体素养和健康水平居于世界前列。

《中国休闲体育发展报告（2021—2022）》运用文献资料法、问卷调查法、访谈法、田野调查法、案例研究法等多种研究方法，耗时一年多，对全国各个区域的政府、企业、健身人群进行调研，通过专业视角和学者声音，基于数据和案例，解读我国休闲体育发展大势，重点关注当前休闲体育发展中迫切需要解决的若干问题，呈现最前沿的休闲体育深度调查报告和研究成果。

本发展报告分为“总报告”“专题篇”“区域篇”“典型案例与分析”4个部分。“总报告”主要阐述了我国休闲体育的总体概况、发展特点，并对休闲体育出现的若干社会现象和问题进行了分析和讨论，对我国休闲体育发展的未来趋势做出了基本判断和展望；“专题篇”分别对我国户外运动发展、电子竞技运动、休闲马术产业、自驾游和房车发展、马拉松赛事活动等休闲体育现况与发展趋势进行了专题研究，力图进行深度分析和探究；“区域篇”分别对北京、江苏、陕西等地的休闲体育状况进行研究，涉及各地域的自然情况、民族风俗、文化特点、休闲方式、人群划分、运动项目、场地设施、运行机制、效果评价等方面；“典型案例与分析”专门选取了一家国企、两家民企作为点状案例研究对象，试图通过“解剖麻雀”的方法，了解我国体育企业的发展状况。

本报告将为政府制定政策提供参考，为学者开展研究提供素材，为从业人员开展实践活动提供案例借鉴。

在本报告撰写过程中，我们查阅和引用了许多文献和专家、学者的学术观点、研究成果。本书的出版得到了南昌工学院提供的智力支持和出版资助，以及厦门大学出版社的大力支持。在此，一并表示衷心感谢！

李相如

2023年5月

目　录

Ⅰ　总报告

Ⅱ　专题篇

Ⅲ　区域篇

Ⅳ　典型案例与分析

B

I

总报告

1　中国休闲体育发展的现状与趋势

李琳琳 *　罗帅呈 **　李相如 ***

摘　　要： 党的二十大后，中国体育改革持续推进，体育治理体系和治理能力现代化建设扎实开展，休闲体育消费市场商机无限，休闲体育产业取得长足进展，其在国民经济中的地位和作用不断攀升，健康中国和体育强国建设迈出新步伐。回顾过去，我国休闲体育产业规模结构不断优化，健身休闲场馆设施逐步增加，健身休闲生活选择日益多元，健身休闲消费持续增长，国产品牌销售屡创佳绩，健身休闲人数稳步上涨，国民体质健康水平得到显著提升，健身休闲保障得以加强，休闲体育产业呈现欣欣向荣的景象。从总体上看，我国休闲体育历经理论与实践、科技应用与参与人群、组织形式与宣传方式、运动场景与赛事效果的创新变革，以户外运动、冰雪运动、马拉松运动、马术运动、电竞运动等为代表的时尚休闲体育产业，以北京市、陕西省和江苏省为代表的区域休闲体育产业，以城区休闲体育、特色休闲项目、特色休闲企业为代表的典型休闲体育产业，均取得骄人战绩。展望未来，我国休闲体育方兴未艾，正在当时！

关 键 词： 中国；休闲体育；发展现状；未来趋势

一、中国休闲体育发展概况

2022 年 3 月，中共中央办公厅、国务院办公厅印发了《关于构建更高水平的全民健身公共服务体系的意见》（以下简称《意见》），指出到 2025 年，更高水平的全民健身公共服务体系基本建立，全民健身将进入一个更高水平的发展阶段。党的二十大报告也指出，要促进群众体育和竞技体育全面发展，

* 李琳琳，山东体育学院教授，博士。

** 罗帅呈，南昌工学院体育学院教授，博士。

*** 李相如，世界休闲体育协会主席，教授，博导。

加快建设体育强国；要推进健康中国建设，把保障人民健康放在优先发展的战略位置。体育强则中国强，国运兴则体育兴，全民健康是国家现代化的重要标志。

党的二十大后，中国体育改革持续推进，体育治理体系和治理能力现代化建设扎实开展，健身休闲场地设施逐步增多。同时，人民生活水平显著提高，健康意识不断增强，越来越多的人开始追求健康休闲生活，有效刺激了体育相关产业的发展，为庞大的休闲体育消费市场带来巨大的商机；休闲体育产业取得长足发展，在国民经济中的地位和作用不断攀升，健康中国和体育强国建设迈出新步伐。

（一）体育产业规模结构优化

体育产业是重要的民生产业，具有资源消耗低、需求弹性大、覆盖领域广、产品附加值高、产业链条长等特点。近年来，在一系列政策措施的带动下，我国体育市场主体不断增加，体育健身和体育消费潜力加快释放，体育产业规模不断迈上新台阶，并推动产业结构持续优化。国家统计局、国家体育总局 2022 年 12 月 30 日发布公告，2021 年全国体育产业总规模（总产出）为 31175 亿元，增加值为 12245 亿元。与 2020 年相比，体育产业总产出增长 13.9%（未扣除价格因素，下同），增加值增长 14.1%。

2019 年，在体育产业整体结构上，体育健身休闲活动发展最快，保持了近年来的高位增长，增加值现价增长速度达到 74.4%。在体育消费中休闲体育消费已经达到 70% 左右。随着经济的快速发展，我国人民生活水平越来越高，人们也越来越会享受生活。随着我国全面建成小康社会目标的实现，参与体育活动、享受健康已经成为人民所向往的美好生活的基本需求。同时消费又必将促进休闲体育产业的发展，预测到 2025 年中国休闲体育产业的规模将达到 3.5 万亿元人民币，带动全国体育产业总规模达到 5 万亿元，这种巨大的消费能力将成为推动我国经济未来发展的重大引擎。

从内部构成看，体育服务业增加值为 8576 亿元，占体育产业增加值的比重为 70.0%，比上年提高 1.3 个百分点。体育用品及相关产品制造增加值为 3433 亿元，占体育产业增加值的比重为 28.0%，比上年下降 1.3 个百分点。体育场地设施建设增加值为 236 亿元，占体育产业增加值的比重为 1.9%，比上年下降 0.1 个百分点。

从增长速度看，随着全民健身和体育竞赛活动的有序恢复，叠加 2020 年基数较低因素，体育产业实现较快增长。与上年相比，体育竞赛表演活动增加值增长 26.1%，体育健身休闲活动增加值增长 21.1%，体育场地和设施管理增加值增长 27.7%，体育经纪与代理、广告与会展、表演与设计服务增加值增长 21.9%。以非接触性活动为主的体育传媒与信息服务增加值保持较快增长，增速为 19.9%。

借助政策激励与资源集聚，国内各省纷纷掀起跑步热潮，参与跑步的人数连年攀升，跑步经济迎来井喷式发展。随着跑步人群的扩大，无疑促进了跑步产业特别是马拉松产业的加速发展。《2021 中国跑步白皮书》显示，2021 年跑步用户及活跃度实现双位数增长，对比上一年，用户数量增幅 16.7%，日活跃用户增长 21.4%。跑步类 app 用户黏性不断提高，跑步用户规模持续增长。

体育行业致力于融入国家发展大局，对休闲体育的未来几十年的发展提供了价值指引。体育总局印发的《2022 年群众体育工作要点》中指出，推动形成构建更高水平的全民健身公共服务体系新格局。召开全国群众体育工作会议，研究部署《意见》贯彻落实工作；把《意见》提出的目标任务分解到责任部门、具体到工作内容，明确工作时间表、路线图、任务书、优先序。建设和完善全国全民健身赛事活动体系，推动构建以全运会群众赛事活动、全国全民健身大会以及全民健身日主题示范活动为龙头，各级全民健身大会、社区运动会和各项目群众性赛事活动融合开展，国家、省(区、市)、市、县四级联动，线上线下互补、贯穿全年的全民健身赛事活动体系，进一步丰富全民健身赛事活动供给；筹办首届全国全民健身大会，指导各地开展预选赛，鼓励各地特别是基层举办社区运动会；组织全民健身日、“行走大运河”全民健身健步走、九九重阳老年人体育健身、农民丰收节、大众冰雪季等一系列年度全民健身主题活动，逐步形成一批具有影响力、群众喜爱的品牌活动，把赛事活动办到群众身边，满足群众多元化参赛需求。此外，体育服务业的外延不断扩展，与健康、旅游、传媒、信息等产业融合的新兴服务业迅速崛起，不断提高产业发展质量和效益。

（二）健身休闲场馆设施增加

国家着力解决老百姓“健身去哪儿”的难题，增加健身设施，补齐全民健身短板。国家体育总局发布的2021年全国体育场地统计调查数据显示，截至2021年底，全国共有体育场地397.14万个，体育场地面积34.11亿平方米，人均体育场地面积2.41平方米，分别比2013年增长134.3%、71.2%和65.1%；全国全民健身路径92.93万个，健身房12.89万个，健身步道10.59万个（长度达26.34万公里）。未来，健身设施覆盖率将继续稳步提升。《意见》明确，到2025年，更高水平的全民健身公共服务体系基本建立，人均体育场地面积达到2.6平方米。

（三）健身休闲生活选择多元

研究数据显示，与疫情前的2019年相比，越来越多的城乡居民愿意走出家门，参与多元化户外休闲活动。2022年，城镇居民、农村居民和退休居民居家休闲比重分别比2019年下降5.26个百分点、12.92个百分点和9.17个百分点，疫情后居民利用闲暇时间外出休闲的意愿更为强烈。此外，城镇居民日常生活中的文化休闲比重日益提升，其中工作日期间文化休闲占比由2019年的15.11%增加至2022年的18.78%，节假日期间文化休闲占比由2019年的16.92%提升至2022年的22.86%，增加了近6个百分点。体育健身占比较疫情前有所下降，一定程度上反映了国民健康意识、体育健身服务供给等仍存在较大的提升空间（图1）。

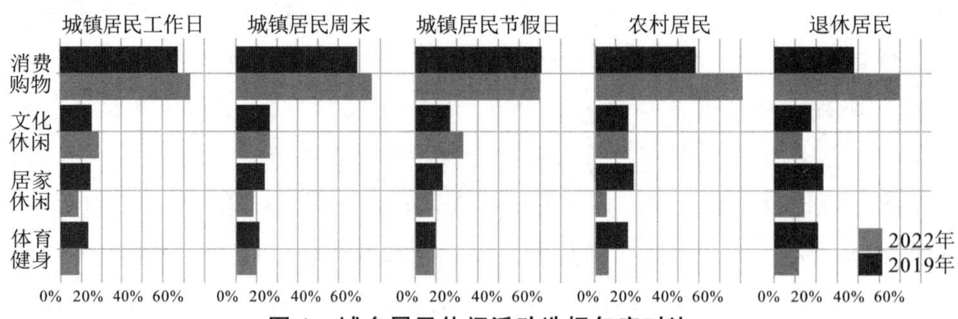

图1 城乡居民休闲活动选择年度对比

从具体体育健身休闲活动来看，城镇居民、农村居民与退休居民存在一定的偏好差异。在各类体育健身休闲活动中，城镇居民最喜欢球类运动，农村居民与退休居民最喜欢散步遛弯。随着闲暇时间增多，城镇居民对各类体育健身休闲活动的选择呈现一定的差异性。节假日参与散步遛弯的城镇居民占比低于工作日，由 15.27% 降为 10.77%；而选择参与球类运动、唱歌跳舞以及武术等传统体育锻炼活动的城镇居民人数占比明显高于工作日（图 2）。

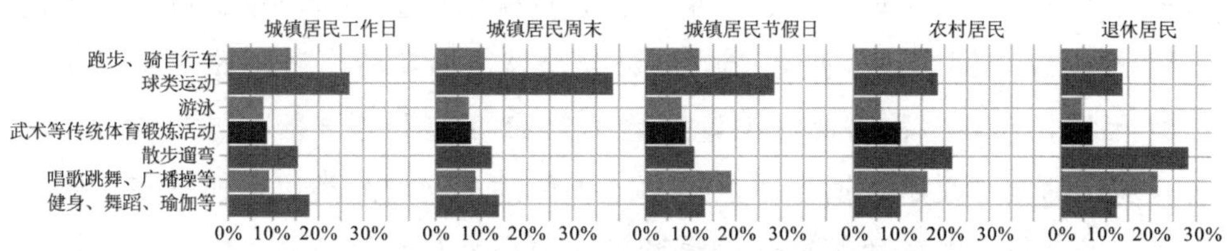

图 2　2022 年体育健身类休闲活动内部结构

从单项文化休闲活动偏好来看，城镇居民最喜欢看电影，尤其是工作日，该项活动占比达 30.85%；随着闲暇时间增多，选择参观博物馆、展览馆、名人故居等文化场所的城镇居民有所增加。对于农村居民，选择听戏曲的受访者占比最高，为 49.03%，而选择参观文化场馆、观看文艺演出等休闲活动的居民占比明显低于城镇居民。对于退休居民，其对书法、绘画、集邮等活动表现出更为明显的偏好意向，占比达 12.88%，是城镇和农村居民相应占比的 2 ～ 3 倍（图 3）。

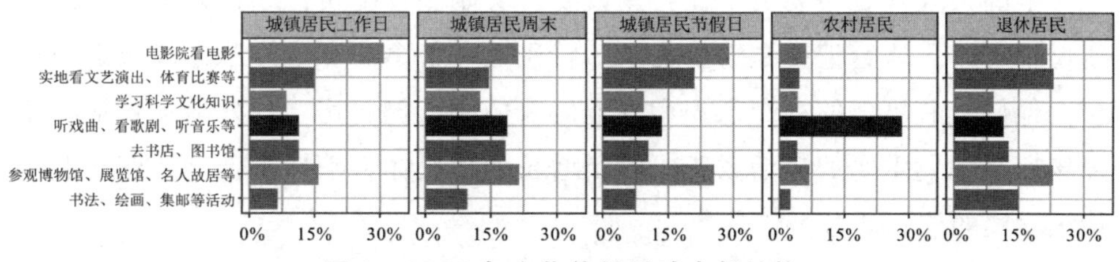

图 3　2022 年文化休闲活动内部结构

过去，居民健身运动的形式更多是传统、非器械的项目，如跑步、健身操、球类运动等；现在，越来越多的人选择更具有挑战性和刺激性的新潮运动项目，如马拉松、登山、飞盘、皮划艇、冲浪、房车露营、徒步穿越、滑雪等，其中冰雪运动更是带动了 3 亿人参与其中。

（四）健身休闲消费持续增长

随着人们收入水平的提高，消费需求将从物质消费、必需品消费、发展消费向舒适消费、健康消费、快乐消费延伸拓展。中国不仅是体育用品制造大国，还是该领域的消费大国。2022 年居家健身器材网络销量持续增长，据得物客户端相关负责人介绍，仅五一期间该平台上适宜居家使用的健身器材销量大幅增长，其中瑜伽垫、呼啦圈、健身棒、负重沙袋、小腿拉伸器等销量相比 2021 年同期增长近 30%，仰卧起坐器、筋膜枪、俯卧撑架销量相比 2021 年增长超 60%，瑜伽球销量更是比 2021 年增长近 8 倍。与此同时，个性、多元的健身需求让适合居家运动的小件健身器材品类也迅速增多，像美腰机、甩脂机、跳舞毯等适合居家场景的中小健身类目新品，一经上线就受到消费者的追捧。

据 2022 年央视财经报道，近两年滑板运动在国内增加了 600 多万参与者。截至 2022 年，全国滑板标准场地已突破 200 块，滑板俱乐部近 400 家，参与滑板运动的爱好者已达上千万人。广东省佛山市因承办 2019 年国际篮联篮球世界杯小组赛阶段 10 场赛事，吸引了超 10 万游客到访，门票收入超 2000 万元，旅游收入约 3 亿元。来自多方的数据显示，随着全民健身观念日益深入人心，购买体育装备、参与体育培训、体验时尚运动、观看体育比赛、租用体育场地等体育消费正成为百姓消费的新热点。

全国人大常委会委员、社会建设委员会副主任委员江小涓认为，在这些新型消费中，体育消费是重要内容。特别是 4 亿多“90 后”迅速成长走向社会，他们具有更强的社交意识和专业健身需求，健身房、户外活动场地、比赛场所是他们重要的生活场所。不断增长的居民体育消费是推动体育产业可持续发展的核心动力。

“要想让体育产业做强做大，必须大力发展‘参与性体育’，特别是青少年的参与性体育。青少年体育不仅是家庭体育消费支出的重点，而且具备巨大的拉动效应。家庭中，青少年儿童体育的参与有很强的带动作用，也逆向培养和加强了家长对体育项目的理解，从而最终带动了家庭的整体体育消费支出。”万国体育首席执行官张涛认为，多年来，社会化青少年体育俱乐部的蓬勃发展，不仅普及了体育项目和文化，培育了体育人口和市场，同时也在专业竞技人才培养、专业赛事体系打造、解决退役运动员就业和体育场馆综合开发利用等方面做出贡献。《中国体育产业发展报告（2019）》显示，我国体育培训市场规模约为2011亿元，而我国青少年体育培训市场规模约为1205.1亿元，占体育培训行业的59.9%；参与体育培训的城市青少年人数超过2100万人，以7至12岁青少年为主；参与体育培训的年人均消费为5738.4元。

如今，中国的旅游市场正由传统观光型向休闲度假型转换。许多旅游者已不满足于走马观花式的传统旅游方式，更愿意参与一些在大自然中既健身又赏心悦目的运动休闲项目。在此背景下，体育旅游无疑正在成为旅游消费的新亮点，人们越来越多地选择"燃烧卡路里"的方式度过假期。2021年春节假期，千岛湖的运动休闲游共接待游客25.1万人次，实现旅游收入3.5亿元。浙江省杭州市淳安县文化和广电旅游体育局副局长徐跃进告诉记者，千岛湖运动休闲游一直深受游客青睐，尤其是在春节期间，千岛湖运动休闲游市场呈现火爆局面，绿道骑行、登山休闲、体育旅游全面开花，千岛湖国家登山步道更是成为广大游客必到的打卡点。

2022年国庆长假期间，携程平台上的露营旅游订单量同比增长超10倍，其中本地订单占比近八成。从人均花销看，露营式度假并不便宜，国庆假期人均露营花费约650元，比中秋露营人均花费贵30%左右。

（五）国产品牌销售屡创佳绩

随着人民健康理念的转变和健身消费的升级，体育产业的消费规模还将不断扩大。《2022体育产业发展报告》（以下简称《报告》）收集整理了"十四五"开局之年，各省/市体育"十四五"规划看点及十三五体育产业总值数据，并对部分省/市体育发展进行了案例解析。《报告》统计显示，十三五期间，除首都北京外，有13省/直辖市体育产业总值超千亿。

以2021年为例，安踏销售收入达到493.3亿元，同比增长了39%，在国内市场占有率已经超越阿迪达斯，紧追耐克；李宁实现销售收入225.72亿元，同比增长高达56%；特步营收迈过百亿大关，达100.13亿元，同比增长了22.5%；361度实现营收59.33亿元，同比增长了15.7%。

进入8月，体育品牌陆续发布2022年上半年业绩报告，国产体育品牌再次交出亮眼的成绩单。安踏以 259.65 亿元超越耐克（37.21 亿美元，约合人民币 254.72 亿元）、阿迪达斯（17.23 亿欧元，约合人民币 117.17 亿元），成为国内市场第一大体育品牌，同比增长 13.8%。李宁上半年销售收入增至 124.09 亿元，继续保持 21.69% 的高增长，净利润增长 11.57% 至 21.89 亿元，也首次超越阿迪达斯，上升到国内市场第三名。特步和 361 度上半年的营收分别为 56.84 亿元和 36.54 亿元，增长率分别为 37.45% 和 17.59%。

回望 10 年前，中国本土体育品牌还深陷在“去库存”的泥淖中，销售收入下降，不仅在一线市场被耐克、阿迪达斯等国际品牌碾压，在主要依赖的二三线市场也受到国际竞争对手的挤压。以安踏和李宁为代表的本土体育品牌是如何在 10 年间实现逆转的呢？市场分析人士认为，在产品科技创新、销售渠道改革、国潮兴起、中国文化自信、“双奥”高光时刻、体育强国建设、全民健身热潮等一系列标志性事件中，中国本土体育品牌实现了从一味模仿国际品牌，到独立自主崛起，再到超越引领的转变。

国产体育品牌的崛起，不仅源于国人的文化自信，还受益于数字化、信息化浪潮，这对国产体育品牌从生产到销售都产生了深远影响。如今，国产体育品牌销售收入中，线上占比都在 30% 左右，并依然保持着较高的增长速度。在新冠肺炎疫情出现后不久，国产体育品牌最先通过线上营销展开了积极自救，复工复产。

（六）健身休闲人数稳步上涨

进入 21 世纪以来，经常参加体育活动的人数接近 5 亿，参与休闲体育活动的人数接近 7 亿。《2021 年度中国健身行业数据报告 · 五周年珍藏版》显示，2021 年中国健身行业逐步回暖，健身会员和健身人口渗透率呈现连续 5 年增长的态势。截至 2021 年 12 月，全国健身会员达 7513 万人，相比 2020 年增长 6.89%，健身人口渗透率也从 2017 年的 3.46% 增至 2021 年的 5.37%。《中国全民健身发展白皮书 2022》指出，中国健身人群规模不断扩大，预计将从 2021 年的 3.03 亿人增长至 2026 年的 4.16 亿人。

调研发现，我国 7 岁及以上年龄人群中，每周至少参加一次体育锻炼的人数比例为 67.5%，较 2014 年调研增长 18.5%。以一周作为观察周期，有意识主动参加体育锻炼的人群每周平均健身 2.52 天，每周平均健身累计时长为

99 ～ 120 分钟。

由国家卫生健康委疾控局指导，中国疾病预防控制中心、国家体育总局体育科学研究所牵头组织编制的《中国人群身体活动指南（2021）》建议，成年人每周累计进行 2.5 ～ 5.0 小时中等强度有氧活动，或 75 ～ 150 分钟高强度有氧活动，或等量的中等强度和高强度有氧活动组合。每周至少进行两天肌肉力量练习。我国有意识主动参加体育锻炼的人群，在体育健身系统性、持久性和健身质量方面还需要提高。

我国城乡居民健身意识普遍提高，国民体质水平普遍增强。国家统计局发布的《2018 年全国时间利用调查公报》显示，我国居民健身锻炼的平均时间为每天 31 分钟，比 10 年前的 23 分钟增加了 8 分钟。根据国家体育总局的数据，2020 年，经常参加体育锻炼的人数比例为 37.2%，比 2014 年全国经常参加体育锻炼人数提高了 3.3%。7 岁及以上居民每周参加一次及以上体育锻炼人数比例为 67.5%；按人群分，幼儿平均每日参加体育活动超过 60 分钟的人数比例为 62.3%，儿童青少年、成年人和老年人每周参加一次及以上体育锻炼人数比例分别为 81.1%、67.8% 和 48.0%。

我国成功举办了 2022 年第二十四届北京冬奥会，通过承办冬奥会和推广冬奥冰雪运动项目，激发了我国居民对冰雪运动的激情，国内冰雪运动参与人群从小众扩展向大众，全民参与冰雪运动的热潮席卷各地，为“健康中国”理念的推广和普及注入了强劲动力。冰雪运动更是带动了三亿人参与其中。

（七）国民体质健康水平得到提升

近年来，尤其是进入后疫情时代，参与体育锻炼的民众人数大幅增长，居民体质明显提高。据教育部统计，2016 年至 2020 年全国学生体质健康状况整体呈现“逐步提升”趋势，95% 的学校能够保证学生在校每天锻炼 1 小时，优良率由 2016 年的 26.5% 上升到 2020 年的 33%，上升了 6.5 个百分点，各个学校学生超重和肥胖的比例呈逐年下降的趋势。第五次国民体质监测初步统计分析显示，2020 年全国达到《国民体质测定标准》“合格”等级以上的人数比例为 90.4%，与 2014 年监测相比，提高了 0.8%，其中 3 ～ 6 岁幼儿合格率为 94.4%，20 ～ 39 岁成年人合格率为 87.2%，40 ～ 59 岁成年人合格率为 90.6%，60 ～ 69 岁老年人合格率为 91.4%；男性合格率为 88.8%，女性合格率为 92.0%；城镇合格率为 91.1%，乡村合格率为 89.3%。

全民健身利国利民，《体育强国建设纲要》把提升全民科学健身素养作为重要目标，使体育不断为人民群众的美好生活增添高品质内容。对此，世界休闲体育协会轮值主席李相如教授表示，该纲要旨在让体育健身和运动休闲成为大众普遍的生活方式，让人民的身体素养和健康水平位于世界前列，其意义和作用远远超出了体育范畴。社会应广泛开展全民健身日、健步走、群众冬季运动等主题活动和全民健身大会、社区运动会等赛事活动，普及全民健身文化，营造全民健身社会氛围。

（八）健身休闲保障得以加强

良好的群众体育基础和不断增长的居民体育消费能力，为后疫情时代休闲体育产业的发展奠定了稳固的基础。

当前，我国运动健身消费潜力巨大，各类体育培训机构如雨后春笋般涌现，体育旅游正在成为人们健康休闲的新方式……这些喜人的变化，无不彰显着国内休闲体育产业发展的勃勃生机，有效满足了人民群众对美好幸福生活的需求。

二、我国休闲体育总体发展的创新性特征

近 3 年的疫情，对全民的生活和健身产生了很大的影响。如何在疫情反复的情况下，保持全民休闲体育健身不间断也成为政府、社会和老百姓关注度很高的问题。在国家体育总局的领导下，群众体育司以“以人民为中心”的核心理念为指导，坚持创新融合发展思路，运用“互联网 + 体育”思维，以体育在线服务的方式满足人民群众多样化的健身需求，助力疫情防控工作，积极探索疫情防控条件下的休闲活动的新方式、新模式和新机制。

（一）理论突破与实践行动创新

休闲体育是在疫情防控期间通过线上的方式在全民当中深入发展，并积极应对各种突发情况的一次理念和理论创新。线上休闲以习近平新时代中国特色社会主义思想为指导，坚持健康中国和体育强国国家战略的发展理论，

坚持以人民为中心，贯彻新发展理念，以增强人民体质、提高全民健康水平为根本目的，深入实施全民健身国家战略，全面推进健康中国建设。理念上以人民为中心，理论上融合新的科学技术、新网络平台、新组织参与方式，为我国休闲体育的更高质量发展提供了新的理论支撑点。

同时，在实践行动上，线上休闲推动竞技体育成果全民共享，100 多位奥运冠军、世界冠军通过宣传海报、线上竞赛、话题互动与挑战等方式倡导百姓共同参与。体育明星成为群众居家休闲健身的“辅导员”和“陪练员”，孙一文、苏炳添、张雨霏、孙颖莎、武大靖等众多冠军运动员纷纷参与到线上活动中，和大家一起“云锻炼”。同时，健身达人、演艺明星与体育冠军同台互动，“花毽达人邓丹 PK 踢毽子”“演艺明星沈腾带你玩转数字赛车”，各路玩家通过不同方式进行互动，呈现出了一幅具有中国特色的全民健身赛事活动的精彩画卷。

（二）科技应用与参与人群创新

线上休闲充分运用了互联网平台、5G 技术、人工智能、光电子技术、生物技术等现代科技成果，在人民网、咪咕善跑等平台推出近 1800 个科学健身指导视频，累计播放量近 680 万次。在乐动力等平台推出 AI 体能挑战赛，利用 AI 识别技术、运动健身设施的光电子技术等指导科学健身，大大增强了运动健身的科技体验感。休闲体育助力科学抗疫，健康生活增强生命活力，让居家健身成为健身休闲的新场景和新载体。

（三）组织形式与宣传方式创新

据统计，以线上休闲为主导的居家健身在抖音、乐动力、Keep 等平台广受欢迎。全国共有 50 余家互联网平台、国家体育总局系统 10 个运动项目管理中心和 39 个单项运动协会、10 个省市的体育部门参与到线上休闲体育之中。

休闲体育通过线上线下相结合，构建了新的宣传矩阵模式，形成了全媒体、多维度、立体式、短平快的动态宣传特点。目前，全网总曝光量超 56.2 亿次，浏览量超 15.2 亿次，自媒体的传播与微博话题阅读量超 2.5 亿次，抖音、快手等短视频平台“全民健身线上运动会”等话题视频累计播放量超 11.2 亿次，在电视新闻、平面媒体、网站报道、客户端报道、微信公众号等渠道累计总曝光量超40亿次，形成矩阵式传播。这种宣传方式不仅浏览量巨大，而且群众非常易于和乐于接受；相较于传统的“硬广”式宣传，这次运动会的比赛、直播间的教学，让各类互联网媒介平台充分参与，人们喜闻乐见成为一种活动亮点，从而为全民健身未来的宣传方式、宣传载体和叙事方式的应用创造了新的场景和模式。

（四）运动场景与赛事效果创新

线上模式的运用，打破了传统线下群众性运动会的各种限制，简化了比赛规则，降低了参赛门槛，实现了“全龄参与”。以跳绳为例，有参赛者说：“跳绳这项运动很有魅力，我自己选择参与了‘30天个人打卡积分赛’，还把妈妈拉入了‘队友阵营’，邀请她一同参赛。每晚6点，专属母女俩的运动时间总会准时启动，从而推动了家庭体育的发展。”

休闲体育线上模式，不仅保障了疫情防控常态化下全民健身的开展，为居家隔离群众提供了科学健身的指导，满足了大家多元化的体育健身需求，而且带来了明显的溢出效应。这段时间，体育器材和装备的销量激增，尤其是居家体育器材和设备、可穿戴体育健身器材和设备、家庭体育器材和设备。群众体育消费的增加也激发了体育器材设备企业的研发和生产的新的灵感和方向，为提升群众体育消费意识，拉动体育消费，促进体育产业的健康发展做出贡献。

三、时尚休闲体育产业发展现状

（一）户外运动产业发展现状

新冠肺炎疫情的突然降临，对我国体育产业造成严重冲击。后疫情时代如何实现户外运动产业“量”与“质”的协调发展，是户外运动产业实现循环发展的关键点。当前，我国户外运动产业发展呈现出“政策与基建双向并举”“参与热度持续升温”“产品与人群全方位延展”3个重要趋势，户外运动业态呈现出“亲近自然，多途并举”的发展格局。

2022年3月23日颁布的《意见》，为进一步释放户外运动产业活力及推动户外运动产业多元发展指明了建设方向。2022 年 10 月 25 日，体育总局、发展改革委、工业和信息化部等八部门联合印发《户外运动产业发展规划（2022—2025 年）》，提出到 2025 年，全国户外运动产业总规模超 3 万亿元；2035 年户外运动产业成为推进体育产业高质量发展和体育强国建设的重要力量。截至 2021 年底，全国户外运动参与人数已超过 4 亿人，户外运动正在蓬勃发展，将成为下一个风向口。

一方面户外运动产业应通过完善产业融合、风险管控及社会治理等机制构建，增强山地户外资源循环，提升参与容纳量级，实现由需出发、深化服务、多元供给的产业高质量循环发展的新格局。另一方面户外运动产业消费人口结构将进一步均衡，户外消费呈现生活化、休闲化趋势。同时，户外运动也将呈现观念革新、民众需求与民众追求互相融合发展态势。户外消费市场更加明确以“体验自然 + 兴趣社交”为发展主线，以强化情绪传递、情绪共鸣及情绪宣泄为关键点，打造露营、徒步、骑行、钓鱼、飞盘等多元参与业态，进而探索户外运动市场的战略定位。后疫情时代，户外休闲的内涵更加丰富，户外运动的形式也越来越亲民。

户外运动产业的腾飞将依赖于跨国、跨界及跨行融合。户外运动产业需打造从产品到服务的一体式供给、从营销到指导的一站式服务，推动户外产业由大到强。新的发展格局还需要以“新基建”为根基，借助“互联网 +”模式，探索户外运动智能化发展新模式；以“生态建设”为理念，提升“自然魅力”，延伸产业边界；以“统一大市场”为引导，破除发展隔阂，驱动户外运动产业朝多层级、深维度的区域协同方向发展。

（二）冰雪运动产业发展现状

得益于优越的地理条件，我国东三省最先具有参与冰雪运动的意识。20 世纪 50—60 年代，东北地区在国家体委发布的《体育运动十年规划》指引下，为增强当地居民的身体素质和抗寒能力，特别是青少年群体的体质健康，依托有利的天然气候优势，发动了“百万青少年上冰雪”活动，鼓励人民积极参与到冰雪活动中。彼时东北地区随处可见浇灌好的滑冰场，不论男女老幼都在滑冰场上嬉戏，几乎人人都掌握了滑冰技能。尔后国家相继推出一系列政策，扶植东北和华北地区率先发展冰雪运动。在国家有关政策的支持下，我国运动员在 1980 年第一次参加冬季奥林匹克运动会，1986 年参与首届冬季亚运会。国家政策的实行使我国有冰雪运动优势的省市调动省市力量，迅速在大众中普及冰雪运动，东三省群众参与冰雪运动的热情开始高涨，哈尔滨市将冰雪项目纳入中学考试，更是极大地激发了当地青少年参与冰雪运动的热情。之后全国各地组织开展了各类活动，如“鸟巢欢乐冰雪季”全民健身活动、冰雪旅游节、少年陆地冰球锦标赛等，使冰雪运动强省的竞技水平进一步得到提高，冰雪项目也逐步有了北冰南移的趋势，新疆、广东、河北、山东、江苏、河南、浙江等是在南移趋势中参与冰雪运动较早的省份。

2015 年北京冬奥会的成功申办，使冰雪运动迎来全新的发展机遇。国家一系列政策使得群众性休闲冰雪体育产业快速发展，冰雪运动人口迅速增长，截至 2021 年 10 月已达 3.46 亿人，实现了“带动三亿人参与冰雪运动”的预期目标。随着“南展西扩东进”战略深入实施，“冰雪运动不出山海关”的情况已成为过去式，东、中、西和东北地区冰雪运动参与率分别为 25.34%、18.64%、22.07% 和 51.74%，参与人数分别为 1.43 亿人、0.68 亿人、0.84 亿人和 0.51 亿人。伴随群众性冰雪运动人口的激增，各类运动场馆也在同步增加。《2022 中国冰雪产业研究报告》显示，截至 2021 年年底我国拥有滑冰场 1450 个、滑雪场 811 个，冰雪产业规模达到 5788 亿元。2020 年，教育部办公厅《关于公布 2020 年全国青少年校园篮球、排球、冰雪体育传统特色学校等名单的通知》指出，我国冰雪体育传统特色学校有 1026 所，2022 年北京冬奥会和冬残奥会奥林匹克教育示范学校有 208 所。促进冰雪运动进校园，是加强冰雪文化建设、提升全民冰雪意识、培养冰雪人才的重要手段。

同时，在“冰天雪地也是金山银山”发展理念的带动下，冰雪旅游近年来发展也较为迅速，2020—2021 雪季冰雪休闲旅游人次达到 2.3 亿，冰雪休闲旅游收入超过 3900 亿元。冰雪小镇、冰雪主题乐园等冰雪产业的出现，在推动乡村振兴、地方经济转型中发挥了重要作用。

虽然我国冰雪运动在冬奥会的影响下，呈现快速发展趋势，但我国滑雪市场人口渗透率仅为 1%，与世界排名第一北欧滑雪大国瑞士的 35% 相距甚远，也大幅落后于日本的 9% 和美国的 8%，冰雪运动发展空间巨大。为此应该借助政策红利，整合我国冰雪体育资源，发掘新的发展思路：①建立稳定的冰雪运动发展政策体系，完善城市公共文化服务，将奥运会元素融入城市发展，力争打造特色冰雪活动品牌。②接续冰雪运动在群众范围内的普及，传承奥运精神，推动体育事业发展，掀起全民健身热潮。③制订并实施奥林匹克教育计划，将冰雪运动纳入教学体系，扩增冰雪特色学校，培养冰雪竞技后备人才、教练、裁判员；以冬奥精神带动志愿服务事业，扩大志愿者队伍，创新提升志愿者服务质量与服务意识。④创造冬奥助残新局面，完善残疾人冬季运动健身设施和无障碍环境设施，提高残疾人冰雪运动参与程度和竞技水平。⑤充分利用冬奥效应，将科技创新融入优质场馆打造，吸引高水平国际赛事落户中国，增加青少年冰雪运动相关赛事，同时完善冰雪场地建设及运营。⑥发力冰雪装备研发制造，发展产业互补互促，尤其是大数据产业、可再生能源产业等，以数字经济、绿色经济为新引擎。⑦通过冬奥文化教育机构促进奥运文化研究与推广，以冬奥文化广场与示范区丰富城市文化设施网络，展示国家与地方冬奥文化特色。⑧利用新媒体，向世界传播中国声音，以冬奥为纽带深化拓展国际交往，尤其是深化与奥运城市的长期交往，服务国家外交，提升影响力。⑨加快建设体育文化旅游带，推动体育、文化、旅游融合发展；搭建区域交通脉络，带动“冰雪 +”效应形成与完善，为区域协同发展注入新内涵。

（三）马拉松运动产业发展现状

近年来，我国马拉松赛事活动的发展以“融入百姓生活”及“融入社会经济发展”为主轴和导向，特征表现为“全民参与”“共建共享”。2020 年全民健身活动状况调查和第五次国民体质监测结果显示，我国经常参加体育锻炼人数比例达 37.2%，城乡居民达到《国民体质测定标准》合格以上的人数比例达 90% 以上。另一组体育产业发展相关数据显示，2012—2020 年，体育产业增加值占国内生产总值的比重从 0.60% 提升至 1.06%，体育产业对 GDP 贡献度不断提升，其中民众参与度和关注度得到逐年提升的马拉松及相关运动于 2019 年在中国境内举办的赛事活动达到 1828 场，涵盖了全国 31 个省（区、市），参加人次超过 700 万。疫情影响下，2021 年我国举办的马拉松认证赛事 178 场，参赛人数达到 107.6 万人。2022 年仅 11 月 5 日、6 日马拉松赛事就高达 20 余场，总参赛规模超过 30 万人。

从马拉松运动融入社会经济角度看，具有包容性、聚合性、外部性及挑战性等特点的马拉松赛事活动，经历了由2007年被认为是“职业运动员专属”到2019年呈“井喷式”发展的过程并成为世界马拉松运动的新焦点。作为一个实践性、可操作性强、覆盖面广，横向涉及文化、卫生、产业，纵向涉及众多运动项目，同时运动参与人群广、年龄跨度大的运动项目，马拉松运动推动了体育与相关行业“多业态融合”“多场景共生”。探究其背后的驱动因素，除了马拉松赛事活动本身具有的特点，我国体育战略的推进实施、生产力和生产关系的转型及升级、数字技术的发展与支撑、生产方式和生活方式的转变、健康及疾病谱的改变、体育参与观念和体育参与需求的提升等都是变革的主要动力。

从马拉松融入百姓生活的角度看，马拉松运动由于其对参与者专业度要求低、对设备要求少等特点便于百姓参与，有助于提升百姓身心健康水平，丰富百姓生活内容；其具备的挑战性能激发并培养参与者的拼搏精神及坚韧品质；其外部性特征能带动城市经济发展，提升城市面貌并改善百姓生活水平及生存环境；其聚合性特征能满足百姓社会交往需求以及对运动的趣味性要求。互联网的出现，特别是移动互联网具有的不受时空限制、形式多样等特点，叠加疫情影响，一定程度上放大了体育线下交互的局限性，如何防止更多的马拉松运动参与者远离线下运动场景，如何通过数字化变革“破圈”，将成为马拉松赛事活动关注的新议程。

马拉松赛事活动衍生的“跑步经济”市场潜力大，在国内参与基础好。正因如此，近几年马拉松赛事活动的高速发展和全民普及趋势也放大了其潜藏的对社会经济发展及百姓生活影响的风险。提升马拉松运动风险管理和科学决策效能，利用现代信息科学技术，推动马拉松运动数字化变革是我国高质量发展马拉松赛事活动的必然选择。基于5G、云计算、大数据、物联网、人工智能等新一代信息技术赋能，完善风险防控标准和体系，改造和提升每一个马拉松赛事运动场景，推动马拉松赛事发展全领域、全流程、全场景的数字变革，是谋求马拉松赛事持续发展、动能升级、提质增效的发展之道。

（四）马术运动产业发展现状

现代马术运动正在中国迅速发展，自然的区位优势、良好的传统文化、广泛的群众基础、优质丰富的马资源都为马术运动在中国的发展提供了坚实基础。

中国国内休闲马术的主要场所是马术俱乐部。根据《2018 年中国马术行业发展状况调查报告》，截至 2018 年末，中国马术俱乐部近 3 年数量分别为 907 家、1452 家和 1802 家，年均增长率近两成，尤以华东地区发展最快。截至 2020 年底，中国马术行业市场规模 153.5 亿元，较上年增加 15.2 亿元。我国马术俱乐部数量、参与人数、青少年占比飞跃增长。2021 年，中国马术俱乐部数量约为 2222 家，马术俱乐部会员人数达 66.65 万人。目前国内俱乐部服务项目以马术基础教学为主，也涉及马匹寄养、马匹交易、马匹繁育、马术用品、户外野骑、马术赛事、马术表演、马术夏令营活动及马术场地租赁等。每年全国有近百场马术赛事，包括速度赛、场地障碍赛、耐力赛、青少年赛、马球赛等各类巡回赛、锦标赛、大奖赛，尤其在山东潍坊、河北丰宁、辽宁沈阳、新疆阿勒泰地区等马文化旅游城市，每年都举办系列休闲马术竞赛。

我国是传统养马大国，驯养马匹历史悠久，马匹数量庞大，2019 年全国马匹存栏量 367.1 万匹，占世界 6%，位居第五。至今我国拥有 29 类马品种资源，但有 10 个品种已濒临灭绝，优良马匹种族基因特征未得到充分传承。加之生产方式整体落后，繁育与市场需求衔接不畅，使得马匹的质量逐渐下降，品质不高。

虽然我国马术赛事丰富多彩，各类赛事活动逐年增加，但群众可参与的赛事极少，参赛者始终仅为少数竞技类专业选手。尽管马术俱乐部快速增长，但专业人才远不能满足市场需要，各俱乐部马术教练部分仍来源于各省马术队，大多文化程度不高。

我国现代马产业人才培养缺乏统一的行业标准和人才培养体系，通常的人才培养主渠道有俱乐部行业培养和学校专业培养两种模式，培训内容受到很大限制。不仅俱乐部培养的人才缺乏系统的理论基础，学校也受招生规模限制，人才培养数量不足。为此，全国一些大中专院校相继开设马术类专业和运动马驯养与管理专业，并有少数高校开办起“运动马学院”培训马术高素质技能型专门人才。同时，各级社会组织也逐渐加强马科学、马医教育和执业马医等职业教育培训认证，以培养不同层次的专业人才。

2014 年以来，国家连续发布《国务院关于加快发展体育产业 促进体育消费的若干意见》等系列文件，2020 年农业农村部、国家体育总局又特别发布《全国马产业发展规划（2020—2025）》，明确提出加强行业马匹管理、发展赛马赛事活动、规范赛马协会，对马术运动发展提出明确要求和具体路径。

在新发展格局下，我国的现代马产业从政策落地到产业形成，都还有很长的路要走。为进一步推动马术运动的发展，马术行业应坚持新发展理念，将现代马产业作为目标定位，充分发挥市场作用，加快马产业转型升级。需健全体制机制，强化人才支撑，充分发挥赛事活动、文化旅游的引领带动作用，加快建立现代马产业的生产体系、经营体系、产业体系，提升马产业专业化、规范化、标准化、市场化水平；形成产业融合发展态势，强化供给侧结构性改革，将中西部主产区马匹产出与东部沿海城市消费需求相结合，培育马产业发展新的经济增长点，提升质量效益和竞争力。

（五）电竞运动产业发展现状

“电子竞技”是信息时代人类体育行为的一种演化，是以电子游戏内容为载体，借助电子交互技术和硬件工具实现人与人之间竞技比赛的竞技体育活动。2017 年 10 月 28 日电子竞技被国际奥委会正式纳入“体育运动项目”之后，针对电子竞技“运动身份”的讨论声便从未停止过；但目前制衡其发展的则主要包含电子竞技规范化发展、电子竞技劳损与康复以及电子竞技社会治理 3 个方面。

中国音数协电竞工委发布的 2022 年中国电竞产业数据显示，2022 年中国电子竞技产业收入为 1445.03 亿元，电子竞技用户约为 4.88 亿人；中国电子竞技游戏产品中，射击类、多人在线战术竞技类和体育竞技类是产品数量最多的 3 种玩法类型，占比分别达到 25.7%、17.1% 和 10.0%。2022 年，中国国内共举办了 108 项电子竞技赛事，相较 2021 年有所减少。上海是举办电子竞技赛事最多的城市，赛事数量占全国的 22.39%。成都、杭州、深圳举办的电子竞技赛事数量占比也均超过了 5%。

随着电子竞技成为世界性体育文化，电子竞技产业给我国带来了诸多影响：①解决部分就业问题。2019 年中国电竞市场解决了 45 万人的就业问题，年新增就业岗位 14.5 万个。2019 年中国电子竞技产业新增就业人数占全国新增就业人数的 1.07 %，占体育产业新增就业人数的 39.73%，占一线与新一线城市新增就业人数的 2.5%。从吸纳就业效果看，电子竞技行业每 100 个人就能创造 2 个以上的就业机会。②拉动我国经济增长。我国电竞产业规模当前处于飞速扩张状态，2022 年中国电子竞技产业收入为 1445.03 亿元，电子竞技用户约为 4.88 亿人。③推动我国科技发展。当前以谷歌、微软等为代表的国际高科技领军企业纷纷将人机对抗作为人工智能开发的首选方式。同时，其他前沿科学技术，如区块链技术、大数据技术、量子通信技术、新型可视化技术、体感技术等都以电子竞技为其主要应用场景之一，这已经成为目前人类前沿科技的最大试验场和最直接的应用载体。④造成青少年游戏沉迷。电子竞技虽给我国发展带来了良好收益，但部分青少年痴迷其中，不可避免会对青少年产生不利影响。

未来我国电子竞技产业将围绕电竞游戏技术标准的确定、电子竞技俱乐部规范发展、电竞职业运动员训练体系化及电子竞技政策管理等维度展开。

四、区域休闲体育发展现状

本次区域研究报告主要对北京市、陕西省、江苏省的休闲体育发展现状进行了分析。

（一）北京市冰雪运动发展报告

北京市位于北纬 39.4°—41.6° 区间，属大陆性季风气候，冬季寒冷干燥，天然的气候条件为北京提供了丰富的冰雪自然资源。在滑雪项目上尤以延庆区为代表，其小海坨山的最高峰海拔 2241 米，2008 年曾作为夏季奥运会高山速降和大回转的主要场地，后又作为 2022 年冬季奥运会高山滑雪、雪车、雪橇等比赛场地。在冰上资源方面，北京市同样具有较为丰厚的资源，以陶然亭公园、后海、团结湖等为代表的公园绿地提供了天然的室外滑冰场，可供冰车、溜冰、冰滑梯、冰蹴球、雪垒等冰雪运动项目开展。

北京市政府通过颁发《关于加快冰雪运动发展的意见（2016—2022 年）》等 4 个相关文件，使冰雪运动专业团队和专业人才显著增加。截至 2020 年，北京市冰上项目和高山滑雪项目的裁判员达到 600 人，培训滑雪指导员 2047 名、冰雪运动社会指导员 2.3 万人，创办了冰球协会、冰壶协会、滑雪协会和滑冰协会，全面覆盖冰雪运动冬季四大项。

自 2018 年起，北京市连续举办了 4 年京津冀冰上项目专业技能人才主题系列活动和人才培训班，出版了国内首本冰上专项技能人才培训教材，实现了“冰雪进校园”系列活动16个区全覆盖，中小学生上冰、上雪210万人次，组建了6支市级、126支区级青少年冰雪运动队，冬季项目注册后备人才达到7565人。在高校有北体大、首都体院和北京体职院首开冰雪专业，于2017年开始招收本科生。截至2021年底，北京市的冰雪场地已由冬奥申办前的42座冰场、44块冰面、22所雪场，发展为82座冰场、97块冰面、32处雪场。为普及群众冰雪运动，朝阳区建设10处体育健身场所，创建8个全民健身示范街道和体育特色乡镇；海淀区建成多功能运动场地42片；西城区将地下空间改为冰雪体验馆。为营造冰雪运动文化氛围，密云区开展第一届冰球交流赛，并联合承德市推出“3+3”密承冰雪旅游精品线路；房山区创建冰雪运动小镇，打造云居滑雪场，乐谷银滩“冰雪＋体育”、“冰雪＋休闲”等京南特色冰雪旅游品牌。2023年2月4日，是北京2022年冬奥会成功举办一周年的日子，为进一步弘扬奥林匹克精神、传承奥运遗产，北京市举办了纪念北京2022年冬奥会成功举办一周年系列活动。在赛事活动方面，北京市体育局、北京市体育总会于2月至3月开展了8项主题性冰雪运动赛事活动。其中，针对青少年群体，设置了以“冰峰对决 小球大梦”为主题的青少年冰球挑战赛，共设8～14岁4个组别，希望更多的青少年能够参与进来；针对不同水平的冰雪运动爱好者，设置了以“斗掷斗勇 碰撞激情”为主题的冰壶体验赛、以“非凡冬奥路 一起向未来”为主题的大众滑雪比赛、以“韵动冰雪 未来之星”为主题的首届滑雪公开赛，以此进一步拓宽冰雪赛事参与的人群范围。对于“跑友”“骑友”等户外运动爱好者，活动期间还推出以“赓续传承 跑向未来”为主题的冬季健康跑、以“悦骑冬奥 续写辉煌”为主题的冬季骑行等两项户外群众性赛事。

（二）陕西省休闲体育发展报告

陕西省以十四运会为契机，大力推进陕西省战略转型及体育事业建设，同时对于休闲体育的发展始终秉持“以人民为中心”的发展理念，从赛事、场馆、产业、文化、组织五大维度勾勒出发展新蓝图。全省围绕“简约、安全、精彩”办会要求，全面融入、全员参与、全力以赴，竞赛组织高效有力，安全顺畅承办竞技体育31个大项、358个小项、4128场比赛和群众赛事活动4个大项、47个小项、1431场比赛以及展演类4个大项、43个小项的决赛评审；选派 741 人参加 259 个项目决赛，创造历史最好成绩。2021 年，陕西省正式发布《陕西省“十四五”体育事业发展规划》，既对陕西省“由大到强”提供建设路径，也为满足人民体育需求立下“军令状”。

近年来，陕西省休闲体育赛事呈现“一枝生三朵，花开各不同”的办赛风格。以体育赛事为切入点，围绕民俗传统体育赛事举办了铜川射箭公开赛及咸阳渭河国际风筝节等赛事；围绕体育热点赛事举办了西安国际马拉松赛、宝鸡·麟游夏季半程马拉松赛、世界女子国际象棋大师巅峰赛、商洛马拉松赛、“百合杯”乒乓球赛事、“环秦岭”公路自行车赛；围绕体育潮流赛事举办了全国街舞公开赛、咸阳中国杯城市定向赛等各种各样的赛事，带动经济收入 5.16 亿元，成功将体育赛事塑造成陕西省代表性名片。

陕西省借十四运会的春风，大力推进体育场馆建设，全省人均体育场地面积从 1.07 平方米增加至 1.97 平方米，增长 84.1%。全省建设全运惠民示范工程、重点工程 86 处，县级公共体育场馆 87 个，农民体育健身工程、社区工程 5117 个，体育公园、健身步道、多功能健身场地 81 个，各市区新建改造全运场馆 40 个，全省大型体育场馆达到 86 个，体育场馆低收费、免费开放成效明显。同时构建以两大体育综合服务体为区域发力点，800 里秦川渭河沿岸全民健身长廊为连接线，40 个全民健身示范县为供给面的全民健身服务供给体系。

陕西省大力推进休闲体育产业建设及社会体育组织的培育，在产业方面，已建设了高新丈八体育产业园区、长安新型体育产业园区和秦岭山地体育产业经济圈等一系列体育产业园区；构建了以渭河、延河、汉江、丹江全民健身长廊，以及秦岭和国家 1 号健身步道等一批“全运惠民”重大工程；建设了宝鸡市金台区运动休闲特色小镇、商洛市柞水县营盘运动休闲特色小镇等一批知名体育特色小镇；创建了“我要上全运”百场马拉松系列赛、“一带一路”陕西省体育精品赛事等一批精品体育赛事品牌；建设了咸阳湖五环运动公园、商洛丹江体育公园等一批优质体育公园；打造了西安秦岭翠华山、大荔沙苑汽车越野运动基地等一批优质运动休闲景区，形成了以六大领域为落脚点，沿“由大转强，由强到精”的发展路线稳步前行。

在社会体育组织方面，以陕西省体育产业集团为体育产业融资平台，推动长龙体育集团股份有限公司等一大批体育公司转型发展，实现陕西体育产业规模、结构、质量和效益的协调发展，全力推动陕西体育产业的大发展；以陕西互健互联科技有限公司为引领，吸引智赛通大数据有限公司等一大批体育高新技术企业进行科研攻关，助力陕西省“智慧体育”建设。

陕西省还借助“体育 + 文化”的综合效应，打造“文化陕西”新名片；更有中国红色体育博物馆、陕西体育博物馆等一批休闲体育文化集聚地，为新时代休闲体育的发展注入新的“革命血液”。近年来，陕西的休闲体育产业有了较大的发展，但在发展过程中还存在许多问题，主要有以下几个方面：体育产业规模整体较小，休闲体育产业所占比重较低，尚未发挥出新兴产业的潜力和优势，直接制约着本省休闲体育产业的发展；体育产业结构不合理，当前陕西体育休闲产业结构还未形成，发展处于不平衡状态；体育休闲产业的体制和机制矛盾较为突出，体育体制的制约导致市场机制的作用尚未得到充分发挥；体育产业政策体系不完善，陕西省对体育休闲产业发展还未有较完整的政策体系支撑；体育休闲产业人才严重匮乏，专业人才培养工作相对滞后且储备严重不足，相关资质认证制度还不完善等。

（三）江苏省休闲体育发展报告

江苏省率先提出并建成城市社区“10 分钟体育健身圈”，成为全国唯一省级公共体育服务体系示范区，并实现行政村体育设施全覆盖。截至 2021 年底，江苏省共建成健身步道 3.79 万公里、各类体育公园（广场）1155 个，人均体育场地面积从 2 平方米（10 年前）增长到 3.48 平方米，经常参加体育锻炼人数比例从 35% 增长到 40.3%。同时，通过建设“江苏体育”小程序，将全省体育设施纳入平台管理，百姓登录小程序即可了解本地区场地设施、周边站点分布，并能进行“一键报修”，进度实时可查，真正让休闲体育设施使用与管理进入数字化时代。

江苏已连续多年举办省全民健身运动会、全民健身大联动、全民健身日活动，以及青少年阳光体育联赛、“魅力江苏 最美体育”、老年人体育节等全省范围的大型群众性赛事活动。电竞、定向越野、航海（空）模型等新兴项目，同样有赛事和活动的支持。其中，2021 年第二届省网络全民健身运动会的参与人次近 450 万，关注人次近 2600 万；第三届则新增加趣味田径、拳击、棒垒球等项目。现已基本建成覆盖城乡的体育社会组织网络，全省共有县级以上体育社团3508个，在体育部门备案登记的健身团队数4.9万个。从2021年起，江苏省构建各级各类运动促进健康机构，采取“运动+体检、运动+中医、运动+疗养、运动+养老、运动+康复”等形式，年均向群众提供运动促进健康服务超过50万人次。率先提出整合体育系统体质监测中心、体育场馆等特色资源，融合卫生、健康、养老、旅游、文化等公共服务资源，建设省市县乡村五级运动促进健康服务机构平台。布点体质测定与运动健身指导站130多个，全省社会体育指导员数达30多万人，并积极推动向群众提供体质测试、科学健身指导以及亚健康、慢性病运动预防和康复服务，同时试点性向3600名慢性病患者每人发放500元运动干预消费券。

2021年，江苏省体育局、省教育厅联合出台《江苏省关于深化体教融合促进青少年健康发展的实施意见》，指出到2025年基本形成教学体系规范、训练构架完整、竞赛体系完备、人才渠道畅通、保障机制健全的体教融合工作机制和模式。“十四五”期间，江苏省促进休闲体育赛事与旅游融合发展，打造“一带一路”“大运河”“环太湖”“魅力江苏 最美体育”等系列品牌赛事活动，拓展马拉松、自行车等群众参与广、旅游拉动功能强的赛事旅游，推出传统体育、游艺杂技等非遗专题体验游，开发水上、山地户外、冰雪、航空、汽摩等特色运动项目旅游产品。

2022年，江苏省坚持体育产业量质并进。坚持市场主导，注重从供给需求两端发力，发挥政策引领作用，不断优化产业结构布局，推进载体平台建设，激发体育市场活力。省体育产业发展专项资金累计安排4.96亿元支持571个项目，带动社会投资167.71亿元，财政投入乘数达1∶33.8；创建28个国家级体育产业基地、102个省级体育产业基地、4个国家级运动休闲特色小镇试点项目、3个体育类省级特色小镇；认定3批43家体育服务综合体。南京、苏州、常州成功入选首批国家体育消费试点城市。江苏体育产业总规模从2016年的3154.09亿元增长到2020年的4881.80亿元，年均增长率为11.7%，至今完成了质的飞跃。

五、特色体育企业典型案例

本次特色体育企业研究报告选取了三家体育企业进行典型案例研究，其中一家为国企（华体集团有限公司是中国奥委会控股的企业集团，华体国际文旅有限公司是华体集团下属二级公司）、两家为民企（北京畅森体育科技有限公司是我国运动木地板生产的头部企业，江苏延陵天元教育信息咨询有限公司是我国少年儿童围棋培训领域的著名体育企业），试图通过“解剖麻雀”的方法，从局部的角度了解我国体育企业的发展状况。

（一）华国际体文旅：高举高打，创新求进，推动新时代体旅高质量发展

华体国际文旅（北京）有限公司（以下简称“华体国际文旅”）成立于2003年，是中国奥委会控股的华体集团有限公司（以下简称“华体集团”）全资子公司，主营国际体育展览及论坛运营、体育国际商务交流及营销咨询等业务。2020年5月，华体集团进行战略改革，将体育旅游划分为独立的业务版块并由华体国际文旅独立承担运营业务。公司首先确定了“轻资产运营”的总体方向；其次以体旅为业务核心，发挥自身品牌优势，探索体旅发展新模式；最后由会展业务内容向体旅方向倾斜，实现客户资源转化。

1. 立足国家战略导向，赋能地区体旅发展

（1）高举高打，坚持国家战略导向，服务地方政府。华体国际文旅先后策划了“重走长征路——延安红色体旅方案”“献礼建党百年——大美中华 游遍56个民族体旅大会”“文体旅赋能乡村振兴系列活动”“冠军领航——自驾京张体育旅游文化带”等多个体旅活动，并积极与海南省，延安、灵芝、忻州、承德等地文旅部门开展项目合作，以体育活动赋能地方经济发展。

（2）体验创新，以丰富的青少年体育活动吸引客流，服务景区运营。华体国际文旅根据传统景区的地理、人文禀赋，为其重新规划并导入适宜的各类国家级或国际级体育活动，策划了“青少年三模大赛”“定向趣味运动会”“平衡车骑行大赛”等赋能景区的体旅IP活动；以此为基础与河北旅投、泰山文旅集团、蓟州区盘山景区、滹沱河景区、云蒙山景区、衡水桃城机场、韩建翠溪谷等多个项目、景区达成合作意向。

（3）延伸服贸会平台影响力，打造国际休闲体旅会展IP。华体国际文旅依托服贸会体育服务专题，成功孵化了“国际休闲体育旅游发展大会”体旅会

展 IP。2021 年 9 月，论坛在北京以“全球资源 中国智慧”为主题，围绕“体旅发展新趋势、体旅 IP 打造、京张体育文化旅游带”进行研讨；2022 年 9 月，则以“新体旅、新生态、新消费”为主题，围绕“微度假、冬奥体旅、元宇宙、体旅赋能乡村振兴”等热点话题进行研讨。同时，华体国际文旅打造出“1 展 +1 会 +*N* 活动”的体旅会展新模式，并逐渐向全国市场复制。

（4）资源整合，更新规划，住宿及出行业务重新出发。华体国际文旅受集团委托，自 2020 年开始对天坛体育宾馆、天体缘出租车公司进行经营管理。首先将天坛体育宾馆定位为华体国际文旅体育主题连锁酒店样板店，对其进行专业设计规划；其次全国范围寻求合作伙伴，形成“一店一主题”的体育旅游酒店连锁集群；最后推进出租车业务新模式，与网约平台、赛事机构、体育运动协会等合作，开展定制化服务。

2. 创立华体青苗，以青少年体培赋能体旅

华体国际文旅将原有体育培训业务独立出来，成立全新青少年体育品牌——华体青苗。2021 年 11 月，华体青苗体育文化（北京）有限公司（简称“华体青苗”）成立。公司坚持高举高打的差异化战略，通过与体育总局系统内各单位密切合作，建立了青少年体培标准体系、体培职业能力培训体系、运动健康检测体系、“体适能 + 课程教学”的产品体系，同时以品牌自有示范店及“华体青苗体教融合示范学校”为抓手，进行全国性网点布局。

3. 多元化发展，构建体旅完善版图

华体国际文旅未来将增加青少年营地规划设计、营地运营托管等业务，开设营地运营管理师、露营从业人员暨户外教育师等专业培训班。同时联合权威机构推广研学旅行安全工作规范，推进“华体体育研学示范基地”落地，稳步拓展全国市场，为体旅活动及休闲赛事提供直播等媒体推广服务。

（二）北京畅森体育：高标准引铸高品质绿色发展新格局

北京畅森体育科技有限公司以体育设施建设、新材料、体育器材装备、运动地面及场馆建设装修等为应用领域，已获得“中国著名品牌”“AAA 重质量守信用单位”“AAA 级诚信供应商”等多项荣誉称号，被政府认定为“国家

高新技术企业”。二十多年来公司专注投身于体育产业，从单一产品扩展到篮球场梦幻系列、PVC 塑胶地板、舞蹈专用地板、塑胶跑道、硅 PU、足球草坪等多种产品。公司秉承“以客户为中心，以品质求生存”的理念，引进先进生产检验设备，建立高于行业的企业内控标准，打造品质、创新、服务于一体的核心竞争力。其畅森品牌获得国际五大证书，得到木地板领域全球“通行证”，满足国际篮联专业实木地板工程要求；具有住建部二级总承包资质。畅森体育以雄厚实力与辉煌业绩快速成为国内体育产业的领军者，已发展为国家体育总局、中国女排训练基地、北京体育大学等全国 30 多个省市 3 万余个体育场馆的地面服务商，累计服务地面 100 万平方米以上。其旗下的产品成为全国 CBA 篮球联赛、军运会、国际乒乓球公开赛及青奥会等国内外重大赛事指定产品，并在国内外拥有 1000 多家经销代理。

畅森体育的初期成功得益于探索新方向和积极转变思路。早在 2008 年公司就预测国内木材资源储备不足，便积极探索行业资源新方向，大力拓展俄、美、加等海外资源国，从而保证了在 2015 年因大小兴安岭和长白山天然林全部停伐，国内原材料缺失时仍有稳定的原材料供应渠道。

制作运动地板一般以枫、桦、柞及俄勒冈松木等为原材料。随着资源的日益消耗，畅森把视角转移到东南亚的橡胶木；随着橡胶木在国内市场知名度的不断扩大及行业的越加规范，其拥有的国际化专业团队将科研重心转移到橡胶木改良加工工艺与技术的进步上，通过物理及化学方法进行烘干处理，既做到防虫、防腐、防霉的三防效果，也使橡胶木含水率调整应用到不同地域、不同环境湿度中。畅森体育凭借其涵盖 11 项专利、9 类软件著作权及 3 类作品著作权的知识产权，先后通过 ISO 9001 国际质量体系和 ISO 14001 国际环境管理体系双认证；研发了可拆卸运动木地板及连接件，能快速实现球场功能转变，可极大提高场馆使用率；不仅坚守了内地的巨大市场，也持续将产品拓展到香港、澳门等地区，还努力探索海外市场，先后在加拿大、印度等国成功拿下订单。

畅森体育的持续发展有赖于品牌战略的推行和五位一体发展规划的实施。品牌坚持“高品质产品质量、高标准施工质量、高效服务及售后质量”三高定位，要求从成为全国行业标杆，逐步进阶成为全球行业标杆。五位一体发展则既拓展核心竞争优势，又以科研为先、创新驱动，助力公司融入新媒体发展浪潮。同时采用价值链技术化管理，并突显产品功能个性化。

（三）常州延陵天元教育发展案例分析

常州天元棋院是一家以打造全国一流围棋教育机构为宗旨的专业少儿围棋培训机构，目前已成为常州市围棋教育行业中的“平台”型企业。其发展核心要素在于对外注重品牌建设，对内强化企业管理机制。

在品牌建设方面，一是注重品牌区分。天元棋院围绕市场、品牌双向定位，通过对市场进行选择与细分，明确其在产品、服务、资源创新等方面的竞争优势。同时通过实施产品差异化、服务差异化、品牌形象差异化策略进一步明确品牌区分度。二是注重品牌传播。天元棋院以广告传播、公共关系传播、人际传播、新媒体传播等渠道组建立体化传播模式，并通过积极承办国家级围棋赛事（城市围棋联赛与中国围棋甲级联赛）、勇担社会责任（常州市唯一一家免费向幼儿普及围棋知识的机构）等方式产生良好的社会效益，实现品牌的跨域、跨层传播。三是注重品牌创新。天元棋院通过设置定期品牌调研制度，坚持动态化品牌建设的方针，通过树立使用、保护与发展三元一体的品牌意识，严守产品质量底线；对教学内容进行深度研发（先后申请10多项图文专利），建立包含教师职业素质标准，岗位职责标准，岗位考评标准，教学、教研、教务、财务、营销管理、行政后勤、人力资源管理等全方面的管理体系，以及制度系统化、管理规范化、播放差异化、服务延伸化的四化模式，为品牌创新提供源源不断的动力。

在企业管理方面，天元棋院始终坚持科学管理的理念，通过设置“一部一责、专人专岗”的运行机制，进一步提升企业运作效率；实行岗位薪资制度，在充分征求员工意见的基础上以员工岗位特征来设计薪酬等级，实现“一岗一资”，同时对急需人才实行“一人一资”，释放人才资源优势；推行员工持股计划，使职工凝聚力得到增强；通过座谈讨论、评比表彰等活动凝聚员工归属感、责任感与荣誉感。全公司上下一心，始终围绕企业社会责任、围棋知识传播、教育者的职责的企业文化推动棋院高质量发展。

六、中国休闲体育发展趋势

（一）全民健康意识觉醒，全民健身热潮再起

一场疫情，让人们感受到了生命的脆弱和伟大，也让人们开始重新审视生命、健康这些重大的人生课题。中国工程院院士、著名呼吸病学专家钟南山也曾表示，疫情使得全社会对疾病与健康的观念产生了很大的转变，加速了全民大健康意识的形成和发展，并促进了以治病为中心向以健康为中心的观念的转变。经过三年疫情的洗礼，民众的健康意识逐渐苏醒，人们纷纷走向街头巷尾，走进健身房、运动场馆，积极参与到全民健身的热潮之中。“花钱买健康”“请吃饭不如请流汗”“管住嘴，迈开腿”“拥有健康才拥有一切”等观念深入人心，运动健身成为一种时尚、休闲、健康的生活方式。

世界休闲体育协会主席李相如教授指出，休闲体育必须具备以下五个要素：自由时间、以体育运动的方式开展、有直接或间接的体验感、有运动快感、自觉自愿。当下，随着我国经济迅速发展，社会生产力不断变革，人民生活水平显著提升，居民休闲体育活动空间不断改善与提升，人们有了更多的假期，并逐渐摆脱繁杂的家务劳动，获得了更多的自由时间，这为发展休闲体育创造了良好的环境。大健康、大体育理念逐渐被人们认可，全民健身作为民生工程，已提升到生命质量与生活质量的层面。

体育健身必将成为生活“必需品”和社会新时尚，大众健身需求不断升级，释放潜在能量；中央、地方政府和社会各界对休闲体育的投资必然不断增加，并积极回应百姓关切问题，休闲体育空间得到有效提升和改善，体育的价值与功能被进一步挖掘，体育健身将实现多元推动下的量与质的双重飞跃。如今，全民健身已不再仅仅是大众通往幸福生活之路，更是实现体育强国、健康中国的必经之路。

（二）户外运动蓬勃而起，或将成为下个风口

疫情改变着人们的生活方式，同时也影响着户外休闲的方式。后疫情时代的户外运动被赋予了更具有亲民性、休闲性、社交性的内涵，以徒步、骑行、露营、飞盘为代表的小众户外运动已经越来越成为更多年轻人的休闲新选择。2022 年 7 月，南都民调中心发布的《户外运动消费调查报告（2022）》显示，本年度公众户外运动参与度较高，69.32% 的受访者平时经常参与户外运动，27.12% 的受访者偶尔参与；超五成半受访者表示今年参与户外运动次数有所增加，超六成半受访者每周至少进行一次户外运动，超四成半受访者表示会养成户外运动的爱好。当前，各类体育运动在户外休闲活动中占了极大比重。报告指出，陆地运动及单车运动最受玩家欢迎，占比为 44.83%；其次是野营运动，参与比例为 43.57%；喜欢玩山地运动、水面运动、娱乐休闲运动的受访者分别有 37.97%、37.24%、34.49%。中国领先旅行玩乐社区马蜂窝数据显示，一线和新一线城市是众多户外潮流项目的发源地，二者以 65% 的比例引领户外休闲风向；二线、三线和四线城市近年来增长势头明显，占比之和达 35%。上述报告还显示，经常参与户外运动的北上广深受访者占比高达 77.37%。从一线、新一线城市兴起，到如今二线、三线城市迎头赶上，户外运动休闲已成为真正意义上的全民活动。

近年来，国务院办公厅颁布了《关于加快发展健身休闲产业的指导意见》《关于促进全民健身和体育消费 推动体育产业高质量发展的意见》《关于构建更高水平的全民健身公共服务体系的意见》等政策文件，国家体育总局会同国家发展改革委等部门出台了冰雪、山地户外、水上、航空、汽车摩托车、自行车、马拉松、马术等户外运动产业规划，首次就优化户外运动产业发展环境和产业结构，丰富户外运动产品供给等方面制定具体举措，并提出到 2025 年户外运动产业总规模超过 3 万亿元的目标，这为户外运动产业的发展提供了有效保障。然而，我国户外运动产业尚处于发展初期，一些短板和薄弱环节仍然存在，市场潜力有待进一步释放。

户外运动的大热体现出年轻人对健康生活方式的重视和健康观念的转变。

对他们来说，拥抱自然、享受生活的场景已经不再局限于远方，在家门口有限的空间里也能开发出无限的新鲜玩法。随着北京冬奥会的成功举办，全民运动氛围正浓，滑雪等冬奥会项目参与门槛降低，成为广受年轻人喜爱的户外运动项目。后疫情时代，人们对户外体育、健康生活方式有更高需求，也愿意为时尚和个性化的户外新休闲运动买单。目前各地都在深入挖掘自然环境与体育运动相结合的旅游玩乐资源，而玩法的多样性决定了体育旅游有着广阔的受众范围，任何兴趣圈层的人都可以或多或少地参与其中，并通过户外运动结识同好、分享快乐。

（三）休闲消费渗透个体，休闲行为得以释放

随着全民健身和健康中国国家战略的提出，国家陆续出台产业政策，不断释放利好信息，休闲体育消费逐渐活跃并向个体渗透；国民体质健康水平有所提升，大众业余生活丰富多彩，体育产业也迎来前所未有的发展。从个体角度看，休闲体育消费是一种主观消费现象，消费内容多为与体育方面有关的体育旅游、健身活动、休闲娱乐等。一般情况下，个体消费行为是用来衡量某个地区甚至国家的整体体育发展质量与水平的重要指标。从产业角度看，休闲体育消费是一个生产活动的集合，包括有关体育的活动、服务、产品及与之相关的部门等。它在体育产业中具有重要地位和作用。通常，体育产业的发展在很大程度上受个体休闲体育消费的影响。当然，体育产业发展水平的提高也能够促进大众休闲体育消费。

在经济飞速发展的今天，社会竞争日益加剧，人们承受着巨大的工作和生活压力；精神上长期处于紧张状态，必然会导致身心健康每况愈下。人们出于生物本能，渴望寻求释放压力的空间，纷纷从格子间走向广袤的户外自然。运动休闲成为调节情绪的有效工具和手段，人们不再满足于阳光沙滩、观光旅游，而是开始对摩托艇、冲浪、高尔夫、潜水、冰雪、航空等休闲运动着迷。人们利用闲暇之余，通过线上线下等方式进行“约玩”，同时利用Keep、约汗、微信小程序等，与同事、好友参与到以有氧运动为主的休闲体育活动之中，在强身健体的同时，促进了休闲体育产业的发展。

（四）线上活动赛事渐少，现实场景活动回暖

自2020年初，全球大范围爆发新冠肺炎疫情，包括体育在内的各行各业受到严重影响，体育赛事一度遭到推迟甚至取消。面对这种情况，我国积极采取各种应对措施进行有效控制。2022年我国成功在北京举办冬奥会、冬残奥会，这是在疫情防控常态化下圆满成功举办的国内重大综合性体育赛事。北京冬奥会开幕期间，正值中国疫情形势复杂的关键时期，但中国方面不仅向世界呈现了一场精彩纷呈的开幕式，还把疫情对比赛的影响程度降到最低，这为后疫情时代体育赛事的开展提供了宝贵经验。

疫情基本结束使得赛事市场具有了更广阔的发展空间。一方面，群众需求增加。疫情防控期间，居民的体育消费需求被压抑，对体育赛事的观赏、参与、消费的欲望将在疫情后提升，在此关口科学合理地规划体育赛事，将有助于疫后竞赛表演业乃至体育产业的恢复。另一方面，中国竞赛表演业迎来新机遇。新冠肺炎疫情在全球范围内迅速蔓延，更多大型国际性赛事举办的不确定性随之增加；随着国内疫情的逐渐好转，中国将具备承办更多国际性体育赛事的能力。笔者在对上海市体育局调研过程中发现，已有之前因中国疫情考虑异地办赛的赛事主办方透露了返回中国办赛的意向，中国在疫情防控工作中展现的治理能力也将给国际体育组织带来更大信心。

疫情让体育赛事人看到了文化的重要性。无论何种项目，不管是竞赛表演还是大众参与，说到底都是在为社会奉上一场文化的“饕餮盛宴”。虽然疫情为体育赛事发展带来重重危机，但疫情结束后，中国体育赛事市场迎来了更为广阔的发展空间。

七、结　语

未谋局，先谋势。高质量体育时代的休闲体育有着无限可能，只有认真审视休闲体育的价值与时代要义，融入全民健身环境，践行休闲体育行为，才能敏锐洞察休闲体育的发展趋势。休闲体育产业具有天然的敏感性和抗衰性，疫情三年对我国休闲体育产业产生了严重影响，但这是阶段性的，并不

会改变我国休闲体育产业的基本预期和判断。疫情过后，我国休闲体育产业仍将极具韧性地呈现快速复苏的势头，再次步入快车道，出现可持续、高水平、新迭代的消费和产业行情。如今，全民健身国家战略已超越传统的体育范畴，“触角”将伸向素质教育、文化繁荣、民生改善、大众创业等诸多领域。休闲体育越来越成为关乎人民幸福、关乎民族未来的一件要事，其对经济社会的繁荣和发展将起到更具高度、宽度和温度的新的社会学作用。

BⅡ

专题篇

2 我国户外运动发展现状与趋势分析

梁 强* 王宇悦**

摘 要：户外运动产业在国家、各地方一系列政策红利的引导下呈现出井喷式发展。2020年由于新冠肺炎疫情的突然降临，户外运动发展受到重大影响。在政府引导和户外运动自身特点被发掘的当下，户外运动浴火重生，逐步走出困境，为我国体育产业的创新发展带来了信心和经验。本文从户外运动产业大数据、户外运动产业现状分析、户外运动产业问题剖析、户外运动产业环境梳理等方面对我国户外运动产业进行研究，在此基础上，得出我国户外运动产业总体发展的趋势和特点，并对户外运动产业进一步发展提出建议。

关 键 词：户外运动产业；发展特征；发展趋势；发展建议

一、我国户外运动产业发展新特点

（一）户外运动政策组合拳不断发力

随着中国人民人均可支配收入的提高，近年来，户外运动以其独特的优势逐渐成为人们休闲、娱乐、聚会的主要选择之一，中国户外运动行业消费剧增，户外运动行业成为带动中国各地方旅游、消费的主要增长点之一。因此，相关政府部门陆续出台相关政策来规划、指导中国户外运动行业发展。2022年3月，中共中央办公厅、国务院办公厅颁布的《关于构建更高水平的全民健身公共服务体系的意见》中就重点构建了未来户外运动行业发展方向：首先是允许向户外运动开放自然资源试点；其次是鼓励户外用品行业发展；最后是建立户外运动安全监管体系及意外救援体系，并加强群众户外运动安全知识教育。这一系列措施都表明中国政府对户外运动发展是鼓励态度，并有

* 梁强，天津财经大学商学院教授，户外运动专家。

** 王宇悦，天津财经大学商学院硕士。

意推动户外运动行业相关体系建立，将户外运动列入居民健身选择之列。2022年4月国务院办公厅颁布的《关于进一步释放消费潜力 促进消费持续恢复的意见》提到要加强县乡与户外运动的融合建设，引导各县乡因地制宜建设相关户外运动设施，挖掘县乡消费力。国家层面户外运动发展政策汇总见表1。以此看来，政府认为户外运动的发展是有机会带动地方消费提高及经济恢复的。

表1　国家层面户外运动发展政策汇总

时　间	机　构	名　称	主要内容
2019.9	国务院办公厅	《关于促进全民健身和体育消费推动体育产业高质量发展的意见》	鼓励各地开发一批以攀岩、皮划艇、滑雪、滑翔伞、汽车越野等为代表的户外运动项目
2021.7	国务院	《全民健身计划（2021—2025年）》	促进体旅融合。通过普及推广冰雪、山地户外、航空、水上、马拉松、自行车、汽车摩托车等户外运动项目，建设完善相关设施，拓展体育旅游产品和服务供给
2021.10	国家体育总局	《"十四五"体育发展规划》	户外运动产业培育工程：编制户外运动产业发展规划，重点发展冰雪、山地户外、水上、汽车摩托车、航空、自行车、马拉松、铁人三项等户外运动产业
2021.12	国务院	《"十四五"旅游业发展规划》	推进以国家公园为主体的自然保护地体系建设，开展森林康养、自然教育、生态体验、户外运动，构建高品质、多样化的生态产品体系
2022.3	中共中央办公厅、国务院办公厅	《关于构建更高水平的全民健身公共服务体系的意见》	推动户外运动发展。编制户外运动产业发展规划。开展自然资源向户外运动开放试点，制定在可利用的水域、空域、森林、草原等自然区域内允许开展的户外运动活动目录。推动户外运动装备器材便利化运输。鼓励户外运动装备制造企业向服务业延伸发展
2022.4	国务院办公厅	《关于进一步释放消费潜力促进消费持续恢复的意见》	适应乡村旅游、民宿、户外运动营地及相关基础设施建设小规模用地需要，积极探索适宜供地方式，鼓励相关设施融合集聚建设

资料来源：国务院政策文件库。

近年来，全国各省市也逐渐开始重视户外运动产业的发展，将户外运动产业纳入规划。北方各省份由于地理位置偏北、冰雪覆盖时间长，覆盖范围广，因此其政府政策重点关注冰雪运动、旅游的设施建设，并有意将其省内的冰雪项目打造成产业带、全国冰雪运动产业精品。山地较多的省份，在政策里表明要大力推广徒步、登山、山地骑行、攀岩等户外运动项目，建设相关设施，完善安全监管体系。各省份户外运动项目规划与各地方地理条件挂钩，旅游业相对发展的省份对户外运动未来规划更为详细，推广力度也更大。各省户外运动发展规划出台情况见表 2。

表 2 各省户外运动发展规划出台情况

发文时间	发文部门	政策名称
2021.8	福建省体育局等九部门	《福建省户外运动产业发展规划（2021—2025 年）》
2021.3	西藏自治区人民政府	《西藏自治区户外运动产业发展三年行动计划（2023—2025 年）》
2019.4	江西省体育局等八部门	《江西省山地户外运动产业发展规划（2019—2025）》
2019.12	浙江省体育局	《浙江省户外运动发展纲要（2019—2025 年）》
2018.12	广西壮族自治区体育局	《广西户外运动发展规划（2019—2025 年）》

资料来源：各地方政府网站。

（二）户外运动基础设施不断完善

1. 国家步道体系构建初具规模

国家登山步道是我国最早建设的健身步道。2009 年，我国第一条国家登山健身步道于宁海建成。截至 2020 年 3 月，我国已建成国家登山步道 26 条，在建登山步道 14 条，遍布我国 16 个省，总里程超过 3000 公里。我国国家登山步道已初成体系，并且相对于我国广大土地与人口规模，未来将有更大的发展空间。我国国家森林步道是指穿越重要山脉和森林区域、具有不同的自然风光和历史文化特征、长度超过 500 公里、主要供人们以徒步形式深入体验大自然的带状休闲空间。2015 年，国家林业局（现为林业和草原局）决定以大山系、大林区为主要依托构建我国国家森林步道体系，12 条国家森林步道通过论证陆续公布。2020 年 10 月，12 条国家森林步道全部建设完成，步道全程沿线途经 20 个省份，全程超过 2.2 万公里。截至 2022 年，我国的户外运动爱好者现已超过 1.3 亿人，每年长距离徒步穿越森林的人群超过 2000 万人，国家森林步道已成为我国国家步道体系的重要组成部分。

2."三纵四横"空间格局基本形成

2022 年 3 月，《关于构建更高水平的全民健身公共服务体系的意见》提出沿太行山和京杭大运河、西安至成都、青藏公路打造“三纵”，沿丝绸之路、318 国道、长江、黄河沿线打造“四横”，构建户外运动“三纵四横”的空间布局。在“三纵四横”空间布局的基础上搭建的步道横贯东西、纵贯南北，穿越山地森林、河流峡谷、草地荒漠等自然地貌或历史文化遗址，兼顾赏景休闲和文化沉淀，成为户外运动发展的黄金带，将形成更高水平的健身步道网络体系。

（三）户外运动参与热度迅猛增长

2020 年以前，提起“户外运动”这个词往往与专业运动相联系，登山、骑行、徒步、攀岩等对体力及装备要求较高的户外运动设施是大部分人所想象的。但随着“微度假”等新型旅游玩乐方式的出现，户外运动在玩法创新的影响下被赋予了全新的定义。以往高要求的户外运动参与和如今走出家门的户外休闲体验都可以成为一次完美的户外运动体验。由图 1 可以看出，露营、房车旅游等户外休闲活动关注热度极高，分别达 303.5% 和 243.5%

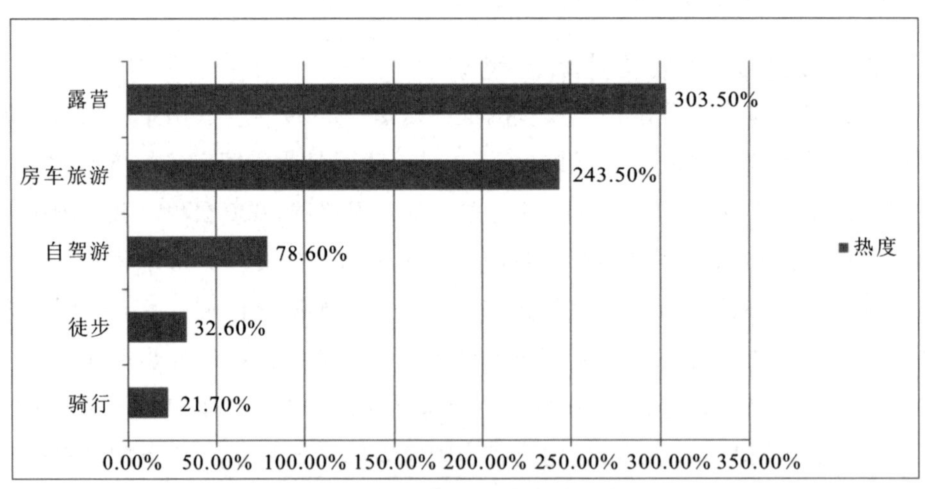

图 1　新兴户外运动关注热度

数据来源：京东消费及产业发展研究院（2022-09-20）。

（四）新兴户外运动业态不断拓展

我国户外行业有望进入新一轮上升期，而疫情正是户外运动热情短期催化剂。越来越多户外项目走向大众，活动场景也在不断延伸。身边的护城河都可以成为年轻人的“划水”场地。冲浪也不再意味着必须奔赴海边，起源于滑板的“陆冲”（陆地冲浪）让年轻人在家门口就能享受到“浪上飞行”的快意。疫情下户外行业结束调整期，疫情催化下露营、房车旅游等户外运动成为运动新趋势，飞盘、橄榄球、骑行与钓鱼等小众运动逐渐进入大众视野，成为社交新方式，户外行业出现新增长点（表 3）。

表 3　户外运动搜索指数概览（2022-04-10 至 2022-10-10）

关键词	整体日均值	移动日均值	整体环比	移动环比
露营	1674	1074	112%	92%
飞盘	1752	1226	258%	227%
骑行	507	328	14%	12%
徒步	598	462	2%	–
自驾	268	174	10%	23%

数据来源：笔者根据百度指数公开数据整理。

二、我国户外运动产业发展新业态

（一）露营新场景：从“荒野求生”到“精致享受”

适合城市的精致露营真正进入了国民视野。露营场景从山林、沙漠、草原来到了城郊的湖畔、树林甚至是城市里的公园，露营的目的也从类似“野外生存”变成了周末短暂逃离都市的休闲放松。根据 2022 年 4 月 10 日至 10 月 10 日检索的百度指数相关数据，可以看出爱玩会玩的“90 后”和“95 后”新青年以 44% 的占比引领户外露营潮流，“80 后”作为亲子客群的主要构成部分，以 42.6% 的比例紧随其后。经过两年多的蓬勃发展，露营在中国仍旧稳坐后疫情时代户外活动头把交椅。年轻人对“新玩法”的追求促使露营产业不断进化，“露营＋飞盘”“露营＋徒步”等特色体验逐渐成为营地标配，单纯的露营已经成为过去式，对于他们来说，露营的尽头是“露营 +”。图 2 所示为 2022-04-10 至 2022-10-10 露营搜索人群分布情况。

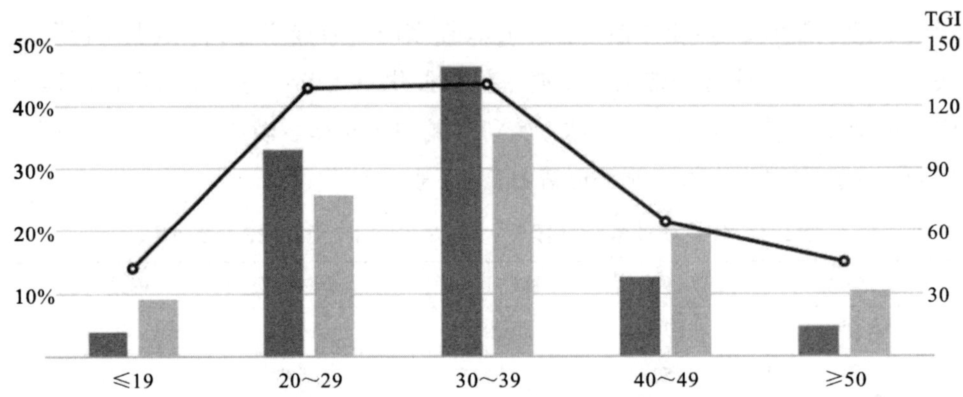

图 2 露营搜索人群分布（2022-04-10 至 2022-10-10）

数据来源：百度指数。

（二）徒步新印象：从“艰苦跋涉”到“全民参与”

徒步中国数据显示，近年来徒步人群的年轻化趋势非常明显，“90后”“95后”逐渐成为徒步活动的参与主力。城市休闲徒步客群主要集中在一线及新一线城市，这些城市大多建有完善的步道，可供徒步的城市公园及周边景区资源丰富，市民可以利用周末或是其他闲暇时间，轻松完成一场徒步之旅。徒步之所以能够成为全民参与的户外休闲新方式，其原因主要在于不同圈层的人都能从中获得满足感。徒步玩家希望通过征服山地等高难度线路获得挑战自我的满足感，对装备和专业水平均有较高的要求；而对“非专业人士”来说，徒步也可以是“茶余饭后”亲近自然或是探索城市角落的一种轻松方式。

（三）骑行新魅力：从“香轮宝骑”到“建筑骑观”

骑行是一种很好的集运动、休闲和文化于一体的潮流体验。在国内，共享单车的出现，是骑行“复兴”的重要标志。最初，共享单车是为了解决上班族从地铁站、公交车站到目的地的最后一公里问题，或是短程的城市穿楼问题。逐渐地，大家对骑行的接受度越来越高，更多开始考虑骑行。比如，周末去博物馆打卡、去网红店吃早午餐，年轻人都愿意选择骑行的方式。城市骑行和郊区骑行的盛行，不少城市都结合自身旅游特色推出了主题线路。骑行热将带动地方绿道等基础设施不断完善。地方不断完善道路、产品、服务，还将完善自行车产业链，推动国内自行车产业走多元化、高端化、专业化、智慧化发展路径。京东数据显示，2022 年 6 月至 8 月 11 日，京东新百货自行车品类销售增长迅猛，按照成交额统计，公路车同比增长 120%，城市自行车同比增长 90%，山地车同比增长 70%，折叠车同比增长 60%，穿戴装备同比增长 100%，骑行服同比增长 163%，自行车配件同比增长 90%。最热门的公路车在 1 万元以上，车型销售占比达 10%。骑行热潮让自行车等装备市场快速崛起，特别是公路自行车人气大涨，很多地方出现了热门车型“一车难求”的情况。

（四）钓鱼新收获：从“坐等上钓”到“前赴后继”

自 2020 年起，“钓鱼”相关内容量逐年递增，“90 后”在 2021 年钓鱼人群中占比达到了 30.8%，成为这项运动不可忽视的“生力军”。他们用飞蝇钓等“进击的”路亚钓法打破了钓鱼的固有印象，将这项“静止”的活动玩成了紧张激烈的全身运动。后疫情时代，钓鱼这项几乎是中老年户外活动代名词的运动在年轻群体中悄然兴起。在无法远行的日子里扛起了钓竿，在城市中以及城市周边的水域里找到了既能亲近自然，又有“收获”的乐趣。由 2022 年百度指数相关数据可以看出，近半年来，“钓鱼”作为关键词的日均搜索量为 5639203，同比增长了 239%，环比增长率 378%。图 3 所示为 2022-04-10 至 2022-10-10 钓鱼搜索年龄分布情况。

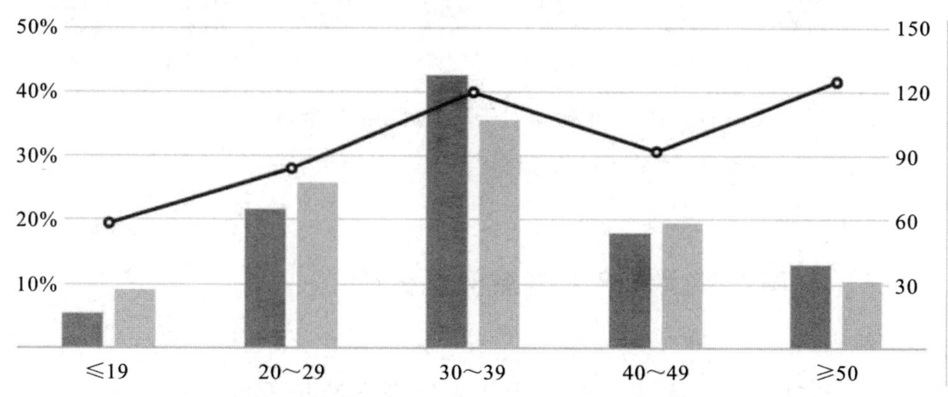

图 3 钓鱼搜索年龄分布（2022-04-10 至 2022-10-10）

数据来源：百度指数。

（五）飞盘新体验：从“小众冷门”到“潮流新宠”

疫情背景下，随着人们健康意识的增强，同时长途旅行受限，场地限制小容易上手的飞盘运动就成了很多人的选择。同时，飞盘是一项具有社交性的运动。飞盘运动兼具运动属性、社交属性、潮流属性于一身，正因为此，这项运动才能迅速流行开来，并成为后疫情时代都市青年的“新宠”。马蜂窝对年轻用户的调查显示，2022 年，亲近自然仍旧是户外活动的主要诉求，占比高达 64.5%；兴趣社交首次超过休闲放松、强身健体、家庭亲子等主流因素，以 58.2% 的比例成为影响年轻人户外休闲消费决策的第二大因素（图 4）。越来越多的年轻人渴望通过户外活动结识同好，分享快乐。

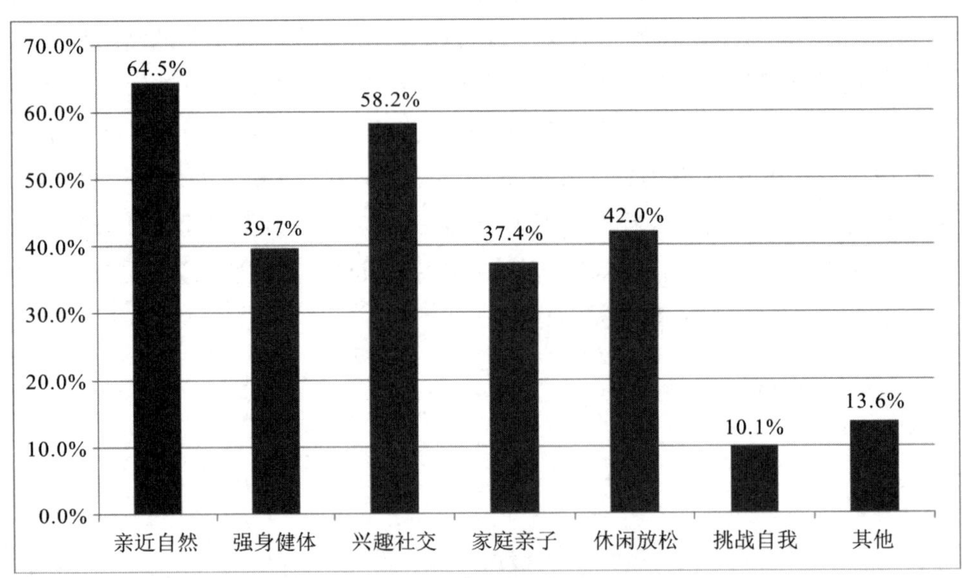

图 4　年轻人对于户外运动的兴趣点

数据来源：马蜂窝《户外休闲风行报告》（2022-09-01）。

三、我国户外运动产业发展问题分析

（一）户外人口问题：户外运动人口深度参与不足

目前我国户外运动消费正在从“专业化”加速转向“泛户外化”。覆盖人群的年龄逐渐增大，中年消费者比例显著提升，个体消费逐渐由单一走向多元，铁人三项、铁人两项、生态四项等受到越来越多人群的喜爱。消费群体呈现家庭化，亲子户外活动受到青睐；户外消费生活化、休闲化。专业装备不再是户外消费的唯一内容，时尚、休闲的户外服饰成为人们日常生活的“功能选择”。露营、飞盘和钓鱼等泛户外运动逐渐成为年轻人的时尚新选择。但是，目前我国户外运动人口存在深度参与不足的问题，大部分户外运动人口对于户外运动项目仅仅停留在体验层面，积极参加户外运动并未成为部分户外运动人口的生活习惯，户外运动过程中的主体性、对话性和获得性仍未开发。可以促进户外运动参与者深度体验的户外运动人流导入模式、运营模式、商业模式、运动场景消费、户外运动生态圈的创新等仍较为单一。

（二）组织运营问题：户外运动功能区消费者导入能力差

目前我国主要户外运动功能区的产品和服务供给与需求对接不紧密。文化、市场需求的挖掘力弱，只重视消费者身体层面的“体验”需求，轻视家庭情感、亲子关系、文化体验等精神层面的需求。同时，在户外运动功能区建设过程中缺乏“共享旅游”的理念。选址没有充分结合当地的自然资源属性、游客基础，没有充分考虑功能区在当地旅游空间网络结构中的作用和定位，致使单体通常不具备导流消费能力。

（三）服务创新问题：户外运动产业融合发展体制机制不畅

随着户外运动产业的活跃，户外运动与旅游相结合的新型业态逐渐增多，以“户外运动 + 旅游”为主要经营内容的市场主体逐渐增多。然而在市场监管中，这些市场主体的注册与监管便受到各个部门的互相掣肘，如市场主体进入市场需要，由体育部门审批、工商部门注册，然而这类市场主体由于没有得到旅游行政部门的审批，故不能从事户外旅游业务。旅游管理部门也据此对其从事户外旅游经营活动进行惩罚。而体育部门既没有相应的法律法规对其经营活动予以支撑和管理，也没有实现和旅游部门的有效协同管理。监管问题上的掣肘，直接制约了一些拥有户外核心技术的市场主体的运营发展，也从整体上影响了户外运动与其他新兴产业的融合发展。

此外，户外运动产品和服务的供给与运营机制协同也无法满足现阶段户外运动产业融合发展的需求。以我国北方分布广泛的滑雪场为例，由于政府部门间缺乏合作机制，导致滑雪区域内户外资源缺乏深度整合与开发、统一规划与布局，户外旅游宣传渠道狭窄，产品单一，冬季滑雪客源火爆，一铺难求；夏季除了少数的栈道，整个功能区几乎冷冷清清。

（四）治理机制问题：户外运动产业社会治理机制尚未形成

我国山地户外俱乐部目前尚缺乏健全的市场化运作机制，部分俱乐部采取低价竞争等不规范操作，扰乱了市场秩序。当前大多数户外俱乐部的赢利主要来自户外运动用品销售和商业团队拓展训练取得的经营收入，运营模式较为单一，有更多俱乐部呈现人气旺而财气不旺的亏损状态。户外运动俱乐部普遍存在规模较小、管理松散、专业人员不足、服务水平低等诸多问题。曾经我国户外运动赛事的运营与管理一般都是通过政府的财政力量达成，举办相关赛事的目的也强调社会效益的正外部性，而并非切实获得的经济收入。而如今我国的户外运动体育赛事的运营管理模式有所改变，除了政府力量，也开始通过各种方式引导社会资本参与整体办赛过程，但实际上成果不佳，社会资本的影响力也尚有不足。我国山地户外市场主体的运营问题与缺乏专业人才有关。

（五）风险控制问题：户外运动安全保障体系有待健全

总体而言，随着我国户外运动产业安全教育水平的提高和山地救援体系的建立，户外运动的安全性有所提高，人们对户外运动的态度也产生了转变。但根据中国登山协会登山户外运动事故调查研究小组的不完全统计，从2007年至今，登山户外事故数量整体呈现上升趋势。以第四届黄河石林山地马拉松百公里越野赛为例，比赛过程中，100公里越野赛高海拔赛段20公里至31公里处，突遭灾害天气，短时内局地突降冰雹、冻雨，并伴有大风，气温骤降，造成151名参赛选手被困，最终，151人被搜救转移至安全地带（8人受伤），21人遇难。登山户外运动事故的警钟长鸣。一些地方组织管理者对户外安全问题不够重视，以风险知识教育和实践操作为核心的风险教育预防体系，以医疗、救援等硬件为核心的应急救援体系和以保险为核心的高风险资金保障体系建设并不完全。

四、我国户外运动产业外部发展环境分析

“十四五”时期是我国当前发展的关键时期，在政治、经济等方面都有着非同凡响的意义。习近平总书记反复提到，我国发展仍处于并将长期处于重要战略机遇期，这一对国内外局势的科学判断和精准把握，是我们研究高质量发展问题的根本遵循。

（一）国际层面：世界步入“百年未有之大变局”

世界原有贸易体制受到冲击，金融风险加大，原有的各主要经济体增长速度减慢；各类极端主义抬头，大国关系分化重组，美国单方面破坏中美关系及推行“强脱钩”，对中国形成新的挑战；国际治理体系面临重组，运行秩序持续调整中；科技进步越来越快，竞争越来越激烈，高科技领域的遏制与反遏制成为大国战略博弈的关键环节。虽然面临以上多种挑战，但是求合作、谋发展仍是绝大多数国家的共同愿望，经济全球化大势不会改变，国际政治格局多极化、民主化趋势同样不可阻挡，发生大规模战争概率较小，世界整体局势和平稳定；“共建地球命运共同体”受到广泛认同。总之，和平与发展的时代主题没有改变，而与此同时，全球治理体系正在发生变革，世界经济正处在新旧动能转换关键期。身处这样的世界宏观环境，无疑为我国户外运动产业发展带来了种种机遇与挑战。

（二）国家层面：新时代美好生活激发山地户外新动能

1. 新冠肺炎疫情激发户外运动发展新动能

我国传统发展模式面临着前所未有的资源环境压力，经济增长进入中速阶段并呈现逐年下行趋势；城乡、区域、经济社会发展不平衡的现象仍较为突出，我国社会的主要矛盾持续存在；值得一提的是，自从2020年开始，席卷全球的新冠肺炎疫情对我国经济社会发展造成了巨大的冲击和严峻的挑战，经济发展面临的困难加大。不过对于户外运动产业来说，疫情带来的影响可以从短期和长期两个方面来看。短期上，疫情确实给包括户外运动产业在内的经济社会环境带来很大冲击，全产业链停摆，户外赛事纷纷延迟或取消，

户外旅游被迫中止，行业发展蒙上巨大阴影；但从长期来说，疫情防控期间也是新旧动能转换的调整期，调整期过后的户外运动产业有机会构建反脆弱性。疫情不会打消人们户外运动的需求，只是短时期内抑制了这种需求。随着新冠肺炎疫情影响力的下降，户外运动产业也会迎来强力的反弹，不仅会成为新的经济增长点，也是改善经济结构、促进经济转型的重要元素。经历了疫情的人们会更加注重健康，更享受绿水青山在侧的生活，甚至会提高整个社会对户外运动的参与意识。

2. 户外新型消费迎来包容审慎的新环境

国务院办公厅印发《关于以新业态新模式引领新型消费加快发展的意见》，提出了“深化包容审慎和协同监管原则”，为新型消费营造适度的发展环境，这在一定程度上可以成为破解当前户外运动产业发展制约因素的关键，进一步促进户外运动消费成为新的经济增长点。

3. 国内国际双循环相互促进的发展新格局

从大势上看，我国发展形势总体上是向好的。经历了此前几十年成功的经济建设进程，我国具备足以抵抗各种压力的经济基础，还有即使在人口红利逐渐减少的背景下依然领先于世界的人力资本，自主创新能力与技术创新能力迅速提高；总体来说，经济持续发展的脚步没有停止，经济潜力的开发没有枯竭，容错率高的特点没有改变。在这样的基础上，“双循环”概念的诞生无疑是新时代背景下的又一剂强心针。双循环也就是“构建国内国际双循环相互促进的新发展格局”，与从前不同的是开始考虑外部经济环境的波动性，同时又坚定发展国内的基本盘。回顾过去，2001 年中国加入世贸组织后采用的是出口导向型模式，2008 年金融危机后又着重应用投资拉动型模式，而双循环思路意味着未来经济发展正在向包括“消费驱动”在内三者兼具的平衡发展模式演进。

4.“新基建”助推户外运动数字化升级新机遇

在平衡发展的前提下，各种配套措施不断出台。以“新基建”为首的投资政策，致力于以政府投资拉动社会投资，推动包括 5G 在内的信息基础设施建设，推动数字化转型，实现产业转型升级，以继续扩大对外开放。这对于户外运动产业的发展也有着重要意义，应当充分把握产业数字化带来的发展机遇，应用 5G 网络等新兴技术，通过科技创新带动户外运动产业的高效发展。

党和国家领导人着重强调的“以畅通国民经济循环为主构建新发展格局”，不禁让人想到此前多次提到的“供给侧结构性改革”，二者异曲同工，强调用改革的办法推进供给侧的要素改革，扩大有效供给，提高全要素生产率，以更好地促进经济社会持续健康发展。

五、我国户外运动产业高质量发展战略思路

（一）顺天时：将户外运动相关政策红利转化为治理效能

我国山地户外活动最早开始于新中国成立初期，起初还只是以专业人士科学考察和小队自发冒险的形式开展山地户外活动，这一时期的特点是规模较小，尚未形成有序的组织管理形式；直到改革开放后，我国开始举办户外运动相关的专业化赛事，户外运动才真正开始被人们所认识到，这一阶段的特点是专业性较强，只有少数人能接触到；20 世纪 90 年代末到 21 世纪初，越来越多的人开始将登山、徒步等户外运动项目作为日常活动，山地户外从专业化走向平民化。2005 年，户外运动正式被列为体育项目，随即户外运动产业迅速发展，步入融合发展的阶段，各类政策红利也随之而来。如今的户外运动更多是作为群众性运动出现在大众视野中，在政策支持下正是寻求发展成果的关键期。

除了顶层设计层面的支持，我国户外运动产业的发展需要构建自上而下的社会治理机制，即宏观上政府管理、多部门协同，中观上各类户外协会、社会组织及市场主体积极运作，微观上鼓励群众支持、全民参与。在我国户外运动产业治理机制构建过程中起到重要作用的是中国登山协会。作为组织管理和普及推广登山运动的全国性机构，中国登山协会将推动户外运动健康发展作为一项使命，始终秉承“服务、引导、规范”的工作方针，在做好自身工作的同时，紧密团结各方力量，稳步推进我国户外运动的普及与发展。

从微观上看，我国户外运动最早就是开始于社会自发形成的少数群体，随着整体生活水平的提高和百姓需求的转变，一些便于开展的户外运动项目才慢慢得到大众普遍的关注与认可。而时至今日，我国人民对户外运动的需求持续扩大，户外运动产业的经济潜力亟待开发，从参与意愿到实际消费的

转化需要社会各界的共同努力，包括政府的政策支持、社会组织的运作与人民群众的参与。毫无疑问的是，不管从哪一维度出发，我国户外运动产业都将迎来发展的黄金时期。

（二）谋地利：审慎包容做好山地户外资源可持续开发

“户外”一词是指户外运动开展的户外环境或场地属性，户外运动资源正是承载户外运动游憩机会的空间集合。一般来说，山地户外资源不仅包括陆地、山地、天空这些自然属性特征的空间，同时也包括山体地质地貌、植被覆盖情况、生物多样性、气候变化甚至历史文化背景这些隐藏的属性特征。克劳森（Clawson）和尼奇（Knetsch）也指出：景观的外部特征，或者水体、陆地的任一特定区域的特征，这些都不能成为游憩资源。正是自然特征和人运用自然特征的能力与欲望的结合，才构成一种游憩资源，如若不然所谓的资源只不过是无意义的岩石、土壤和树木的叠加。对于户外运动来说，参与其中的活动者必须通过这种原生场景来达到自己参与体验的目的。

纵观我国地形地貌特征可以发现，我国的户外运动资源种类多样、内容丰富。仅高峰而言，世界上海拔排名前列的高峰有一半以上位于我国境内或在国境线上，珠峰更是早就成了全世界登山者的登山圣地，因此登山运动在我国户外运动项目中始终是一颗最耀眼的明珠。此外，在开展其他户外运动时，我国同样具备优越的自然条件。在这样雄厚的资源基础之上，可持续开发与合理利用户外运动资源，是我们一直以来在产业发展中探索的主题。经历了起初不重视生态保护的错误阶段和后来“一刀切”地禁止式保护的过度保守阶段，现在我们寻求的是户外运动产业发展与生态环境保护二者之间的平衡。面临下一个 5 年的关键发展阶段，“包容审慎”或能成为我国户外运动产业高质量发展的战略思路之一。

“包容审慎”这一概念的本意是指寻求建立起一种监管方式，同时兼具必要的安全底线和包容多元化创新的机制，令新兴产业蓬勃发展。运用在户外运动产业高质量发展的战略思路中，则体现为对户外运动资源的开发，既要严守“生态红线”，又要在保护中适度开发，“一刀切”式的保护并不可取。就在 2020 年，国务院办公厅颁布《关于以新业态新模式引领新型消费加快发展的意见》，正式提出了“深化包容审慎和协同监管”原则，这条原则或许可以为我们寻找发展户外运动产业和生态保护二者之间的平衡问题提供重要指导意义。

（三）求人和：顺应美好生活需要扩大山地户外参与人口

新时代背景下我国社会主要矛盾的转化，代表了人民群众对于一种健康、快乐生活方式的向往，参与户外运动可能并非所有人的意愿，但毫无疑问是实现美好生活方式的一种途径。在这样的背景下，顺应人民需要，实现户外运动产业的高质量发展，首先要实施山地户外参与人口的提质扩容计划。计划包括两方面：一是提高山地户外参与人口基数，二是提高人均消费，激发消费潜力。

增加山地户外参与人口，要在已有基础上继续提升户外运动普及度，全面调动居民参与户外运动的积极性，针对不同年龄山地户外参与人群采取不同措施：鼓励学校开展山地户外拓展活动，提升青少年的参与兴趣，培养青少年群体山地户外参与意识；支持户外运动俱乐部等社团组织开展相关山地户外活动，继续推广危险系数小、参与门槛低的户外运动项目；鼓励中老年群体拥抱自然，参与户外运动，同时发挥户外运动的社会功能，丰富多人参与的户外运动产品供给，提升家庭、企业成员的山地户外参与度。

此外，要充分挖掘户外运动市场潜力和内需潜力，构建科学的户外运动内需体系，完善户外运动消费保障制度，营造良好的消费环境；开发户外运动领域消费新业态，释放消费潜力；增强户外运动宣传力度，刺激消费，鼓励户外运动基地、体育特色小镇等示范区建设户外运动相关文化基础设施，宣传普及户外运动知识，充分应用直播、短视频等线上渠道推荐户外运动场地资源，发挥名人效应的带动作用，激发群众户外运动消费热情。

六、我国户外运动产业高质量发展路径

我国经济已由高速增长阶段转向高质量发展阶段，正处在转变发展方式、优化经济结构、转换增长动力的攻坚期。而所谓高质量发展的定义，就是能够满足人民对日益增长美好生活需求的发展，是体现新发展理念的发展。高质量发展的重大战略方向不仅指明了新时代我国经济发展的基本特征，而

且还赋予了社会文化与人民幸福等领域更重的时代使命。

户外运动产业在高质量发展的战略目标下，亟需从粗放型规模增长向以“提升发展质量和效益”为主线的高质量发展方向演变。这一重要战略目标，对未来我国户外运动产业的发展带来了新机遇，也提出了新挑战。因此，在把握新时代背景下我国社会主要矛盾发生转变的基础上，结合全民健身、健康中国、美丽中国等国家战略，紧紧围绕满足人民群众需求这一主线，可以更高效地带动户外运动产业能级提升，推动户外运动产业高质量发展。

（一）推动户外运动产业场景化高质量发展

户外运动资源是参与户外运动所必需的空间场景，通常来说这种场景的特殊性就是大众参与户外运动的根本需求。部分学者曾经探究过场景的变化与人类情绪之间的关系，研究结果表明，在差异化的场景下，人们的情绪波动状况会产生很大的区别，特别是在户外运动场景下，人们的负面情绪相比室内运动场景会更易消解。值得一提的是，虚拟现实运动场景同样具有相似的功能，这也为户外运动产业发展结合新兴技术提供了有力的理论支撑。传统的户外运动场景主要是在山地、森林、草原等自然领域的非建设性空间。新时代背景下，为满足人民群众参与户外活动的不同种类、不同层次的需求，户外运动场景已经拓展到包括健身步道、露营地、户外运动基地、体育主题公园、体育特色小镇等在内的建设性空间。在推进户外运动产业场景化高质量发展的过程中，需要注意以下几点：

一是户外运动产业的资源禀赋问题。这里的资源禀赋是指户外运动产品和服务所具备的劳动力、资本、土地、管理、技术等方面。因此，发展户外运动产业需要注意其活动资源的多样性、产业布局的合理性和资源开发的科学性。重点推进户外运动资源供给侧结构性改革，丰富户外运动资源的内容与形式，利用区域特色旅游资源，打造户外运动精品项目品牌。同时激发户外运动产业市场活力，提高整体竞争力，培育户外运动产业产品与服务创新、产业布局规范、资源配置合理的新格局，为户外运动产业高质量发展打下坚实基础。

二是户外运动产业市场需求问题。“全民共享、惠及大众”是户外运动产业高质量发展的基本出发点，即让户外运动产业利益相关者共享发展成果与健康红利。户外运动产业的新场景实质上是满足户外参与者需求偏好的消费市场。以户外运动产业丰富的资源供给为支撑，不断拓宽户外活动市场需求规模，树立户外运动健康消费观念，以消费需求为导向推进户外运动产业建设发展，通过场景创新推动山地户外产业消费升级，提高产品服务质量。

三是户外运动产业项目管理运营问题。户外运动产业是以休闲运动为主要形式，体育活动、体验自然、休闲消费、市场运营等功能相互融合的一项综合性服务业态。因此，在推动户外运动产业发展的进程中，需要将现代化的管理运营要素投入其中。引导人力、物力、财力资源的集聚，优化多种类产品项目布局，通过规模经济构建良好的运营效益。同时，也需注重户外运动产业的“放管服”改革，鼓励户外产业创业者创建新的户外运动消费场景服务，充分释放户外运动产业市场活力。另外，在发展户外运动产业的同时，要重视山地户外活动的安全教育与风险防控工作，为户外运动产业高质量发展保驾护航。

（二）推动户外运动产业智能化高质量发展

党的十九届五中全会上着重强调：“要强化国家战略科技力量，提升企业技术创新能力，激发人才创新活力，完善科技创新体制机制。”现代信息技术正在不断将我国各类产业提升到新的发展高度，我国户外运动产业能级提升与高质量发展，也必须将互联网、大数据等信息技术的创新与运用摆在更加重要的位置，以科技创新为引领推动户外运动产业内容与形式创新。

一是着力以“新基建”作为未来户外运动产业发展的基础设施支持。以“新基建”为有效推手，促进户外运动产业社会投资，推动户外运动产业包括5G在内的信息基础设施建设，推动产业向数字化方向发展，充分把握数字化带来的发展机遇，应用新技术，通过科技创新带动户外运动产业高效发展。

二是运用新技术推动户外运动产品的智能演化。将云计算、大数据、物联网、车联网、AR、VR、GIS等新技术运用于户外运动产业的发展，可以实现传统户外运动项目与新技术的创新融合，从而促进智慧场馆、智能化户外运动产品的不断成熟发展。前文提到，虚拟现实下的运动场景同样有利于人们改善负面情绪，这样一来，部分没有时间或没有条件去到户外场景活动的群体就可以通过虚拟现实场景来满足自身的需求，实现户外运动产业的智能消费，打破人们参与户外活动的时空限制，推动社会进步与人类生活方式的变革。

三是深化“互联网+”运营模式植入户外运动产业。当前，大数据、新能源、区块链等新兴科技产业发展的步伐十分迅猛，可以为户外运动产业提供实质性的技术支持。为适应新时代网络信息技术的发展大势，户外运动产业在发展进程中，应积极学习并培养互联网运营管理的思维方法，通过“互联网+山地户外产业”运营模式助推山地户外产业高质量发展。利用网络数据分析户外活动参与者的需求偏好，追踪户外活动的潮流与热点，更加科学高效地分析市场环境，构建更为合理的户外运动产业融合模式。

（三）推动户外运动产业融合化高质量发展

户外运动产业是在与其他产业相互融合渗透的过程中逐步发展起来的，因此作为一项综合性产业，户外运动产业必须通过产业的跨界融合实现产业能级提升与高质量发展。户外运动产业融合化高质量发展可以包括以下几个方面：

一是高新技术与户外运动产业的融合。户外运动产业从业者应具备网络信息技术的思维方式，推动企业的高效运营，推出移动端户外运动应用程序与相关移动装备，更加满足社会大众对户外运动形式与消费的需求。同时，在新技术、新业态及新消费理念引领下，个性化特征的户外运动消费模式逐步规模化，消费需求模式呈现由线下消费向线下线上融合升级的趋势，进一步推动高新技术与户外运动产业的融合发展。

二是体育旅游产业与户外运动产业的融合。体育旅游产业本身就是旅游产业和体育产业深度融合的新兴产业形态，体育旅游与户外运动产业的相互交融，可以产生更为显著的经济效益和社会效益。

三是新型服务业与户外运动产业的融合。户外运动产业实质上可以被视为一项新型服务性产业。随着越来越多的创业者参与到户外运动产业中来，户外运动产业的服务质量与水平不断提升到新的高度，能够显著提高大众的参与度与体验感。

（四）推动户外运动产业生态化高质量发展

推动户外运动产业生态化高质量发展，是增进人民福祉的发展，对实施乡村振兴国家战略和美丽中国建设具有重大现实意义。户外运动产业的生态化建设要关注以下几点：

一是要积极将生态文明建设理念纳入我国户外运动产业高质量发展过程中，牢记“绿水青山就是金山银山”的正确态度和方向，通过生态文明建设促进户外运动产业绿色、低碳发展，坚持对户外运动资源的可持续开发和合理利用。

二是要按照国家发展规划中提到的“开发与保护并重”要求，科学规划户外运动场所，基于地区生态情况合理规划户外运动项目，因地制宜，挖掘不同地域的户外运动资源。

三是明确责任主体，加强对生态文明理念的宣传教育力度。通过完善生态文明治理体系，坚持多元主体协同监管，提高人民群众的生态文明思想水平。鼓励社会多方力量的参与合作，构建政府引领、企业融入、人民群众参与的生态文明治理体系。

3 中国电竞产业发展现状、趋势与研究热点

杨 越*

摘 要：“电子竞技”是信息时代人类体育行为的一种演化，是以电子游戏内容为载体，借助电子交互技术和硬件工具实现人与人之间竞技比赛的竞技体育活动。鉴于电子竞技在青年人群中的巨大影响力，电子竞技已经成为未来我国科技、经济、社会、体育文化政策制定中无法回避甚至必须高度重视的产业形态。本研究关注到电子竞技正在成为世界性体育文化现象和一项快速崛起的新型体育运动，且吸引了大量的参与者与观赏者，尤其深受青少年群体的喜爱；电子竞技已经从网络游戏中独立出来，成为引人注目的体育赛事，并对体育产业的发展具有十分重要的意义。本研究对当前值得研究和关注的几个问题，如电竞游戏标准研究问题、电竞联盟和俱乐部研究问题、电竞劳损与康复研究问题、电竞负面影响消除与电竞教育研究问题、电子竞技产业公共管理研究问题等进行一些初步的研究与分析。

关 键 词：中国；电子竞技；电子竞技产业；研究热点

“电子竞技”是信息时代人类体育行为的一种演化，是以电子游戏内容为载体，借助电子交互技术和硬件工具实现人与人之间竞技比赛的竞技体育活动。2017 年，是世界范围内电子竞技得到重新认识的一年，也是电子竞技产业爆发增长的一年。在经历了国际奥委会确认、技术手段突破、社会各界热议后，电子竞技产业已经从 1998 年开始的第一轮产业周期进入第二轮产业浪潮，世界电子竞技产业的重心也转移到了中国。鉴于电子竞技在青年人群中的巨大影响力，电子竞技已经成为未来我国科技、经济、社会、体育文化政策制定中无法回避甚至必须高度重视的产业形态。面对电子竞技产业这一在互联互通的社会形态中形成的最淘气和最有活力的新兴产业，我们该如何看待？未来电子竞技会向哪个方向发展？采取什么样的政策才能保证它的健康发展？本文将就此进行探索。

---

* 杨越，国家体育总局体育科学研究所研究员，电子竞技研究中心主任。

一、电子竞技产业发展现状与趋势

（一）电子竞技正在成为世界性体育文化现象

电子竞技是进入 21 世纪以来快速崛起的世界性文化现象，吸引了大量的参与者与观赏者，其主体是青少年。在多种因素作用下，这一文化形态正在风靡世界，产生极为广泛而深刻的社会影响。

2017 年 10 月 28 日，在瑞士洛桑举行的国际奥委会第六届峰会上，国际奥委会同意将电子竞技视为一项“运动”。国际奥委会官方声明是这样表述的：在世界各国青年人群中，“电子竞技”表现出强劲的增长势头，可为奥林匹克运动提供平台。竞争性质的“电子竞技”可被视作一项体育运动，参与者需要进行各项准备以及训练，强度与传统运动中的运动员相当。

这一决定的公布加速了电子竞技运动由普通娱乐项目向正式体育项目的发展速度。在即将举办的杭州亚运会，电子竞技的 7 个项目被列为正式比赛。

电子竞技运动正在获得越来越多的国际组织认可和重视，人们对电子竞技运动的科学认识正在逐步加深，电子竞技规范发展的时机已经成熟。

（二）电子竞技已经从网络游戏中独立出来，成为引人注目的体育赛事

首先，电子竞技行为模式已经不同于网络游戏。电子竞技从网络电子游戏而来，又独立于传统网络电子游戏。社会上对电子竞技的一个重要误解是混淆了电子竞技行为与网络游戏行为。虽然电子竞技的内容大多数来自网游，但电子竞技与网络游戏相比具有更明显的体育特征。第一，功能性质不同。网络游戏的功能是娱乐加社交，电子竞技的功能是运动加比赛；网络游戏主要是在虚拟的世界中以沉浸式体验为目的的虚拟角色扮演游戏活动，而电子竞技则是在信息技术营造的虚拟环境中，借助电子手段实现人与人之间智力和体力的对抗。第二，游戏规则不同。电子竞技虽然也是游戏，但有明确统一的比赛规则，无论是职业选手参加的正规比赛还是普通玩家娱乐时间的游戏比赛，都要遵守时间、回合、技术、行为等一整套规则限制。第三，追求的精神境界不同。电子竞技比赛是运动员之间秉承公正公平的体育精神的竞

赛，通过人与人之间的智力和体力对抗，以决出输赢为精神追求；而网络游戏主要是人机之间或人与人之间的交流互动，以虚拟空间中的多样化自我满足感为精神追求。第四，技术要求不同。电子竞技运动员需要专业的系统训练、技术储备和运动天赋，普通人难以胜任，这一点随着电子竞技职业化的深入已经非常明显。

其次，电子竞技产业构成不同于网络游戏产业。电子竞技和网络游戏的最大不同是，电子竞技产业是围绕电竞赛事传播产生的产业，而传统网游是围绕游戏版权和游戏时间而产生的产业。电子竞技产业的主体是电竞赛事传播（包括线上与线下），电竞用户是以观众而不是玩家的角色参与电子竞技产业，这一点与篮球、足球的赛事产业没有区别。从当前电子竞技产业链而言，其已经远远超出了一般网络游戏的范围，属于职业体育范畴。

最后，电子竞技的增长速度比网络游戏更快，大有赶超之势。数据显示，2017 年中国电竞市场规模同比增长高达 59.4%，市场规模首次超过端游，达到整个游戏市场的 30%。无论从增量还是存量的角度看，当前代表性电子竞技游戏产业价值创造都远远超过了原有网络游戏本身。当然，不可否认的是，很多经典电子竞技项目的文化来源是原始网络游戏的内容设定，然而一旦该游戏成为正式比赛，那么它就不再是网络游戏文化的范畴，而是竞技体育赛事范畴。这一点从早期的星际争霸、CS 到现在流行的英雄联盟和王者荣耀都是如此。

综上所述，当前电子竞技已经从网络游戏中独立出来，形成了独特的体育化发展方向，具备了竞技体育的基本特征。从我国统计分类角度看，电子竞技产业主要包含“互联网游戏服务”中的电子竞技游戏服务业、“体育竞赛表演业”中的电子竞技表演业、“互联网信息服务”中的电子竞技直播服务、“数字出版物”中的电子竞技出版业、“娱乐业”中的电竞场所服务业等，是以上这些产业的合集。从文化属性归类看，“电子竞技文化”是体育文化与电子游戏文化的交集。

（三）电子竞技产业影响已经不容忽视

从产业角度看，当前全球电子竞技产业已经从 1998 年开始的第一轮产业周期进入第二轮产业浪潮，世界电子竞技产业重心也从韩国转移到了中国，扎根于广大青年人群的电竞产业已经对我国经济、社会管理政策提出了新的机遇和挑战。

第一，中国电子竞技产业发展速度很快。中国拥有全球最多的电子竞技运动参与者，并且已经成为全球最大电子竞技消费市场。中国电竞产业发展迅速，年复合增长率达到132.2%，到2019年已经达到1028亿元（图1）。与此同时，越来越多的年轻人投身于电竞行业。从2019年全国电竞产业产值来看，中国电竞产业创造的GDP占全国总产值的0.10%。相比之下，体育产业10078亿人民币的产值，占比为10.20%，占比一线与新一线城市GDP为0.32%。

图1　2014—2019年中国电竞产业规模

来源：国家统计局和地方政府的政策数据。

第二，我国电子竞技产业吸纳就业能力较强。从中国电竞行业容纳就业上来看，截至2019年，电子竞技产业容纳就业人数总计为45万人，其中，年新增14.5万个就业岗位。从全国电子竞技产业产值角度来看，2019年中国电子竞技产业新增就业人数占全国新增就业人数的1.07 %，占体育产业新增就业人数的39.73%，占一线与新一线城市新增就业人数的2.5%。从吸纳就业效果看，每100个新增就业机会中有2.7个与体育行业有关，而电子竞技行业每 100 个人就能创造 2 个以上的就业机会。因此，电子竞技产业虽然规模远不及体育产业，但吸纳新增就业的能力与体育产业不相上下。

第三，电子竞技产业的科技含量越来越高。从目前全球科技发展趋势来看，主要国家都在围绕人工智能、5G、新一代芯片等这些高科技展开激烈竞争。在技术投入越来越大、技术与消费关系越来越紧密的今天，科技成果能否迅速转化为实际社会需求，成为各国高科技产业能否持续发展的关键。从现状看，各种新技术最先落地的应用都不约而同地选择了电子竞技产品。以目前最热门的人工智能科技为例，2017 年 7 月，我国政府发布了《新一代人工智能发展规划》，确立了以人工智能技术为代表的中国高新科技发展战略。同年 11 月，韩国首尔世宗大学举办的星际争霸 AI 对抗赛，人类星际选手 Stork 通过 4 场连胜将 AI 杀得溃不成军。“击败了人工智能，为人类赢得荣耀，还获得了 500 万韩元奖金”，这一结果同棋类项目中人类屡屡败北的局面形成了鲜明的对比，引发了国际和国内人工智能研究者的持续关注与研究热潮。

研究者普遍认为，人类在电竞比赛中的胜利不能说是巧合，它有着深刻的技术含义，跟传统的“智力游戏项目”（棋牌类为代表）相比，电子竞技更能展示出人类的创造性思维，展示出人类能力的多变性、可能性和复杂性，是人工智能技术的终极目标和对手。一个有趣的现象是，当前谷歌、微软等国际高科技领军企业都纷纷把人工智能开发的首选挑战聚焦在电子竞技的人机对抗项目当中，并投入了最优秀的团队。不仅仅是人工智能技术，其他前沿科学技术，如区块链技术、大数据技术、量子通信技术、新型可视化技术、体感技术等，都不约而同地选择了电子竞技作为其首要应用。电子竞技已经成为目前人类前沿科技的最大试验场和最直接的应用载体。

（四）电子竞技对青少年的不利影响需要正视和深入分析

“孩子容易沉迷电子游戏”一直是近 20 年来社会的焦点话题。在通信技术越来越发达、游戏端口越来越方便、游戏种类越来越丰富的今天，这一问题正在变得更加严重。电子竞技游戏脱胎于网络游戏，而且其受众面更广、对青少年的吸引力更强，也因此不可避免地会影响到青少年。这种负面影响可以分为两个层面：主要负面影响来自电子竞技的母体——网络游戏，同时电子竞技产业自身发展中也出现了一些新的问题，对此我们应该区别对待。

二、当前值得研究和关注的问题

（一）电竞游戏标准研究

目前中国对于游戏发行进行国家层面一级审批管理，通过发放版号的方式控制游戏发行规模与数量。国家监管层面尚未将电竞游戏与网络游戏正式区分。从电竞产业长远发展来看，电竞游戏技术标准亟待确立，从而与传统网络游戏进行严格的界定与区分。对电竞游戏的分级研究直接有助于界定电子竞技的类别，并为电竞入奥扫清项目技术障碍。

（二）电竞联盟和俱乐部研究

与传统的职业体育不同，电子竞技是一种基于线上社区的竞技对抗运动。虽然围绕电竞赛事开展传播学、营销学理论研究已经有所开展，但对于中国电竞职业联盟、电竞职业俱乐部都缺乏运用体育经济学、体育管理学理论开展长期跟踪研究。由于目前数据的缺乏，电竞职业联盟的内部运营状况和规模等级没有被持续跟踪。研究我国的电子竞技联盟有助于理解体育联盟的演变过程。虽然电子竞技俱乐部是电子竞技专业赛事的核心，但目前并没有经典的案例研究可供参考。当下对电子竞技专业俱乐部的运营模式、管理方式、治理与监督、投融资等方面的研究还不够。

（三）电竞劳损与康复研究

目前电竞职业运动员科学训练、电竞职业运动员康复等问题都缺乏科学系统的理论与方法。西方已经开始对此进行研究，预计中国的研究将发现电竞职业运动员的行为和健康的新模式。对于中国的电子竞技俱乐部而言，有人认为现有的专业电竞俱乐部已经通过自身的实践探索出了一套专业电竞运动员的培训和管理方法。然而，这些训练制度缺乏科学理论支持。因此，目前十分有必要探讨电竞选手产生伤病的原因以及相应的识别方法、治疗方法和重返电竞赛场的条件。这些科学研究将为职业运动员和业余运动员预防、治疗运动劳损和尽快康复提供指导。预计研究的领域包含构建科学的体育训练计划、研究运动员的合理营养摄入、试验治疗技术和运动损伤的评估方法。

（四）电竞负面影响消除与电竞教育研究

为了解决好电竞从游戏娱乐产业中继承过来的弊端（青少年游戏成瘾问题），我们需要依靠行业监管。中国目前缺乏符合自身国情的电子竞技立法以及行业监管规则研究。从长远来看，电子竞技教育起到重要的社会引导作用。目前，中国电竞教育自下而上发展。电子竞技高等职业教育、本科学历教育体系建设尚不完善，缺乏业界普遍接受和认可的电竞课程体系与教材。师资体系也处于探索搭建状态。

（五）电子竞技产业公共管理研究

当前，如何克服电子竞技对青少年健康生活方式的负面影响，改善电子竞技产业中存在的突出社会问题；发挥电子竞技对经济增长、科技进步、体育文化教育的正面影响，已经成为摆在各国体育管理者面前的重要命题。然而，从实际情况看，当前我国电子竞技产业管理仍存在比较严重的缺位问题。

首先，当前涉及我国电子竞技行业管理的部门众多，力量分散，管理分工仍不明确。各部门出台的政策多为迫于当时社会舆论而出台的应急性政策，政策的连续性、导向性和有效性均不理想。

其次，电子竞技的行业管理政策制定一直缺乏有效的理论支撑，对电子竞技管理政策的研究力量仍然薄弱。

最后，不得不说的是，目前国内学术界对电子竞技的关注度普遍不高。由于电子竞技脱胎于网络游戏，长期处于社会舆论压力之下，因此学术界对这一对青年人影响巨大的行业往往采取回避态度，与美国、韩国等电子竞技产业发达国家形成了较为明显的差距。

三、结束语

电子竞技从电子游戏中诞生，经过 20 多年的曲折发展，今天最终走向了职业体育和竞技体育的发展道路。虽然在电子竞技发展过程中仍然存在这样那样的问题，但我们坚信，只要我们遵循社会发展的规律、经济的规律、体育的规律，秉承社会主义核心价值观，坚持使用科学的方法分析，坚持以市场的手段引导，那么中国的电子竞技和电子竞技产业就一定能够在新时代走出一条有中国特色的健康发展道路。

4　我国休闲马术产业现状与发展趋势报告

殷俊海*　云梦迪**　祁小叶***

摘　　要： 当前我国已经进入小康社会，休闲产业在国民经济社会发展全局中占据了日益重要的地位。随着我国综合国力和人民生活水平的提高，社会对体育竞技的要求也随之提高。马术运动和骑乘旅游将成为人民新的爱好，骑马俱乐部成为休闲健身和儿童教育的重要场所。本报告从我国休闲马术产业的概况及发展现状展开研究，分析休闲马术产业的特点，并在此基础上指出未来我国休闲马术产业发展的趋势和建议。

关 键 词： 中国休闲产业；马术运动；休闲马术产业

一、前　言

（一）中国休闲马术产业综述

早在19世纪60年代，现代马术运动就同其他现代体育运动一样，随着西方国家的军队、商团、外交官员、传教士等，以及教会学校有组织有计划的教育而进入了中国大陆。20世纪30年代，受西方观念和休闲方式的影响，以会员制和经营跑马场为主要形式，被称为贵族运动、王者运动的马术运动开始在北平、天津、上海、广州等中国大城市出现，但在普通大众中的普及程度和参与程度都非常低。直到2008年8月第29届奥林匹克运动会上，华天代表中国队第一次亮相国际奥林匹克运动会马术三项赛，普通大众才逐渐开始关注到现代马术这项运动。

当前我国已经进入小康社会，休闲产业在国民经济社会发展全局中占据

* 殷俊海，内蒙古体育职业学院党委书记，教授，博士。

** 云梦迪，内蒙古体育职业学院副教授。

*** 祁小叶，内蒙古大众马术协会会长。

了日益重要的地位。“休闲”作为一种新的生活方式已成为时代的特征之一，体现在人们对生活品质的新追求上。随着全民健身和全民健康理念的推广普及，多样化的体育休闲需求日益增长，消费水平不断提升，消费方式逐渐多元化，马术运动以其独特的魅力和悠久的历史在休闲产业中占有一席之地。

随着我国综合国力和人民生活水平的提高，社会对体育竞技的要求也随之提高。文化、体育、竞技、休闲的马术运动和骑乘旅游将成为人民新的爱好，骑马俱乐部成为休闲健身和儿童教育的重要场所。近年来，国内对竞技用马、速度赛马、长途耐力赛马和娱乐用马的需求量增大。历史原因，我国目前尚无专门的运动马品种，马匹运动性能不高，无法胜任进军世界水平的竞技马术用马任务，在该领域国内均是清一色的高价购入的进口马。在速度赛马、长途耐力赛马和娱乐用马方面，国产马乃占主导地位。目前国内对此类马的需求反映在两个方面：一是数量上，每年平均约需 1000 匹。二是质量上，现有马的质量远不能满足市场的需求，因此国内运动用马市场是需求者出高价也无法购买到高质量的好马。所以，赛马及娱乐用马将会是未来马业发展的主流。

截至 2018 年末，中国马术俱乐部近 3 年数量分别为 907 家、1452 家和 1802 家，年均增长率近两成，尤以华东地区发展最快。该地区马术俱乐部数量连续 3 年居全国之首，占全国的三分之一。诸多方面的正向刺激，扩大了现代马术运动参与群体的总体数量，鼓舞了休闲马术参与群体的消费热情，推动了马术俱乐部在全国众多城市落地，也吸引了学者们对这一现象的关注。

（二）休闲马术定义和相关概念

人和马的渊源可以追溯到人类史前。马术运动与休闲方式有机结合为休闲马术，备受社会精英的青睐，已逐步成为经济体量不容小觑的休闲运动。国内关于马术运动的著作和期刊为数不少，然而针对休闲马术的研究仍显不足。关于休闲马术的国内文献多以描述介绍为主，关注点聚焦于马术运动本身高雅闲适的特质和修身养性的魅力，着重从欧式贵族气质、人马协作的独特魅力展开。相比之下，欧美、澳大利亚等地休闲马术源远流长，相关研究起步早，成果也比国内丰富。

1. 休闲马术概念的界定

休闲马术在世界上很多地方都被认为是一种高雅的休闲方式，并且突出体现在身心健康和社交方面的卓越特质。不同学者从不同学科的研究视角出发对休闲马术的定义有着不同的阐释。Miriam Adelman 将休闲马术（leisure uses of the horse）定义为一个活动领域（arena），这个活动领域能够为马术休闲者（leisure riders）极大可能地带来愉悦身心、自我发展以及社交的机会。Janet Cochrane 等将具有独立和冒险探索特征的乡村野外骑乘称为“马术休闲”，他认为英国的马术休闲市场需求与马术竞技完全不同，主要包括身体健康和社会交际方面。

从以上定义可以看出，学者对于休闲马术的定义大体一致，重点落在休闲马术对人所产生的作用上，并没有在休闲场所距离惯常居住地的远近和休闲时间上做出明确的界定。

2. 休闲马术参与群体的特征

休闲马术参与群体是马术休闲活动的主体，因社会、经济、历史文化等方面的差异，不同国家和地区的参与群体的实际情况也不尽相同。参与群体上至老年，下至青少年，地域涉及英国、法国、德国、匈牙利等欧洲多国，以及美国、巴西、澳大利亚等国家。Miriam Adelman 调查了 5 位年龄在 29 ～ 54 岁之间的女性马术业余爱好者，均为巴西南部的政治、经济、文化中心城市库里蒂巴的居民，发现成为长期休闲马术的爱好者具备以下 3 个特征：一是中产阶级，收入稳定且长期没有较大经济负担。二是参与方式转变，休闲马术爱好者由在马术俱乐部租马进行马术课程转变成真正马主，从而可以自由安排马术休闲时间和场地。三是马术已成为其休闲活动必不可少的一部分，且休闲马术爱好者骑龄越长对休闲马术的兴趣越发浓厚深入。Janet Cochrane 等历时两年研究在英格兰和威尔士乡村或野外开展休闲马术的爱好者，发现其具备 3 个目的：一是缓解压力，寻求团体归属感。不仅是为了跟朋友在闲暇时光一起外出释放压力、追求健康、远离城市喧嚣，更是为了结识更多志同道合的新朋友，追求个人身份上得到的认同。二是探寻自己陌生的马道，或者被有经验的骑行者引领，更新自己的骑行地域范围，寻求更大程度的自我满足感。三是打包式消遣，也就是说在野外马术休闲过程中伴随开展其他形式的消遣，比如驻足呼吸乡野的清新空气、倚在树下闲适地阅读、牵着马儿沉醉在青草的海洋中等。

3. 休闲马术的主要场所与经营管理

休闲马术的主要场所是马术俱乐部。世界各国休闲马术发展进程并非一致，休闲马术的主要场所也各有千秋。英国、法国、澳大利亚等国 20 世纪 60 年代起已先后开始建设骑马专用通道、骑乘路线标识、地图等骑乘技术设备、停车场等公共基础设施。一些学者开始关注在乡村、野外、风景区等室外开放空间开展的休闲马术活动。

不同于西方，中国国内休闲马术的主要渠道是马术俱乐部，休闲马术大多在俱乐部的室内外封闭空间里开展，因而中国学者对休闲马术的研究也大多围绕马术俱乐部展开。内容主要涉及两个方面：一是马术俱乐部经营管理及发展现状和趋势；二是马术俱乐部的产品、服务及消费者。

根据《中国马术行业发展状况调查报告》，截至 2020 年底，中国马术行业市场规模 153.5 亿元，较上年增加 15.2 亿元，同比增长 10.99%。马术俱乐部的数量近 3 年来呈逐年增加的趋势，区域分布主要集中在华东、华北及中西部地区。其中北京有 241 家，占总数据的 12.86%，占全国城市之首。华东地区马术俱乐部总数 623 家，占全国马术俱乐部的 33.24%。华北地区马术俱乐部总数 552 家，占全国马术俱乐部的 29.46%。西部地区马术俱乐部总数 383 家，占全国总数的 20.444%。东北地区马术俱乐部总数 157 家，占全国马术俱乐部的 8.83%。华南地区马术俱乐部总数 159 家，占全国马术俱乐部的 8.48%。从全国 1802 家马术俱乐部中随机抽样 374 家进行多项数据分类调查，然后在已有数据的基础上统计分析，推断马术行业的现状。237 家俱乐部总占地面积 37090.4 亩，平均值为 156.5 亩[①]。2017 年平均值为 103.76 亩。199 家俱乐部中 94 家俱乐部有室内馆。188 家俱乐部总会员人数 56934 人，平均值 303 人。

目前国内俱乐部服务项目以马术基础教学为主，由专业教练对初次骑马的消费者进行技术指导，以达到快速入门和安全骑马。其次还包括马匹寄养，即马主将马匹寄存在俱乐部，由专业人员代替饲养；马匹交易，包括俱乐部自己饲养的马匹也包括一些代销售的马匹；马匹繁育；户外野骑；马术用品

① 1 亩≈666.7 平方米。

买卖；举办赛事，通过定期举办马术赛事和马术表演收取门票；进行夏令营活动；场地租赁等。近几年随着我国马术俱乐部总数的持续上涨，也出现了一些新的发展趋势：投资规模扩大；马匹数量增多，纯血马、温血马和阿拉伯马的比例明显上升；经营项目多元化；青少年和儿童成为会员的重要组成部分，女性会员数量已超过男性；赛事显著增多。

二、中国休闲马术产业现状

（一）中国马匹的分布和数量

根据2011年出版的由国 家畜禽遗传资源委员会编撰的《中国畜禽遗传资源志·马驴驼志》中记载：中国已有的马品种共29个，近、现代培育品种有15个，引进品种有10余个。遗传资源和经济利用种群共10个。品种数量约占世界马品种的22%。中国的马种资源有着独特的、巨大的研究价值和经济价值，特别是地方品种，如蒙古马的耐力、持久力，藏马的耐低氧性，未经人工选育的中国矮马的遗传稳定性，伊犁马、三河马的竞技性、适应性、兼用性等，都是世界马种中最珍贵的遗传特征。最有代表性的蒙古马与新疆伊犁马是世界马种的两大体系。根据中国马种资源状况调查显示，中国马品种遗传资源近几十年来发生了较大变化。目前有3个地方马品种：鄂伦春马、铁岭挽马和金州马被确认为有面临灭绝的危险。

中国马多以草原散养为主，饲养管理粗放，生产效率较低；规模化饲养场精细饲养、专业调教和科学选育水平不高，制约了中国马匹繁育和养殖业的发展。2015—2018年中国马匹存栏量整体呈下降趋势，2019—2020年马匹存栏量呈上涨趋势；2020年中国马匹存栏量为367.16万匹，较上年增加0.06万匹，同比增长0.02%。新疆、四川和内蒙古三地成为中国马匹养殖主要地区。2019年中国马匹存栏量为367.1万匹，其中，新疆马匹存栏量为95.5万匹，占全国存栏量的26%；四川马匹存栏量为75.6万匹，占全国存栏量的20.6%；内蒙古马匹存栏量为67.1万匹，占全国存栏量的18.3%。

1. 新疆

目前新疆的马种资源，占全国马种资源的14.3%，是我国马种资源最丰富的省区之一，主要有4个地方原始品种——哈萨克马、焉耆马、巴里坤马和柯尔克牧马，及2个培育马种——伊犁马、伊吾马。近年来，为加快马品种改良，新疆还从国外引进了顿河马、新吉尔吉斯马、奥尔洛夫马、俄罗斯速步马、库兹塔乃衣马、阿拉伯马、吉尔吉斯乳用马、阿尔登马、贝尔修伦马、美国速步马、霍士丹马、汉诺威马、英纯血马、阿哈捷金马等超过10种马。

新疆现有5个大型国营马场，3家自治区级种马场。马的品质迅速提升，市场价格从2000年的每匹四五千元涨到目前数万元甚至10万元以上。伊犁马已成为国产运动马第一品牌，约占国产运动马市场的60%。

2. 内蒙古

内蒙古是我国乃至世界马品种资源丰富的地区之一，是马品种的主要发源地，尤其是蒙古马以耐力强、抗病等优点享誉海内外。全区马存栏量10万匹以上的盟市有呼伦贝尔市、锡林郭勒盟、通辽市和赤峰市，马存栏量1万匹以上的旗县区有31个。近年来，内蒙古持续开展蒙古马遗传资源保护工作，通过积极争取把地方品种蒙古马、阿巴嘎黑马、鄂伦春马、锡尼河马，培育品种三河马、科尔沁马和锡林郭勒马7个品种列入《中国畜禽遗传资源志》，将蒙古马、鄂伦春马两个品种纳入国家级遗传资源保护名录，先后在锡林郭勒盟、呼伦贝尔市、鄂尔多斯市建立不同类群的蒙古马保种基地，初步建立以保种场为主、保护区为辅的蒙古马遗传资源保种体系。

蒙古族人民历经数千年，精心培育出了蒙古马这一优良品种，体态结实粗糙、头重额宽、四肢粗壮、蹄质结实。蒙古马属于跑马，具有极强的生命力，能够在极端恶劣的条件下生存，是世界上最优秀的作战良马之一。蒙古马具有极强的适应性，在牧区常会遇到暴风雪侵袭等恶劣的天气和饲料与饮水不足等粗放的饲养条件，蒙古马也能较好适应。蒙古马抓膘迅速，掉膘缓慢；能够识别牧场上的毒草，很少中毒；具有很强的抗病能力，基本除寄生虫病和外伤，很少患内科病；听觉和嗅觉十分敏锐，群马合群性强，而且公马护群性强，性情暴烈、好斗，能控制母马小群，防止受到侵害。

蒙古马是中国乃至全世界较为古老的马种之一，主要产于内蒙古草原，是典型的草原马种，主要有：①乌珠穆沁马，产于内蒙古锡林郭勒盟乌珠穆沁草原。体型结构较好，体格较大，多走马，是蒙古马中的最好类群。②百岔铁蹄马，产于内蒙古赤峰市的百岔沟，产地多山，马匹善走山路，步伐敏捷，蹄质坚硬，有“铁蹄”之称。③乌审马，产于内蒙古乌审旗沙漠，体质干燥，体格小，善于在沙漠中驰骋。④三河马，产自内蒙古呼伦贝尔市，已有100多年的驯养史。

（二）场地和俱乐部

1. 赛马场

20世纪30年代，除了香港的赛马业迅速发展，上海有2个跑马厅，天津有3个跑马场，全国的赛马场逐步发展到20多个。上海跑马厅在新中国成立前曾一度成为亚洲最大的赛马场。其中，武汉、成都、广州、济南、南京等地，修建了万人以上的超大型赛马场。近年来全国各地的马术赛马运动也逐渐兴起。国内地区的大型赛马场有以下几个：

（1）武汉东方马城，位于湖北省武汉市郊的东西湖区，2003年正式投入使用，由香港东方神马集团控股的东方神马实业（武汉）有限公司运营。按照国际标准建造的国际赛马场是东方马城的核心项目，外圈是沙地跑道，内圈是草地跑道。

（2）南京国际赛马场，位于江苏省南京市栖霞区，占地78.7万平方米，分为马厩区、赛道区、看台区等。赛道区是亚洲少见的集马术和速度赛马等四大比赛项目于同一赛场的综合设施。看台区总建筑面积5.3万平方米，可同时容纳近万人观看马术比赛。赛马场由南京赛马置业有限公司运营，2005年全运会结束后，再未举行过正规赛马活动。为解决该赛马场每年用于草场绿化、基础设施的维修与维护、马匹的驯养与医疗等的巨额开销，降低亏损，已将沙道暂时租借出去，当成物流场所，停放车辆。

（3）济南国际赛马场，位于山东省济南市，地处济南市东部经济发展圈，西邻市区10公里，占地面积1066亩，约等于120个足球场，拥有1800米国际标准赛道。其设有速度赛马区、盛装舞步赛马区、场地及障碍赛马区、马匹服务区、配套服务设施区五大区域，是符合国际标准的赛马场，同时也是一座集运动、生态、休闲于一体的马术主题公园。

（4）广州赛马场，位于珠江新城东北部，居亚洲第二位，规模仅次于香港沙田马场。1993年建成，占地33公顷，共设有4个跑道，建成后基本保持每周两次的赛事活动。2003年8月6日，广州市政府宣布正式批准广州赛马娱乐总公司将广州市赛马场21万平方米的场地对外出租，并将其改建为汽车交易市场，即现在广州人熟知的“广州赛马场汽车城”。2014年，广州赛马场重新恢复体育用地。

2. 俱乐部

1985年，北京出现了第一家马术俱乐部，发展至今北京已经聚集了全国近一半的马术俱乐部，被称为中国马术俱乐部的集中营。

中联骑士联盟（北京）成立于2003年，是国内最早专业推广马场马术的企业，致力于推动马术运动的普及和发展，为马术爱好者们提供专业马匹，同时提供专业的骑术训练课程；在全国不同位置建设了不同风格的联盟马场，推出了含装备、教学、野外骑乘等一条龙的产品服务；从欧洲引进世界先进马术教学课程，为初学马术者提供系统全面的教学保障，并结合国内实际情况摸索总结了俱乐部的一系列经营管理条例，目前在国内多家俱乐部内推广实行。

北京西坞乡村马术俱乐部始建于2004年，占地面积约400亩，于2006年3月获得了由英国安德鲁王子亲自颁发的，中英马术俱乐部认证体系授予的四星级俱乐部证书，此证书为目前国内最高级别证书。同时俱乐部被中国马协和英国哈特伯瑞马术学院指定为中国的认证考试中心。西坞俱乐部拥有国际标准的室内、室外的训练场、比赛场，自2006年起，连续举办十届“西坞马术大奖赛”，还在国内开创了青年赛、马主赛、团体接力赛、三种超高赛等多项马术赛事先河。

北京骏威国际马术俱乐部位于北京市新城滨河森林公园，占地面积70亩，室内标准纤维场地1800平方米，室外标准纤维场地4400平方米及3100平方米训练场地；俱乐部拥有宽敞明亮的对排马房45间，马房内设有鞍具房、钉掌间、洗马区、烤电室、马匹按摩室等；五星级赛事标准障碍2套，标准舞步围栏及进口马匹跑步机。骏威国际马术队由俱乐部会员和俱乐部马主组成，每年都积极参与国际马联（场地障碍）挑战赛，全国马术（场地障碍）锦标赛、精英赛、冠军赛等国内外大、中型赛事，是多项国内外马术赛事的参与者，并积极成为组织者。俱乐部自身也会定期举行不同级别的青少年舞步及障碍赛。

新疆作为传统的马术活动地区也很快参与到其中的活动，并在20世纪90年代初期也成立了一些当地的马术俱乐部，如龙骧马术俱乐部、西域马术俱乐部、天山国际马术俱乐部、神木园马术俱乐部等，目前马术俱乐部的数量已经增加到 20 多个。就俱乐部的经营性质来看，全部为个人投资兴建的私营俱乐部。现有马术俱乐部种类繁多，各具特色。目前业界主要把马术俱乐部分为 4 种类型，分别为度假型俱乐部、表演型俱乐部、专享型俱乐部和赛事型俱乐部，不同类型的俱乐部其主要的经营项目也不同。新疆地区的俱乐部还处在初级发展阶段，经营项目较多，不能简单地归到上述任何一种具体类型的俱乐部当中。目前新疆马术俱乐部的经营项目中，初级马术培训和休闲骑乘所占的比例最高，其次是马车婚礼的租赁和马具用品的销售，不仅面向会员也吸引其他消费者，但不难发现目前经营的项目未能够深度挖掘，大都简便易行、便于开展。马术俱乐部的经营者是马术运动的忠实爱好者，在经营过程中，马术服务活动并不是主要盈利项目，而把餐饮业作为主业。

广东也创建了一批具有一定影响力的赛马俱乐部。广东东莞金伯乐马术学府成立于 2007 年，位于闻名国际的中国马术之乡——广东省东莞市长安镇环珑山，占地面积 200 多万平方米，集马术、骑术、餐饮、酒店、康体、娱乐休闲于一体。金伯乐开创了广东省唯一具备国际级马术证书的课程，同时还是国家马术队的训练基地，拥有国际顶级室内外全天候马术练习场地与专业教练团队，还从世界各地引入优质纯种马匹，并附设高级会所设施，为各界爱马人士提供理想的环境和条件。

广州四海标卓马术俱乐部（四海标卓马术会）位于广州番禺四海一方庄园内，前身是标卓骑士乡村俱乐部（原位于仙湖度假村）。四海标卓马术会占地面积约 200 亩，设有 3200 平方米室外表演场、800 平方米室内训练场、跑道训练场、练马圈、观光休闲马道及马厩等会所设施；具有得天独厚的自然环境、国际化马术设施以及专业的服务团队，提供马术表演、休闲沙龙、私人派对、商务会议、特色主题摄影等服务项目。四海标卓马术会有着国内外资深专业的教练，提供从一对一的基础教学至障碍、舞步的马场马术，多种不同水平的专业课程。同时，为私人马主提供马匹寄养、马匹调教、骑术训练。除此之外，还不定期地邀请国际著名马球 / 马术高手亲临指导，或组团参加国际性的马术赛事或交流活动，让会员亲身体验国际水准的马术文化。

（三）赛事活动

1. 新疆

新疆是多民族地区，这些草原民族对马有着非比寻常的感情，马在他们的生活中既充当了生产、放牧工具，同时也是重要的交通工具。各民族在日常的生产生活中同马建立了密切的关系，因此在民族文化、艺术、绘画、音乐、舞蹈中马都占据了重要地位。各民族的民间马休闲娱乐活动蓬勃发展，哈萨克族在古尔邦节、肉孜节、纳吾鲁孜节以及婚庆、割礼等节日和重大庆典上，举办赛马、叼羊、姑娘追、走马赛、马上角力、骑马拾银、跃马比武等马上活动；蒙古族在塔克恩节、那达慕大会等节日上，举办赛马、骑马射箭等活动；柯尔克孜族在古尔邦节、肉孜节、掉罗勃左节、诺鲁孜节等节日上，举办赛马、叼羊、姑娘追、马上对刺、马上角力、飞马拾银、飞马射元宝、马上技艺等活动。目前新疆已创办了一批自治区、地州、县市级的影响较大的马文化旅游节庆活动，如伊犁国际天马节、裕民国际赛马大会、中国天山论马、博州那达慕大会、木垒马术节等，大大增强了新疆文化旅游的吸引力。

2. 内蒙古

内蒙古自治区从 1991 年开始，在每年的 8 月份举办那达慕草原旅游节，该节日是集文体、经贸、旅游于一体的草原盛会。旅游节上设有摔跤、射箭、赛马、打布鲁、马上技巧、蒙古象棋等民族传统体育竞赛项目。赛马是那达慕上极具代表性的重要的比赛项目，赛马规模可大可小，对参赛骑手也没有性别和年龄的限制，只要到那达慕组织处报名登记就可参赛。与现代竞技赛马的项目不同，蒙古族传统赛马项目包括走马赛、快马赛、马术等多种形式。走马赛要备马鞍，一般赛程是 2 到 5 公里。走马赛的步伐是前后蹄交错前进，参加走马的马匹是从马群中精心挑选、经长时间训练出来的。快马赛分为骑马长跑、骑马短跑、二岁公马赛、四岁公马赛 4 种，按照马的年龄和种类进行分组比赛。比赛的里程要根据那达慕的规模以及当时的天气、实地的状况来确定，最常见的赛马形式是 20 到 30 公里赛程的越野赛。马术则是蒙古族传统马术竞技项目，包括马上拾物、跨越障碍、马上技巧等。骑手们骑着头、鬃、尾精心修饰的骇马，由驯马师牵着按顺序从那达慕场地南门入场。由裁判员带领，顺时针绕场3周后，上起跑线。裁判员将赛马匹数统计后，会向观众介绍参赛马匹的基本信息，包括主要成绩、毛色、马的家乡和主人等。赛马入场的仪式上通常会献马奶酒、上香、转火堆、唱长调赞词等，非常隆重热烈且富有民族特色。当参赛马匹快要到达终点时，会有德高望重的赞马老人手捧哈达和盛满鲜奶的银碗，唱起赞歌迎接骑手，为冠军马身上和头上洒马奶酒和鲜奶，并领取名次牌。一般奖励前10名的骏马，前3名的奖牌分别是龙牌、狮牌和鹰牌。草原上有为最后到达的马封号的习俗，还会颁奖给骑手。蒙古人认为跑在最后的这匹马，是把大家的福气全收回来了，获奖受之无愧。

内蒙古国际马术节自2014年成功举办以来，得到了体育彩票的大力支持，吸引了众多马术爱好者和各界人士的关注和参与。该项赛事作为大型体育旅游品牌节庆活动，2017年率先荣获国家体育总局与国家旅游总局联合颁发的“国家体育旅游精品赛事”荣誉称号，是目前国内唯一入选的马术赛事，也是第一个走出国门，在美国纽约时代广场精彩亮相的马术赛事。马术节期间举办文化交流、高峰论坛、开幕式演出、马王争霸赛等一系列具有民族特色的马主题活动，还有跑马射箭、跑马拾哈达、速度赛、走马等马术赛事，同时有名马展、小马乐园、蒙古马精神摄影展、蒙古马精神鞍具展等。

（四）马术职业教育

1. 武汉

2008年，在与赛马相关的市场人才饱和度仅为10%的背景下，武汉商业服务学院与东方马城合作办学，率先创办赛马产业相关的专业，培养具备赛马产业的基本知识与技能，从事赛马赛事组织与管理、骑师、娱乐竞猜指导等工作的高素质技能型人才。2009年，武汉商业服务学院与武汉赛马俱乐部有限公司合作，建起全国高校中的第一个马术学院。2010年4月，武汉商业服务学院又成立赛马经济研究所，致力于搜集整理赛马领域的研究资料，建立相关文献资料档案。2011年，学院建起马匹解剖生理实验室、马匹运动能力检测室、电子模拟马实训室、赛事模拟实训室、马文化展示室等机构，还建立了全国高校第一个标准练马场。武汉商业服务学院针对武汉赛马产业发展的需求，主动与政府、社会合作，开展赛马赛事研究、赛马经济与产业研究、赛马人才培养研究等，为武汉乃至全国赛马赛事提供相关技术分析与保障，为武汉市赛马产业的发展提供智力支持；积极开展校企合作，主动承接专业培训，协助做好赛马经济类专业的人才培养工作，积极与国内外赛马界开展学术交流与合作。

2. 内蒙古

内蒙古培养的马业人才源源不断地向全国各地输送，为现代化赛马业发展培养了骑手、练马师（驯马师、调教师）、修蹄师和马兽医等技能人才。截至2021年底在全国2000多家以马术训练、娱乐为主的会员制马术俱乐部和马场中，包括教练员和骑手在内的马场工作人员中超过一半都来自内蒙古。其中，内蒙古自治区依托科技创新平台，培养马学研究方向的硕博士研究生近百名。

人才培养情况：随着国内以休闲娱乐为主的马术运动的兴起，马产业发展相关人才已经供不应求，马产业人才培养的主要渠道有俱乐部行业培养和学校专业培养两种模式。2017年12月13日内蒙古自治区人民政府下发的《关于促进现代马产业发展的若干意见》指出："以'引进来'与'走出去'相结合的培训方式，打造马产业高层次管理队伍。"要求以人才培养的校企合作、引进或借鉴国外先进教学体系等方式，设立"运动马学院"，开展现代马产业人才培养，以达到"逐步将我区建成面向全国的现代马产业技能型人才输出基地"的目标。

院校培训马术人才情况：一是内蒙古运动马学院（内蒙古农业大学职业技术学院）运动马驯养与管理专业是全国高等教育中第一个马术类专业，2010年经教育部批准设立。2015年，运动马学院马匹驯养基地开始实施马匹人工繁育与改良工作，通过引进吸收国际先进的马匹冷鲜精、冷冻精液人工授精技术获得多匹具有优良基因的改良马匹。2010年，经教育部批准运动马驯养与管理专业在内蒙古运动马学院（内蒙古农业大学职业技术学院）建立并招生。该专业是我国高等教育中首个以实战为主的马术类专业。专业建立以来，已经为我国马业市场培育了200多名毕业生。这些毕业生分布于全国各俱乐部、赛马场，建功立业，发挥着重要作用。二是内蒙古农业大学兽医学院从2012年开始招收动物医学专业马兽医方向本科的学生（五年制），是全国唯一的毕业后可从事运动马诊疗的专业方向。该学院为满足国内赛马保健和临床疾病诊治的需求，开设赛马疾病临床诊断及防治的课程，着力为我国赛马事业培养马兽医人才。三是锡林郭勒职业学院，于2016年8月成立马术学院，依托地方优势文化和人才资源，主要培养掌握马术运动知识、竞赛与管理知识，具备马术运动技能及运动指导、马匹管理能力的高素质技能型专门人才，为锡林郭勒盟、自治区及国家输送马术专业运动员、教练员、饲养员以及马房管理人员；在全区范围招收运动训练（马术方向）和马术专业（耐力赛马、场地障碍、马上技巧、速度赛马）两个专业的大中专学生，开设马术安全规范、马匹调教、马术运动概论、马文化学、马房管理与马匹护理学、马医学、马术竞赛规则、马场马术、速度赛马、耐力赛马、场地障碍、马上技巧等课程。

（五）马具和装备

1. 马具生产

马具是人驾驭马的时候为了更方便地控制马所使用的一些辅助器物。发展到今天，马具的样式也在不断完善，形成了很多新的款式。现代马具用品大体上分为两类：一类是供马使用的，主要有马鞍、笼头、衔铁、马衣、低头革和水勒等；一类是供骑手使用的，主要有头盔、马靴、马裤和马鞭等。

马术运动员出身的孙邦力先生创办了中国制造的马具品牌“奥邦马具”，凭借着多年马背生涯对马匹体质机能和马术运动的深刻理解，他完成了几十项非标准件的发明创造和独特的马具制作技术研发。孙邦力先生精湛的马具制作技艺不但为中国现代马具制造工业填补了多项空白，他制作的马鞍还多次作为国礼赠送给土库曼斯坦、朝鲜等国家领导人收藏。

2. 马鞍

蒙古族是马背上的民族，蒙古人自古以来就十分重视马鞍具工艺。马鞍不仅是蒙古人日常用品，同时也是一种身份的象征，这种浓厚的社会氛围和传统创造了马鞍文化。蒙古人制作马鞍要讲究材质环保，主要用木材、皮子、绸缎、棉花、金属、松石、毛绒等。用不同的材质、颜色、工艺搭配成尊贵、华丽的马鞍，也可制作成实用、朴素的马鞍。

蒙古族工匠制作马鞍的工艺可为世界一流。他们纯手工制作马鞍，且能做出精美花纹、裁缝、打结的马鞍，且流传至今。蒙古人在日常生活过程中研究马及马鞍，制作出不同用途、不同性别、不同年龄段人使用的马鞍，如比赛用、女人用、儿童用、礼仪用等。

从现在流传在各地的马鞍来看，由于地域和背景不同，形制也多种多样，各地各具特色。

克什克腾旗马鞍制作工艺有着悠久的历史。晚清时期，克什克腾旗的马鞍就享有盛誉，制品多供官兵和牧民使用，备受青睐。克什克腾旗制作的马鞍与其他地方制作的有所不同，主要有以下特点：使用的工具是几个铁锛子，不用任何电动工具，全凭手工砍制；用4块木头、两个丫木作为前后鞍桥，两块木板作为左右鞍板，不用铆钉，只用少许水胶粘接而成；用当地自然生长的桦木作为材料，结实、耐用；样式多样，有大三元式和小三元式鞍子、元宝式鞍子和哈达哈式鞍子；造型美观，线条流畅、轻巧，标准是4.7市斤重。

多伦诺尔马鞍具盛行于清代，多伦马鞍选材讲究、造型美观、坚固耐用、乘坐舒适，因其做工精致曾一度闻名于草原。马鞍产品针对不同马型有不同型号。马鞍的前后鞍桥都有各种装饰，或绘图案，或镶嵌贝雕、骨雕，还有软垫、鞍桥、鞍韂、鞍花等处均饰以边缘纹样或角隅纹样。鞍花多用银或铜制作，软垫、鞍韂多用刺绣。

巴尔虎马鞍前后鞍桥低，鞍座宽大，银饰较多，图案细致。马镫比别处大一些，因为当地冬天寒冷，布靴或者皮靴外面要套毡靴，镫小了脚蹬不进去。有的地方，即使一个部族，马鞍方面也有微小的差异。就是一户人家，平时和那达慕上使用的马鞍也有朴素和华丽、廉价和昂贵之分。

科尔沁左翼后旗马具制作手工艺人制作技术精良，马具用料考究、装饰华丽、使用舒适，与其他民族和地区的马具相比有突出的特点。例如，鞍桥是用科尔沁沙地百年以上树龄的干柳木或榆木制成，美观耐用。马笼头、马鞭、褡裢、车马具等是用鬃毛、皮革、帆布以及玉石、金属等制作。它的制作涉及木工工具、铁匠工具、皮匠工具、刺绣工具等多种工具。因此，它是集木工工艺、金属工艺、刺绣工艺及皮件编织等独特工艺于一身的蒙古族民间手工艺。

3. 马鞭

从制作材料来看，制作马鞭的杆儿大都以牛骨头为原材料。选择上好的牛骨头，还要经过传统手工工艺的加工制作，即先要用开水反复煮，去除骨头内外的油脂，防止以后生蛀虫，再根据长短不同的需求断开、打磨、掏孔、抛光、雕刻。制作马鞭还需要皮革，通常使用牛皮时，为了使裹在里边的牛皮芯儿坚硬挺直，生牛皮不用专门熟，只需弄湿后，切成条紧紧地卷好，等干了以后，坚硬无比；而使用狗皮则要选择上好的狗皮，认真熟皮——既要使狗皮脱脂，又要在鞣制的过程中除去毛发而不弄坏皮子。

4. 马术服饰加工

随着人们对生活品质的不断追求，马术运动和休闲骑乘在国内备受马术爱好者的喜爱。马术服饰作为相关产业也随着骑马休闲和康复、竞技等相关活动一并发展起来。从骑士帽、骑士服、马裤、马靴到马蹄铁、马衣、马毯等需求与日俱增。我国现有与马具生产、销售相关的厂家有 150 余家，其中一部分厂家制造的马具远销海外，一部分满足国内需求。在内蒙古，多以民族工艺品店的形式，主营民族工艺品以及各种马具，但能够形成品牌、以质量取胜的不多。

马具是骑马必备的物品，如果马文化产业得到长足发展，必将带来马具产业的勃勃生机，所以马具市场的前景看好。按照日常年份 18 万人的乘马游客，乘马保护和消费品按每人 1000 元计算，就有近 2 亿的消费潜在市场。加强运动马相关产业龙头企业的培养，打造中国名牌产品。随着赛马运动与休闲乘骑在我国的兴起，需要进口和繁育大量优良的运动马匹，这样就会产生经济学中的棘轮效应，优良的马匹就要搭配高品质马用具以及骑师的衣服和护具等，在我国的运动马产业中，以前这方面的需求都依赖进口，价格昂贵。马的“行头”比人的还要复杂，包括马笼头、马鞍、马镫、马衣等。有资料显示，一件进口马衣 2000 多元，全套下来需 20000 多元，现在中国的马术用具企业已经初具规模，生产的产品已经远销多个国家。

（六）政策与规划

发展现代马产业有利于促进一、二、三产业融合发展，有利于农牧民增收，有利于满足群众多元文化需要，有利于民族团结和固边富民，对促进新疆农村经济发展、社会和谐稳定具有重要作用。2016 年 12 月 28 日，新疆维吾尔自治区人民政府网发布了《关于加快现代马产业发展的指导意见》。2017 年 12 月，内蒙古自治区人民政府发布《关于促进现代马产业发展的若干意见》，明确提到要将促进现代马产业发展纳入当地经济社会发展规划中，制定和落实支持现代马产业发展的配套政策和相关措施，推动现代马产业又好又快发展。2019 年 12 月 18 日，新疆维吾尔自治区农业农村厅办公室印发《新疆现代马产业发展规划（2019—2030 年）》。

2020 年 9 月 29 日，农业农村部、国家体育总局联合印发了《全国马产业发展规划（2020—2025 年）》（以下简称《马产业发展规划》），指出加快布局现代马产业生产体系、经营体系、产业体系，提升专业化、规范化、标准化、市场化水平。这是新中国成立以来针对马产业出台的第一个发展规划，明确了今后一段时期我国马产业发展的指导思想、主要目标和重点任务。马产业的发展前景再次成为舆论关注焦点。

各级行业协会在相关专业领域也对标国际通行规则制定了管理办法，不断加强行业规范有序发展。

1. 马匹管理

为加强中国马术协会（以下简称中国马协）的自身建设，规范运动马匹的管理与服务，保障运动马匹福利和中国马术及马上运动事业的健康发展，依据《中国马术协会章程》，参考国际惯例，制定了《中国马术协会运动马匹管理办法》（中马协字〔2018〕59 号）。

（1）关于运动马匹登记与注册条件。凡参加中国马协主办的所有正式比赛、通级达标考核或相关赛事及活动的马匹，不分能力等级、参加项目、中国本地繁育或进口马匹，无论年龄、性别均要求进行登记与注册。运动马匹持有中国马协颁发的马匹护照或持有国外机构颁发的国际马匹护照并已办理中国马协颁发的中国马匹识别卡视为完成运动马匹登记。登记后的马匹需进行注册，方可参加中国马协主办的正式比赛、通级达标考核或相关赛事及活动。

（2）关于运动马匹注册管理。运动马匹注册可以在中国马协官方网站进行且全年开放注册。注册应填写马匹基本信息，并按规定上传相应资料。关于运动马匹年度注册费的标准、管理与监督。运动马匹年度注册费的管理与使用必须遵守国家法律、法规、《中国马术协会章程》及财务管理制度，厉行节约，加强审计，并接受业务主管单位、登记管理机关和财政部门的监督；运动马匹年度注册费的开支范围严格按照《中国马术协会章程》和国家有关规定执行，主要用于协会开展工作，如网站建设、宣传教育、技术、业务培训、文化活动、资料印刷、办公场所租赁、会议、人员补贴、交通费用、旅差开支、奖励表彰以及常设办事机构人员的工资、保险、福利等。

（3）关于马匹护照。马匹护照的定义，护照为完整记录马匹信息，由特定组织机构颁发，用以确定马匹身份的证件；必须包含马匹信息、马匹描述、马主信息、族谱记录、疫苗接种情况、比赛记录等。

护照的分类及护照的辅助证件。护照：分为中国护照、国际护照和国际马联（International Equestrian Federation，FEI）护照。中国护照：由中国马术协会颁发的，用以确定马匹身份的证件；包含马匹身份认定的所有信息；颁发给国内自主繁育的马匹或没有护照的进口马匹。国际护照：进口马匹出生国马术协会或繁育机构所颁发的，用以确定马匹身份的证件；包含马匹身份认定的所有信息；凡是进口马匹护照皆属于此类。国际马联护照：由国际马联颁发的，用以确定马匹身份的证件；包含马匹身份认定的所有信息；必须有 FEI ID 才能升级到 FEI 护照，通常只会在马匹既没有原始护照，又需要参加高级别比赛时才会申请。

（4）护照的适用范围。中国境内凡中国马术协会主办的比赛，根据马匹持有护照类型的不同，参照国际马联相关规定，可参加不同级别的比赛。国内非 FEI 比赛：马匹需持有中国护照或国际护照 + 中国识别卡。国内 FEI CIM 赛事：马匹需持有中国护照 +FEI ID 或国际护照 + 中国识别卡 +FEI ID。国内 FEI CIM 以上级别赛事：马匹需持有中国护照 +RC 或国际护照 + 中国识别卡 +RC。

（5）护照的使用须知。马匹护照是证明马匹身份的唯一依据，无护照马匹原则上不可参加任何马术比赛；马主有义务保证护照的完整性，污损、缺失或遗失需及时联系中国马术协会补办；比赛时组委会有权拒收不可识别的护照并拒绝其参赛；参加国际马联比赛的马匹需按照相关规定对马匹进行流感疫苗接种，并在护照进行详细记录；护照的马匹信息、比赛记录只能由大会兽医或经过中国马术协会同意后进行书写、涂改，一旦发现其他人为涂改痕迹，组委会有权拒收不可识别的护照并拒绝其参赛。

2. 赛马赛事活动

《国务院关于加快发展体育产业促进体育消费的若干意见》国发〔2014〕46 号文件：发展健身休闲项目。大力支持发展健身跑、健步走、自行车、水上运动、登山攀岩、射击射箭、马术、航空、极限运动等群众喜闻乐见和有发展空间的项目。鼓励地方根据当地自然、人文资源发展特色体育产业，大力推广武术、龙舟、舞龙舞狮等传统体育项目，扶持少数民族传统体育项目发展，鼓励开发适合老年人特点的休闲运动项目。

3. 赛马协会

2014 年 12 月 27 日，中国马会赛马委员会成立仪式在内蒙古鄂尔多斯市举行，这也是国内首个专门针对速度赛马的专业官方组织。中国马业协会理事长贾幼陵兼任中国马会赛马委员会主席。中国马业协会隶属于农业农村部，中国马会赛马委员会是中国马业协会的二级分支机构。此前在 2002 年，中国马会就已登记注册了马匹技术、马属动物营养、马属动物育种、马属动物兽医保健、纯血马登记管理、马场技术工作等二级分支委员会。据中国马业协会官方介绍，中国马会赛马委员会将于 2015 年启动常态化赛马活动，参照欧洲模式创办"中国育马者杯"、"中国德比杯"和"中国马会杯"等重要赛事。

该委员会的职能包括组织各类赛事，对马匹进行严格的血统登记（DNA 亲子鉴定）、马匹性能测定、马匹质量分级，完善马匹育种体系，提高国产马质量和市场价值。为确保马匹健康、人员安全和比赛公正，中国马会赛马委员会依照相关法律法规，经批准，组织实施马匹违禁药物，特别是兴奋剂的监测工作。中国马业协会的各地方协会包括新疆马会、内蒙古马会、山东马会和广东马会，也将按照统一的规则推进地方民族赛马和绕桶、马球等多种形式的赛马活动。

（七）行业标准

习近平总书记在致第 39 届国际标准化组织大会的贺信中表示，标准助推创新发展，标准引领时代进步，中国将积极实施标准化战略，以标准助力创新发展、协调发展、绿色发展、开放发展、共享发展。

我国第一部国家标准诞生于 1949 年，第一项马业标准发布于 1986 年。截至 2021 年底，我国现实行的关于马产业的各级标准共 153 项，其中国家标准共 17 项，行业标准共 42 项，地方标准共 74 项，团体标准共 23 项。

三、中国休闲马术产业特点

21 世纪以来现代马产业在中国迅速发展，2014 年《国务院关于加快发展体育产业促进体育消费的若干意见》中明确全民健身首次成为国家战略，马术被纳入 9 个重点发展的户外休闲运动项目；2020 年农业农村部和国家体育总局联合发布《全国马产业发展规划（2020—2025）》，这是新中国成立以来第一次发布马产业规划，发展现代马产业，对于助力乡村振兴，促进农牧民增收，培育体育和文旅产业新业态、新模式，满足群众物质和精神文化需求，弘扬中华马文化具有重要意义。

政策的利好和一、二、三产业融合的特性使得现代马产业迎来前所未有的发展时机，当然也面临着生产方式整体落后、马匹繁育与利用环节缺乏有效衔接、符合市场需求的国产马供给不足、专业人员数量和基础性科研水平与发达国家还有较大差距等诸多挑战。

（一）马匹数量庞大，品质不高

我国有 1.2 万余年养马历史，29 个地方马品种资源（有 10 个品种濒临灭绝），马匹数量居世界前列。2019 年，全国马存栏量 367.1 万匹，占世界总存栏量的 6%，位居第 5 位。据行业统计，马业全产业链产值约 700 亿元。

虽然我国是传统的养马大国，马匹养殖数量居世界前列，品种资源丰富，文化底蕴深厚，但目前生产方式整体落后，地方马优良特征未得到充分挖掘和利用，马匹的繁育与市场需求缺乏有效衔接，用于休闲马术产业的马匹更是缺少科学规划下的系统繁育与定向驯养，马匹整体品质有待提高。充分挖掘国产马在文化旅游、休闲体育、青少年教育领域中的价值与作用十分必要，将中西部马匹主产区高质量的生产输出与东部沿海地区的城市消费需求相结合势必加快休闲马术产业的转型升级。

（二）赛事丰富多彩，参与有限

马术赛事运动是现代马产业发展的重要内容，全国开展各类丰富多彩的赛事。每年在中国马术协会指导下全国各地开展近百场速度赛马、场地障碍赛、盛装舞步、耐力赛、青少年比赛、马球赛等各类别巡回赛、锦标赛、大奖赛。中国马业协会根据马匹繁育的需求也在各地组织举办速度赛马类型的育马者杯赛和耐力赛方向的民族大赛马。国家文化和旅游部艺术发展中心旗下的中国马文化运动旅游规划研究院引进了国际马术旅游联合会系列赛事，在山东潍坊、河北丰宁、辽宁沈阳、新疆阿勒泰地区等马文化旅游城市举办了系列休闲马术赛事，如定向马术三项赛、骑射比赛、马术滑雪等。此外，中西部各少数民族地区每年举办近千场各类马文化节庆活动，其间也会开展丰富多彩的赛马和马术表演活动。

虽然我国各类马术赛事活动举办的频次逐年增加，级别逐年升高，大部分马术赛事项目也已完成与奥运、与国际的技术接轨，马术赛事内容、类别也日渐丰富多样，但是目前马术赛事参与者大都停留在少数以竞技体育为主的专业选手上，适合群众广泛参与的马术赛事屈指可数。

根据《全国马产业发展规划（2020—2025）》的指导，接下来各地将举办一系列竞赛、培训活动，促进马术运动竞技水平的提高；开展丰富多彩的马术活动，增强广大民众对马术运动的认知程度；积极推进马术在青少年体育素质教育中的普及；弘扬传统和民族马术活动，挖掘举办适合大众参与的休闲马术赛事活动。结合中国马匹特性，做好中国马的特色赛事，为世界马术运动的发展做出中国贡献。

（三）休闲范围广泛，水平较低

世界第二大经济体、制造业第一大国、货物贸易第一大国、商品消费第二大国、外资流入第二大国、外汇储备延续多年位居世界第一，我国经济已由高速增长期转向高质量进展期。伴随着国内市场的消费升级，马术运动也从十几年前高端人群的喜好与消费，走入中产阶级及普通人群生活化、常态化的休闲运动与文旅消费。根据北京市马术协会发布的《2019 年中国马术市场发展状况报告》和国家文化和旅游部发布的《中国马文化产业蓝皮书 2021》的统计数据，全国参与休闲马术运动的人群大致分为 3 类，京津冀、长三角、珠三角等大中城市 119 万人参与马术俱乐式的时尚马术运动；以中西部少数民族地区的草原和景区每年约有 3000 万人次参与户外休闲骑乘、骑马旅行、马术研学的大众普及型马术运动，其中 13 岁以下的少年儿童的占比超过 88%；

还有约1万人是以竞技马术和赛马为主的专业爱好者。

目前，我国休闲马术运动参与人群范围很广，消费者对休闲马术产品质量安全、服务品质、消费体验以及文化内涵的需求都在不断提升，而从业单位、从业人员、从业马匹缺少相应的安全技术标准和服务技术规范，行业仍处于低水平粗放发展的阶段。

2017年中国加入国际马术旅游联合会（Federation International of Equestrian Tourism，FITE）后，借鉴欧美相关成熟的标准和认证体系，由中国马文化运动旅游规划研究院与70多个地方政府相关文旅和马业部门及产业单位，在2019年共同发起和研究制定“中国马术文化旅游标准化体系”，旨在推动中国马文化产业的技术安全、文化审美、教育普及、马匹福利和服务品质的标准化与规范化。

（四）高端马匹量少，国产有限

我国是世界马种资源数量最多的国家之一，但适于现代马术竞技和休闲马术产业用马的马种数量寥寥无几。地方马品种资源缺乏有效保护，种群数量持续下降，优良种质特征未得到充分挖掘。马匹遗传改良工作相对滞后，缺乏统一系统的规划引导，改良目标和方向不明确，适应现代马产业发展的专门化品系缺乏。赛事和表演所用的高端马主要依赖国外进口，高水平的国产马供给不足。

中国历年进口马匹的数量、种类、来源国和进口口岸数据的变化，反映了国内马术俱乐部及马术赛事的发展现状。《2019年中国马术行业发展状况调查报告》显示，2018年全国进口非屠宰马的数量约2000匹，整体数量与2017年相比有所增加。随着俱乐部会员越来越儿童青少年化，更多的俱乐部倾向于购买体型相对较小的矮马品种以适应会员骑乘。据统计，2018年全国进口矮马（pony）约75匹（2017年大约55匹），纯血马的进口数量较2017年度有较大幅度的增加。随着国内速度赛马的比赛增多，奖金也比以前有了较大的增加，进口纯血马的数量和品质都有所提高。国内赛马巨头内蒙古莱德马业的进口量增加对整个数据有着比较大的影响。

国产休闲马术产业用马的一些特殊品种，将有巨大的市场潜力。德保矮马等西南品种，非常适合东部地区的少年儿童的教学骑乘，价格有一定的优势，往东部地区的销量每年超过 2000 匹，成为国产马最受欢迎也最具市场价值的品种。东部地区的俱乐部，还有巨大的潜在需求。目前最大的瓶颈是马的训练和调教问题，即解决骑乘的安全性问题。同时还需要解决调教训练的标准化、技术服务的连锁化和营销推广的现代化等问题。

（五）俱乐部快速膨胀，人才短缺

《2019 年中国马术行业发展状况调查报告》统计显示，截至 2019 年 8 月 31 日，总计 2272 家马术俱乐部，其中关闭 112 家，现有 2160 家，增长率 17%。华东、华北地区的马术俱乐部居多，72.96% 的俱乐部有自己的专职马工，18.59% 的马术俱乐部有外籍教练，有室内馆的俱乐部占 54.93%，有纤维场地的俱乐部占 78.77%。

人才是保障产业发展的先决条件。我国的现代马术运动起步较晚，专业人才远远不能满足市场的需要。目前，各俱乐部的马术教练部分仍来源于各省队的马术队，大多数文化程度不高；马产业人才培养没有统一的行业标准和人才培养体系，培训内容受到很大限制；俱乐部培养的人才缺乏系统的理论基础；学校培养受招生规模限制，人才培养数量有限，在马匹饲养、训练、饲料加工配制、马房管理、修蹄、常见疾病防治、赛事组织管理等方面人才匮乏。

在马术人才的旺盛市场需求下，全国各地大中专院校相继开设相关专业，各级社会组织也逐渐加强马科学、马医教育和执业马医职业教育培训认证，培养不同层次的专业人才。2020 年，马术运动已被 101 所大学列入 2021 年度招生计划，招生范围进一步扩大。

2021 年 10 月 12 日，中共中央办公厅、国务院办公厅印发了《关于推动现代职业教育高质量发展的意见》，其中提到，构建政府统筹管理、行业企业积极举办、社会力量深度参与的多元办学格局。鼓励上市公司、行业龙头企业举办职业教育，鼓励各类企业依法参与举办职业教育。鼓励职业学校与社会资本合作共建职业教育基础设施、实训基地，共建共享公共实训基地。该意见举措将对马术职业教育和人才培养带来前所未有的发展时机。

（六）政策逐步出台，创业缓慢

现代马产业已成为农业农村经济和体育产业一个新的增长点，迎来新的发展机遇。2014 年以来，党中央、国务院高度重视马产业发展，连续发布的《国务院关于加快发展体育产业促进体育消费的若干意见》《国务院办公厅关于加快发展健身休闲产业的指导意见》《全国马产业发展规划（2020—2025年）》都对马术运动发展提出明确要求和具体路径。新疆、内蒙古、武汉、海南等地也相继出台省级马产业发展规划和意见，阿勒泰地区、鄂尔多斯市、呼伦贝尔市等县市也相继出台了针对地方具体情况的马产业发展政策，马产业主产区的顶层设计和本区域的马产业发展规划，为推动马产业转型升级提供有力支撑。2021 年 12 月 31 日发布的《武汉市人民政府办公厅关于推动全民健身和体育消费促进体育产业高质量发展的意见》提到将加快推进现代马产业发展，发挥武汉“全国速度赛马项目排头兵”优势，将“武汉速度赛马公开赛”打造成为最具公信力赛事，争取“竞猜型赛马彩票试点”落户武汉。

从政策落地，到产业形成，我国的现代马产业还有很长的路要走。现有马术运动产品和服务难以满足消费者多样化、多层次的赛事观赏和休闲健身需求，马术竞赛表演、教育培训、健身休闲等细分市场缺少龙头企业的引领示范，有待进一步培育。马产业宣传推广力度不够，大众消费习惯仍需长期培养。马产业发展在带动乡村振兴和农牧民增收中的潜力需进一步挖掘。另外，马产业的产业链较长，马文化所涵盖的产业内容比较丰富，文化旅游体育项目收益缓慢，大都属于低频慢热型的投资项目，投资机构难以找到快钱和热钱所需要的突破点。《全国马产业发展规划（2020—2025 年）》鼓励有条件的地方研究设立马产业发展基金，多渠道建立马产业发展融资渠道；建立健全马产业发展部际会商机制，统筹研究解决马产业发展中面临的突出问题。

（七）各省产业布局多样，差异化发展

根据我国自然地理、资源分布、文化传统、马术运动发展特点，全国马产业发展划分为三大发展区域，地处不同区域的省市也进行了差异化的现代马产业布局。

1. 传统特色优势区

传统特色优势区包括内蒙古、新疆、青海、西藏、甘肃、四川等省区。该区域草原广阔，马术旅游资源丰富，马品种众多，马文化厚重，是我国传

统的养马区域。该区域既有传统民间民族马术活动和表演，也有现代马术比赛和马术表演，特色鲜明。内蒙古各地基于深厚的马文化底蕴和优秀的蒙古马种质资源，创作了《千古马颂》《蒙古马》《天骄传奇》《英雄》等大型室内和室外马术实景演出，极大丰富了草原旅游的内容；新疆各地将一、二、三产业协调发展，从伊犁马、阿勒泰马等核心种群保种繁育到乳用马、肉用马等特色马种的定向繁育，从昭苏女县长骑马宣传旅游到阿勒泰－喀纳斯开辟“黄金马道”，现代马产业在新疆呈现特色化蓬勃发展态势。

2. 城郊新兴发展区

城郊新兴发展区包括京津冀、长三角、粤港澳大湾区、海南自贸区等城市周边地区。该区域经济发达、人口密集，文化休闲、体育健身市场空间大，马术赛事多，马术俱乐部数量增长快，已成为运动用马数量需求最多的地区，对我国马产业发展发挥着重要的引领带动作用。以北京和上海为例，北京鸟巢国际大师赛、上海马术大师赛等国际高端马术赛事多次落户中国，中国国际马术马业博览会已连续举办 14 届，东部发达省市的地缘优势下，国际马术交流活动日益频繁。该区域将重点发挥区域人才、资金和市场优势，充分挖掘马术运动消费潜能，提升马术运动综合经济效益，同时加强与传统特色优势区联动，进一步实现南北呼应、东西贯通、协同发展。

3. 其他区域

其他区域包括西南和东北等区域。该区域马匹多以产品用马和役用为主，市场开发不足，马匹数量呈下降趋势，但地方马品种资源特点鲜明，其中德保矮马具有独特的矮化基因，以体小灵活著称，鄂伦春马等林间骑乘性能突出。广西德保县也将重点放在举办民族特色马文化活动上，立足矮马资源培育儿童骑乘和伴侣用马，开发宠物马市场；东北地区呼伦贝尔市专注于大兴安岭马地方品种资源保护，马肉、马奶和乳肉兼用马品种培育与纯种繁育，休闲骑乘等。

四、中国休闲马术产业发展趋势与展望

《全国马产业发展规划（2020—2025 年）》指出，未来我国现代马产业发展将以习近平新时代中国特色社会主义思想为指导，全面贯彻党的十九大和

十九届二中、三中、四中全会精神，坚持新发展理念，充分发挥市场在资源配置中的决定性作用，紧紧围绕乡村振兴战略和健康中国行动，以发展现代马产业为目标，加快马产业转型升级，夯实产业基础，完善标准体系，健全体制机制，强化人才支撑，发挥赛事活动、文化旅游的引领带动作用，加快建立现代马产业生产体系、经营体系、产业体系，提升马产业专业化、规范化、标准化、市场化水平，促进一、二、三产业融合发展，培育马产业发展新的经济增长点，提升质量效益竞争力，走中国特色现代马产业发展道路，不断满足人民群众日益增长的美好生活需要。

（一）马匹品质提升

随着2021—2023年第三次全国畜禽遗传资源普查行动和《全国马产业发展规划（2020—2025年）》的实施，我国的马匹自主育种创新能力明显增强，选育3个专门化品系，马匹鉴定和登记更加规范和普及，国内外马种登记品种数达到36个。优良马匹规模大幅增加，马术运动和休闲骑乘用国产马供给能力明显提高，运动用马数量达到10万匹。新疆阿勒泰在地区马产业发展规划和项目实施过程中已开始组建核心种群，将选育适合旅游休闲骑乘马匹、适合青少年马术教学马匹作为提高马匹品质的重点工作来推进。

（二）调教质量提高

马匹调驯是中国马术与世界接轨的基础，也是马术现代化和国际化的表现。中国马术协会、北京马术协会、中国马文化运动旅游规划研究院等各级行业协会和部门已开展相关国际马术标准与中国马匹训练技术规范的推广普及，并在全国各地从业单位开展不定期职业技术培训与考核，用于竞技体育、休闲骑乘以及俱乐部教学的马匹调教质量也随之逐步提高。

马种的改良和调驯技术的提高，都是极为漫长的过程。我国已开始着力推广适度规模标准化饲养，制定马标准化饲养技术规程，将马纳入畜禽养殖标准化示范创建活动范围，在全国创建一批生产高效、环境友好、管理先进的国家级马标准化养殖示范场，发挥示范带动效应。加快马饲料营养、疾病诊治、饲养管理等基础研究工作，逐步建立专用饲草饲料、兽药等产品研发生产及应用技术体系，提升马产业标准化养殖水平。制定马不同用途、不同品种调教训练及性能测定规程和标准。逐步改善马匹饲养设施装备条件，加快专用设备研发，提高国产化水平。

（三）赛事范围扩大

我国将大力发展马术竞赛表演产业，不断扩大马术赛事范围。打造“业余—专业—职业”分层级马术运动赛事体系，夯实群众基础，提升竞技水平。培育一批职业化、商业化的马术运动赛事品牌。持续办好全国运动会、全国青年运动会马术比赛以及全国马术锦标赛等专业赛事。大力发展群众喜闻乐见的赛事活动，制定业余赛事等级标准，支持举办以我国地方马种为主的马术赛事，带动国产马匹品种繁育、调训与推广。鼓励和支持各级协会组织、龙头企业打造业余俱乐部马术联赛、青少年马术联赛，丰富赛事供给。培育和推广民族民间马术赛事，弘扬传统马术运动。

（四）品牌逐步建立

我国还将不断培育马术健身休闲品牌。建立中国马术俱乐部等级评定制度，促进马术俱乐部标准化、特色化、品牌化建设，重点培育一批品牌马术俱乐部。培育国产运动马匹用于体育旅游服务，整合国内马术旅游资源，加快旅游产业与马术运动融合，支持建设一批产业特色鲜明的马术小镇和马业强镇，鼓励开发马术文化旅游产品。支持新疆、内蒙古等地区开展马术旅游、推广长距离赛马比赛。加大与世界各国特别是“一带一路”沿线国家马文化交流与合作，引入国外有影响力的马文化表演娱乐节目，利用国产马打造一批国内知名马文化演出娱乐节目和产品，激活国内马文化消费市场。

（五）人才大量培养

我国将不断加强马产业专业人才培养。鼓励有条件的大中专院校开设相关专业，加强马科学、马医教育和执业马医继续教育，培养不同层次的专业人才。逐步建立与国际接轨的从业人员认证体系。支持行业协会、学会开展专业技术培训，提高我国马工、骑手、教练员、马医、调教师、钉蹄师、裁判员、赛事监管等专业化水平。鼓励和支持地方开展马术进校园活动、青少年马术素质教育试点示范工作；加强青少年马术人才储备，支持开展青少年马术教育的“马术育人”工程。

（六）产业园区融合

我国的现代马产业已成为一项朝阳产业，与旅游、体育、户外、康养、教育、房地产、宠物、彩票等产业融合发展，是一、二、三产业融合发展的文化新经济的增长点和突破点。越来越多的马文化旅游综合体和项目地将出现涵盖马术赛事、文化活动、骑乘体验、马术表演、骑马旅游、亲子教育、研学旅行等多种业态融合发展的产业园区。越来越多的文旅体育小镇、文旅体育地产、大型景区和文旅综合体将以马文化为主题，或者以马术俱乐部做地产配套或文旅配套。

（七）产业链、供应链、服务链三链快速生成

产业链的功能是多方面的、变化的、发展的。涉及马匹种质资源、马匹驯养的上游供应链，涉及马肉、马奶、生物制药等马产品加工生产的中游产业，以及体育竞技、休闲娱乐、文化旅游、教育研学、马术表演等下游服务链，在我国已快速形成。不断发展产业链、供应链、服务链一体的现代马产业，不仅是促进就业、提高劳动生产率、培育新的经济增长点及传承民族文化的需要，更是加强各民族团结、推动产业结构调整和社会经济转型的重要模式。世界各国现代马产业成功实践经验表明：科学发展马产业对于增加税收、推进农业现代化、增加农牧民收入、解决人口就业、带动相关产业发展、丰富人民文化生活等方面具有巨大推动作用。

（八）马术创意产业

新时代，文化强国的路径需要与产品、市场、产业、经济紧密结合，走出有中国特色的区域经济发展之路，实现中华民族的复兴梦与美丽中国梦。马文化是各民族共享的中华文化符号，极具融合潜质和创新动能，是一个极好的题材和抓手，历史渊源丰富，民族特性明确，国际化程度高，产业链长，产业拉动价值大。在北京，武马艺术馆已成功走进中小学校园，学生们知马史、识马力、画马意、塑马魂、剪马形，丰富多彩的马文化艺术实践不断提高着中小学生的艺术素养。新疆阿孜古丽原创的归迹马文化纤维艺术作品和

文创产品不仅在各大展会和文创街区备受欢迎，而且还代表中国创新艺术家在 2020 年春节时登陆纽约时代广场，让中国故事走向世界。

（九）青少年马教育

围绕国家研学旅行的相关政策的出台，以提高青少年素质教育为方向，马文化领域提供了文化教育的丰富内容，相关的青少年培训和研学旅行，包含了马术健身教育、马文化艺术教育、马科普教育和马背红色教育等。在现代马文化产业的架构中，马文化教育将成为今后极为重要的产业业态。

北京海淀外国语学校、北京汇佳学院、江苏省枫华高级中学等，都已连续 7 年以上设立马术课程，供非专业学生必修。2019 年 9 月，新疆阿勒泰地区行署率先推行“万名少年上马背”中小学生校园马术课，要求辖区 6 县 1 市的中小学生每年要接受固定课时的马术和马文化素质教育，旨在提高青少年素质，加强民族团结，“玩在一起，学在一起”。2020 年 9 月，湖北武汉市政府宣布，在 26 所小学启动“小小骑士进校园”马术公开课试点，旨在探索学校马术运动普及的创新模式和创新校园兴趣课程的新机制。

（十）政策精准有效

政策的精准有效是现代马产业的重要保障。目前，新疆、内蒙古等马产业主产区已启动顶层设计，制定实施本区域的马产业发展规划，加大政策支持，强化措施保障，为推动马产业转型升级提供有力支撑。鼓励有条件的地方研究设立马产业发展基金，多渠道建立马产业发展融资渠道。建立健全马产业发展部际会商机制，统筹研究解决马产业发展中面临的突出问题。

各行业协会也将在马匹饲养、登记、赛事组织、市场开发和品牌打造等方面发挥积极作用，不断强化协会在联系政府、服务企业、促进行业自律等方面的功能，形成分工有序、开放共享、密切配合的行业发展氛围。

（十一）高质量标准化发展

以习近平新时代中国特色社会主义思想为指导，落实“乡村振兴”战略，在“一带一路”背景下，深入践行“绿水青山就是金山银山”的发展理念，以国内大循环为主体，国内国际双循环相互促进，结合供给侧结构性改革，借助区域经济理论、产业协同理论，发展文化和旅游业。马产业链融合发展，将突出高质量发展主题，促进文化旅游体育产业高质量和标准化发展。2021年，在国际马术旅游联合会、中国马文化运动旅游规划研究院的技术指导下，内蒙古大众马术协会组织全国各地20多位专家编制了马术旅游3项团体标准：《马术文化旅游从业人员（领队）技术规范》、《马术文化旅游从业马匹管理技术规范》和《马术文化旅游中心（从业单位）服务规范》。标准已编制完成，对应的职业技术培训教材和考试考核办法也已完成，未来将应用于马术职业技能培训考级、新型农牧民职业技术培训等领域，进一步服务休闲体育和文旅产业的高质量发展。

5 山东省自驾游发展问题研究

韩 磊*

摘 要：山东省有着丰厚的旅游资源和浓厚的人文气息，被称作齐鲁大地；悠久的历史，灿烂的文化，美丽的自然和人文景观无不向世人展示它的魅力。自2011年开始山东省旅游相关部门积极打造“好客山东”的旅游品牌，扩大山东旅游品牌的影响力。山东自驾游用15年的时间借助文旅资源，全面起势，整体成势，目前在国内处于领先地位。但山东省的自驾游市场目前也存在着许多问题，自驾游组织发展乱象丛生，这需要相关部门加强对自驾游组织的监管。未来，山东省自驾游组织会在相关监管部门与行业协会的指引下，实现规范化发展的目标。本文通过对山东省自驾游市场发展现状及山东省自驾游发展相关问题的分析，总结出山东省自驾游发展的问题所在。然后，根据相关的问题“对症下药”，从政府监管与行业监督两个角度，对山东省自驾游监管体制的建设提出参考建议。

关键词：自驾游；自驾游组织；监管

一、研究的方法

本研究的基本思路是“提出问题—假设推导—数据收集—数据分析—假设检验—得出结论”。本研究通过对山东省自驾游行业的调研访谈并结合相关的研究要求，确定主题，同时通过文献跟踪研究对主题加以凝练，提出了本文具体解决的研究问题。本文主要采用的研究方法是文献研究法、专家访谈法与案例分析法。

*韩磊，山东财经大学教授、山东自驾游协会秘书长。

二、概念界定与理论基础

（一）自驾游相关概念界定

1. 自驾游

（1）自驾游定义。自驾游全称叫自驾车旅游，最早起源于美国，是不同于组团旅游的一种新型的旅游方式。自驾游的主要交通工具是私家车，旅游爱好者根据自己闲暇时间自由安排。一般来说，自驾游都是以家庭为单位，在一定的时空距离内，离开自己生活常住地，并在非常住地滞留一天或几天的出游方式。

对于自驾游来说，首先，自驾游的行为主体是旅行者自身，或者与旅行者一起出行的家庭或团队；其次，自驾游的交通工具是旅行者自身的交通工具或者团队（家庭）成员的交通工具，也可以是通过租赁市场获得的交通工具；最后，自驾游的目的性并不是很强，一般有很大的随意性，旅行变更调整权属于自驾游车主或者自驾游组织者。自驾游的规模可大可小，既可以是一个家庭一台车的家庭出游，也可以是几个家庭几台车的车队出游。一般自驾游包括自驾汽车、自驾自行车、自驾摩托车、自驾帆船等，本文所说的自驾游主要是指自驾汽车出游方式。

根据上文对自驾游的定义概括，并结合当前我国自驾游的具体实情，本文给予自驾游的定义是：自驾游是旅行者自发或者由某个机构组织的，主要以汽车为交通工具的，以休闲、玩乐为目的的，参与家庭单位可多可少的私人出行方式

（2）自驾游分类。自驾游的不同类别主要是从组织类型、市场类型、出游路程、出游时间、区域范围 5 个方面划分的。

从组织类型上分类，自驾游分为散客自驾游、散客群自驾游和团队自驾游。

从市场类型上分类，自驾游主要分为普通自驾游、主题自驾游和定制自驾游。

从出游时间上分类，一般 3 天以内的为短期自驾游，一个月以内的为中期自驾游，一个月以上的为长期自驾游。城市的居民在闲暇之余更多会选择

短期自驾游，选择长期自驾游的一般为旅行发烧友。

从出游路程上分类，一般 100 公里以内的为周边自驾游，500 公里以内的为中程自驾游，500 公里以上的为长途自驾游。不同距离的自驾游对驾驶人的车技、时间与资金都有不同的要求。

从区域范围上分类，自驾游可以分为区域内自驾游、区域外自驾游、出入境自驾游，前两者主要是以省为界。根据所选择的区域范围的不同，自驾游还可以选择拖车服务、租赁服务以及全程自驾 3 种形式。

（3）自驾游特点。自驾游的受众群体一般都有一定的经济基础，通过自驾游可以张扬个性、放松身心，实现追求时尚与休闲的目的。自驾游对比其他的旅行方式也有其显著的特点。即参与度高、休闲性强、地域性广、。

旅行者参与度高，自驾游无论是从旅行的准备阶段还是线路的设计阶段都体现了出行者的自主性，自驾游旅行者可以自由选择出行的目的地，并在出行过程中灵活改变出行的计划安排，是吃、住、玩、购等多位一体的自主活动；自驾游休闲性强，自驾游区别于传统的观光游，出行者可以自主选择在景点、景区的逗留时间，可以去一些并不常见的旅行地点，给予出行者及其家人全身心的出行体验；自驾游一般涉及的地域比较广泛，旅行不再只是一个景区、一个城市，根据出行者的意愿自由组合目的地，出行范围更广，甚至会涵盖许多陌生的旅游地点。

2. 自驾游组织

最早的自驾游主要是依靠出游者自发组织，可以是旅行爱好者自身的家庭，也可以是几个相熟的旅行爱好者家庭。但是随着自驾游出行方式越来越多地被社会各界所接受，更多的旅行爱好者会聚集在一起，而通过旅行者的自发组织的问题也越来越多了，因此需要成立一些自驾游的组织，比较系统地开展自驾游的准备工作、安保工作、组织与协调工作。

自驾游组织一般指的是由旅游爱好者组织的一个关于自驾出行的俱乐部，该俱乐部基本上是民间组织，主要是为了聚齐有自驾出游的旅行爱好者，并为他们提供线路指引、信息资讯、安全保障。作为民间组织，自驾游俱乐部对会员并没有强制的约束力，会员可以自己决定加入或者退出俱乐部，根据个人时间安排自主参与俱乐部组织的活动。

随着自驾游出行方式在我国的普及，越来越多的自驾游组织孕育而生。

自驾游俱乐部给自驾游爱好者提供了一个交友、交流的平台，也把相对分散的自驾游客集中起来，方便相关机构的管理，减少了安全事故发生的频率，也促进了自驾游市场规范化发展。

（二）本研究理论基础

1. 空间开发理论

自驾游模式是一种新的旅游模式，在开发自驾游旅游线路时，需要协调区域内多种旅游资源的高效、统一，从而实现区域内旅游资源的优化配置。对于区域内旅游资源的开发最关键的一步就是对空间开发模式的选择，目前比较典型的空间开发模式有据点式、点轴式与网络式 3 种。

2. 需求层次理论

20 世纪 40 年代，美国著名的心理学家马斯洛提出了需求层次理论，该理论也被视为需求理论中最为经典的著作，不同领域的学者在分析个人需求方面都会或多或少带有该理论的影子。马斯洛需求层次理论认为，需求分成 5 个级别，自下而上是生理需求、安全需求、交际需求、尊重需求与自我实现需求。对于自驾游的客户来说，他们的需求更多来自发展需求层次，这也预示着旅游行业慢慢朝着个性化、专业化发展，因此需求层次理论可以作为分析自驾游发展现状与发展趋势的基础理论，自驾游组织更应该重视需求层次理论，通过运用该理论，开展更加符合不同消费客户群体需求的自驾游活动。

三、山东省自驾游发展现状

（一）山东省自驾游的发展过程

山东省是我国旅游资源大省，东边临海，西面有山，省域范围广大，各式地形地貌应有尽有。截止到 2022 年 12 月 31 日，山东省拥有 A 级旅游景区 1205 家，数量全国第一，其中 5A 景区 14 家，4A 景区 230 家。

除了旅游资源丰富，山东省还拥有广大的旅游受众群体，截至 2022 年，山东省人口总数达 10162.79 万，全省国内生产总值达到 8.74 万亿元。巨大的人口基数，经济社会的不断发展，人民收入的不断提高，都为山东省自驾游产业发展积蓄了动力。而根据《中国机动车2020年年报》数据，山东省的机动车保有量位列全国第一，达到3085万辆，山东省的基础设施建设也在积极进行之中，全省的高速公路里程已经达到7500公里，而以济南、青岛为核心的城市群连接全省几乎所有区县，高速公路网络布局进一步完善。此外，山东省与周边省份江苏、河北的联系也越来越紧密，更多的自驾游旅游资源将被进一步开发。

山东省2011年开始致力于打造"好客山东"的旅游品牌，未来山东将作为自驾人文旅游、文化旅游的重要目的地。在"好客山东"品牌效应的影响之下，山东省旅游产业发展迅速，也吸引了越来越多的省内外自驾游客来到山东。丰富的旅游资源，居民收入的不断提高，基础设施的不断完善，自驾游将成为山东旅游越来越重要的旅游方式。

2010年山东省首家颁布了《山东省自驾车旅游总体规划》，该规划对山东省自驾游发展具有方向上的指引，它明确了山东省自驾游发展的整体思路，也对山东省自驾游产业发展提出了许多有建设性的建议，对促进山东省旅游产业的转型、文化产业发展都有重大战略意义。2020年、2021年、2022年、2023年连续4届山东省旅发大会为山东省旅游高质量发展奠定基础，也让山东省自驾游的发展及山东省自驾车旅游协会的工作被外界高度认可，同时为山东省自驾游发展指明了方向。

相关研究表明，山东省自驾游的主要消费主体是经济能力比较宽裕的较高收入群体。王晶的研究调查显示，在基于山东省的自驾游消费者的513份有效调查问卷中，收入在5000元以上的占74%，而这样的调研还是基于2012年的社会背景之下的。自驾游作为旅游中的较高端消费产品，对消费者的收入水平提出了一定的要求。因此，山东省自驾游的消费主体以高收入、较高学历的男性消费者为主。

山东省自驾游爱好者基本以短途自驾游为主，所以所选择的目的地大多集中在本省，主要涉及一些公路交通发达的休闲旅游观光区、风景旅游区，尤其是一些沿海城市成为山东自驾游爱好者的首选之地，如青岛、烟台、威海等；而对于一些人文气息比较浓郁的地方，自驾游游客并不多，大多数自驾游游客关注目的地的自然风光。

自驾游的组织形式还是以俱乐部自驾游以及自发自驾游为主，俱乐部自驾游实际上是传统团队旅游的一种升级形式；而自发自驾游可以给予消费者更多的选择空间，合理运用闲暇时间。但是，随着山东省自驾游相关的配套措施越来越完备，自驾游服务体系的逐渐建成，越来越多的自驾游爱好者会通过汽车俱乐部或者自驾游俱乐部等组织参与自驾游活动。可以预见，这两种自驾游组织形式将越来越受到广大自驾游爱好者的青睐。

（二）山东省自驾游现状分析

伴随着山东经济快速发展，自驾车旅游日益火爆，成为周末或节假日一种新型休闲方式，尤其是2023年伴随着淄博烧烤火爆出圈，山东文旅热度不断溢出，一跃跻身全国热门自驾游目的地。“自驾山东、驰骋齐鲁”成为全国自驾行业圈的一股潮流。针对“自驾入鲁”持续火爆态势，山东文化和旅游厅加大文旅产品供给力度，丰富旅游体验场景，积极培育一批网红打卡点，让远道而来的客人尽享好客山东热情，体会16城烟火气。同时借助今年已开展的一系列主题性活动，持续赋能文旅市场，让网红流量变“留量”，带动和吸引更多跨省客源齐聚山东自驾游。但山东省自驾游在发展迅速的同时还有很多不足之处。

1. 安全保障不足

自驾游的游客与传统旅行团组团游客有本质不同，更倾向于选择一些没有被开发的旅游资源，而这些地区往往有很多的不确定因素，如当地的治安问题、当地的路况。而自驾游游客可能会缺乏相关的安全防范措施，甚至存在疲劳驾驶的问题，这些有可能对自驾游游客的人身安全造成威胁。相关调查披露，自驾游中最大的隐患就是交通事故，除了与以上问题有关，一些不可抗拒的自然因素，如雨天、大雾等，也都会给自驾游游客出游埋下安全隐患。另外，目前省内针对自驾游的保险险种并不是很丰富，作为自驾游游客来说无论是对自己还是对自己的车都缺失了一份安全的保障。

2. 相应的政策法规缺乏

当前山东省的自驾游市场的经营管理还相对比较混乱，自驾游一般涉及的利益主体组织主要包括汽车俱乐部、汽车租赁企业。但是，目前自驾游游客对于这些相关组织的认识还不是很清楚，一些自驾游俱乐部、汽车俱乐部、汽车租赁企业发展得并不是很好。目前，山东省只是出台了一些有关自驾游发展的行业规划，而有关自驾游的监管法规还是一片空白，通过出台法律、法规可以作为完善山东省自驾游市场的重要手段。

（三）山东省自驾游发展特征

1. 俱乐部特征性明显

山东省自驾游组织展迅速，短短几年，各类型的自驾游组织已经遍布 16 地市，目前合法注册的自驾游组织近 300 家。当前山东省的民间自驾游组织主要有车主俱乐部、车友会等形式，俱乐部形成的过程基本是“以车会友”的方式，少有俱乐部是通过“以游会友”发展起来的，这也就为自驾游俱乐部组织设置了一定的准入门槛。各自驾游俱乐部都有明显的特征标签，主要有以下几种类型，第一种是以车品牌为特征标签的俱乐部，比如奔驰车主俱乐部、宝马车主俱乐部、路虎探险俱乐部等，这类俱乐部，拥有一部与俱乐部相关的车型成为会员入会的门槛；第二是以地域为标签的俱乐部，比如青岛车友会、济南车友会等；第三种是以某种爱好作为俱乐部标签，比如探险俱乐部、拉力俱乐部等。整体上现在我国的各自驾游俱乐部的目标会员都十分明确，缺少统一的俱乐部组织。

2. 以会员团费为收入来源

当前，我国自驾游俱乐部的主要收益路径大多比较单一，主要靠收取俱乐部的一定的会员费和旅游团费，造成一些俱乐部组织自驾游的费用比较昂贵，一方面，给爱好自驾游的出游者树立了一定的门槛，另一方面不利于俱乐部多元化经营。中国的大多数自驾游俱乐部都处在亏损状态，长期的收不抵支，也造成了俱乐部服务质量持续下降，会员自驾游体验比较差。

3. 管理非约束性

大多数自驾游俱乐部都有一定的入会、退会原则，这些原则都是需要会员自觉遵守的，并不具备强制性，会员可以自主选择加入或者退出自驾游俱乐部。自驾游俱乐部各车队的队长一般由有丰富自驾游经验的自驾游爱好者担任，队长对车队队员的管理也是非约束性的。自驾游俱乐部更多的是一个松散的组织系统。

4. 互联网思维兴起

抖音、小红书、微信、微博等互联网交流工具的出现，线上消费成为主力，极大地方便了不同地方的人进行及时的交流。我国目前的自驾游组织也都依托互联网交流的新工具，通过抖音、微信群，俱乐部会员们可以积极开展讨论，分享自驾游心得，俱乐部也可以借助这些平台及时向会员传递信息，极大节省了信息传递的成本。俱乐部在虚拟空间搭建，并不需要实体场所。不过在我国，有些大型的自驾游俱乐部也有实体场所，而这些实体场所大多依附于4S店、酒店等场所。

（四）山东省自驾游发展存在的问题

从遵循从一般性到普遍性的角度看，山东省自驾游组织面临的主要问题是盈利模式单一、行业人才培训缺失、会员基础薄弱、行业内部合作缺乏，再结合其他的因素我们还可以总结出政府监管不足。

1. 盈利模式单一

通过对山东省自驾游俱乐部的调研，我们发现，山东省自驾游俱乐部缺少多种的收入来源，主要的盈利模式是依靠会员所缴纳的会员费以及组织自驾游的团费，盈利模式单一，而这一问题也是全国自驾游俱乐部的通病。当前山东省自驾游俱乐部面临新的难题，一方面老会员对俱乐部线路品质要求越来越高，这在无形中增加了俱乐部的运营成本，另一方面新会员的开发处于瓶颈期，相当一段时间内，不会有更多的自驾游爱好者加入俱乐部，俱乐部运营缺乏新的收入来源。因此，山东省自驾游俱乐部要想获得持续、健康的发展，必须打破单一的盈利模式。自驾游俱乐部可以积极与广告商、汽车服务、餐饮企业积极合作，找出新的盈利点，为俱乐部成长注入新的活力。

2. 行业人才培训缺失

通过调研相关山东省自驾游俱乐部，我们发现大多数俱乐部缺乏对培训机制，一般只负责车主的入会登记，而对车主后期的培训教育缺失。为什么要对俱乐部内的车主进行培训呢？一方面对于俱乐部来说，通过对车主的教育培训可以增强车主与俱乐部的情感联系，车主对俱乐部会产生较强的归属感，有利于加强俱乐部的凝聚力，促进忠诚客户群体的开发；另一方面对于车主来说，通过教育培训，车主获得了一定的关于自驾出游的知识，对个人的人身安全保障、个人在俱乐部的发展大有裨益。此外，教育培训更应该针对俱乐部的工作人员。目前来说，大多数俱乐部的工作人员、车队领队都只是有丰富自驾游经验的资深爱好者，并没有接受过系统的培训，处于“无证，无岗，无服务”的状态，因此进行职业化的训练显得很重要。这些培训应该包括安全保障类培训、野外生存类培训、沟通服务累培训、从业素质类培训、车队控制类培训等，通过相对系统化的培训，可以打造一支专业的自驾游服务队伍。

3. 会员基础薄弱

在对山东省自驾游俱乐部调研过程中，我们发现一个现象，许多俱乐部中的会员流动性比较大，一些俱乐部因为会员数量越来越少，已经难以为继。山东省的自驾游俱乐部普遍存在会员基础薄弱的问题，吸收和发展会员的难度很大。自驾游俱乐部这类组织吸收和发展会员主要依靠自驾游爱好者之间的口碑传播，如果维护好一个会员，可能也会顺便开发一片潜在的会员。当然如果俱乐部的服务让一个会员不满意，也可能造成一部分既有会员离开俱乐部。现阶段许多俱乐部的宣传手段比较单一，基本停留在车队挂横幅、喷彩漆的阶段，社会的影响力很小；一些俱乐部所开发的自驾游路线不具备大众市场，且没有新意，不能吸引更多的新会员加入，旅游线路长期不更新，老会员也会厌倦俱乐部所安排的活动，对自驾游俱乐部组织的活动反应平平；许多俱乐部组织不重视平日与车友会员的情感交流，在平时生活闲暇时，同城车友很少有集体聚会、交流学习的机会，造成俱乐部的组织松散。

4. 行业内部合作缺乏

自驾游组织之间合作机制不健全，一方面，本省内各大自驾游俱乐部缺乏必要的合作，大多好处在相互竞争的环境中，部分俱乐部存在相互拆台、恶意攻击的行为。不同自驾游俱乐部的相互合作，有利于整合各自俱乐部的优势，形成共生、共赢的模式。2015 年山东省自驾游协会筹备建设，该自驾游协会属于民间自发组织的行业协会，作为本省最大的自驾游俱乐部，追风行者俱乐部荣当会长单位。该协会吸引了来自全省的众多自驾游俱乐部，它的成立，是山东省自驾游组织走向协作、共同发展的关键一步。另一方面，跨区域的合作涉及的比较少，不同省份甚至不同国家与地区的俱乐部开展合作相互学习，有利于整合各自的旅游资源，节省开发旅游线路的成本，共同为自驾游爱好者提供更高品质的服务。

5. 政府监管不足

自驾游组织的监管权掌握在相关的政府旅游部门，但是这样的监管大多是只针对自驾游组织的登记监管，审核自驾游组织的相关资质，具体落实到自驾游组织的运营环节，政府的监管就显得“捉襟见肘”了。自驾游组织在组织活动时缺乏相关监管部门的审批，相关部门也很少不定期检查自驾游组织的安全资质。

6. 自驾乡村振兴功能有待加强

自驾车是乡村振兴消费主力军，是乡村经济发展的新引擎。自驾车主周末或假期愿意到农户家体验农事、品尝农家饭、购买农特产品；农户可以为自驾车主提供亲情个性化服务，带领游览乡村风貌，并依托车主人脉打通社区农产品直供城市渠道，形成亲情互动、互惠共赢的新格局。目前，山东需要通过一个行业协会牵头梳理发布全省乡村自驾游线路、乡村自驾游联络点，创建车主与农户对接渠道。

7. 自驾车精准扶贫有待引导

自驾车具有消费能力高、带动性强、辐射面广的优势，在精准扶贫方面有着巨大的潜力。山东有些自驾游企业已在自驾活动组织中充分调动车友爱心力量，开展一对一结亲帮扶活动，实施后备箱农副产品采购计划，设立自驾帮扶驿站等，把旅游体验、自驾帮扶、公益宣传有机结合起来，取得良好的社会效益。现在需要引导和发动更多自驾游企业积极开展自驾精准扶贫活动，充分释放自驾游在助力扶贫中的积极作用。

8. 自驾车产业融合有待培育

自驾出行在路上，人和车都在产生消费，拉动酒店、餐饮、景区、旅游商品、汽车、石油、保险、银行等相关行业，产生源源不断的消费流量。以自驾为中心的消费客群可促进汽车、旅游、石油、金融、公路等行业的紧密连接，成为促进跨行业融合的有利抓手。因此，未来应加大自驾车产业的融合，促进山东文旅业、山东高速、山东石化、山东金融单位等密切合作。

四、推进山东自驾游发展的对策

对于山东省自驾游的监管，笔者认为，应该从以下两个角度入手。

（一）他律部分

政府监管是指政府运用公共权力，将个人和组织的行为纳入公共管理的框架之中，并通过制定相关的规则加以实现，对各行为主体进行监督，一般意义上称为外部监督，这里的外部监督不包括政府对自身行为的监督。政府实现监管主要通过经济性监管与社会性监管，通过两种手段的搭配实施，可以减少由于市场内竞争主体数量所引起的竞争不足与竞争过激的现象，可以合理分配市场的资源，避免资源浪费以及低效配置，对促进社会公平、公正也有着积极的作用。自驾游组织的发展现在还处在摸索阶段，发展相对比较混乱，各种层次的民间组织鱼龙混杂，行业内乱象纷杂，这就需要政府发挥其对自驾游组织的监管作用，整饬行业秩序。

1. 规范市场，健全法律法规制度

对于政府监管来说，要想规范好自驾游市场，必须借助法律法规的强制力作用。目前自驾游行业、自驾游组织发展还没有专门的法规来约束，在既有法律上也会出现约束缺失的现象。这样的约束缺失主要体现在 3 个方面：第一，对自驾游组织缺乏约束力。大多数自驾游组织缺乏必要的运营资质，但是由于监管不到位，没有必要的法规作为参考依据，自驾游组织鱼龙混杂，行业秩序比较混乱。需要出台相关的法规，对自驾游组织设立的资质、组成、资金等给予明确的规定，这也为自驾游行业设置了一定的门槛，保证自驾游组织的质量。第二，对自驾游组织过程中的民事主体界定不清楚。当前对自驾游过程中的民事主体的界定只能参照其他旅游的相关法律法规，但是自驾游旅行有其特殊性，法律法规的缺位，会造成本应该承担责任的自驾游组织免于问责，“打擦边球”的现象屡禁不止。通过出台相关的法规，对自驾游过程中的民事主体明确界定，规定民间自驾游组织的权利与义务，使得民间自驾游组织无论在活动准备还是活动开展过程中都树立好责任意识。第三，消费者维权无门。因为自驾游行业没有出台相关的保护消费者权益的法律法规，而其他的法律法规并不适用，所以在开展自驾游过程中消费者权益受到侵害的事件时有发生。通过出台相关法律法规保护好消费者权益，为消费者维权提供依据，受到相关法律法规的保护，自驾游组织在组织活动时，就更能做到以消费者权益为重，积极提高服务质量。综上所述，政府部门要积极开展自驾游行业法律法规的研讨交流，尽早出台相关的法律法规，规范自驾游市场的秩序。

2. 明确主体，综合协调监管

我国对旅游监管主要是条块式的监管方式，这样的监管方式是以区域为

分界平台的。但是，自驾游旅行往往要跨区域，不同自驾游组织设计线路涵盖的区域千差万别，难以进行统一的监管。车主与车辆在不同省份之间相互流动，对原有的监管模式提出了严峻的挑战。对自驾游进行监管首先要明确监管主体，自驾游对比以往旅游出行方式具有较强的流动性，在监管的过程中旅游、交通、工商、公安等部门都会有所涉及，如果不明确监管的行为主体，会造成各监管部门之间相互扯皮，甚至出现监管的真空地带。应该明确自驾游的监管行为主体应该是旅游行政各级管理部门，其他各部门应该积极配合旅游部门的行业监管，构建一个协同高效的监管机制。此外，不同区域对自驾游的监管可能存在标准的不统一，这样不统一的标准对自驾游俱乐部的扩大发展不利。因此，监管部门应该从国家层面，通过各部门沟通协商，联合发文，同时应该建立起省际、市际的区域合作机制，开展协同治理，明确民间自驾游组织归口管理的相关事宜，促进全国范围内自驾游事业的发展。

3. 搭建自驾游公共服务体系建设

自驾游活动的顺利开展有赖于基础设施建设的不断完善，公共服务体系的不断健全。自驾游具有很强的跨区域性，而不同区域间基础设施与服务的联结问题，一直以来困扰着自驾游活动的开展。在自驾游房车领域，自驾游房车属于高端自驾系列，但是目前基础的设施、配套的服务都很不健全，许多地区对于汽车营地的认识不清，对于营地建设中的消防、卫生等问题重视程度不够，房车上路乱收费现象、各区域重复收费现象突出，这无疑制约了房车自驾游在中国的发展。加强自驾游旅游公共服务体系的建设应该有 3 个抓手：第一，政府监管部门应当继续加大对基础设施、公共设施的投入力度。设置更多的标志系统，提供定位指引，以防自驾游游客迷路丢失；搭建相关的媒体平台，即时为自驾游游客提供旅游咨询服务，继续开展“厕所工程”，提供更多的休憩场所。第二，引导自驾游组织与旅游景区通力合作，打造更多特色的旅游产品，通过自驾游组织的作用，丰富旅游景区的职能，让旅游景区成为更多游客休闲度假的目的地。第三，要加强各地区的合作，建设一体的公共服务体系。在建设基础设施时要规划好各地区之间的公共服务体系的协同，实现各区域之间的有效衔接，避免出现服务真空、重复建设等现象。

4. 丰富自驾游产品

自驾游活动涉及多个产业，推动产业之间的融合是顺应自驾游产业发展的必要举措。监管部门要积极引导体育、文化、餐饮等产业融入自驾游活动，鼓励自驾游线路的沿线居民加入自驾游活动之中，让自驾旅游带上更加丰富的属性。比如，可以将自驾游活动与一些体育赛事相结合，并通过持续的经营活动，扩大自驾游活动、自驾游俱乐部的知名度。自驾游的项目设置应该尽量避免雷同化现象，当前许多自驾游组织创新能力比较差，基本上是“你搞一个雪原游，我也搞一个雪原游”，旅游过程中服务同质化现象比较严重，消费者的旅游体验不好。自驾游组织要积极创新路线设计，如果是热门路线，可以增加路线的其他内涵。比如同是草原游，自驾游组织可以将草原行与那达慕大会结合起来，将观光旅行提升到文化旅行。自驾游组织要积极打造经典品牌线路，也可以根据小众市场设置一些具有刺激性、趣味性、竞技性的品牌活动，从而满足自驾游车主们不同层次、多样性的消费需求。

5. 建立自驾游服务平台

政府监管部门要提高对自驾游产业的监管效率与监管水平，需要积极建立惠及整个车友的自驾游服务平台，而这需要新的技术在自驾游领域的应用。智慧旅游近几年发展迅速，目前实现在旅游服务、旅游管理、旅游营销 3 个层次上的服务升级。在智慧旅游发展的大背景下，自驾游也迎来对原有模式的巨大突破。各级政府、行业协会、自驾游组织可以通过智慧旅游相关的技术与车主的外围设备终端连接起来，从而形成一个立体的、全方位的服务网络，不同区域之间可以通过网络实现信息资源的互通，促进覆盖全国范围内的行业服务平台的建设，通过这样的平台可以随时随地向车主提供服务，促进行业快速发展。

6. 出台自驾游奖励政策

促进自驾游组织健康、快速发展，除了要通过法律手段加强对各组织的监管，对违反规定的相关组织及个人进行处罚，对一些资质较好的自驾游组织，也应该出台一定的奖励政策。比如，对一定规模的自驾游组织实行票价减半制度，对自驾游组织进行税收上的优惠政策，并给予相关组织一定的补助。出台相关奖励政策有利于激发民间自驾游组织的工作热情，有利于促进自发性自驾游向组织性自驾游的转变，便于监管部门的管理，从而加快行业规范化发展。

（二）自律部分

自驾游组织具有自发性、私营性等特殊性，加强对这类组织的监管除了要依靠政府相关部门，也要发挥行业监督的必要性。行业协会是本行业提供咨询、沟通、监督、协调的中介组织，它作为一种介于政府与企业之间的特殊存在，具有非政府性、公益性、自治性、中介性等特点。自驾游组织的行业协会对自驾游组织发展指导、行业监督、协调合作具有积极的作用。

1. 形成自己行业监管组织

中国旅游车船协会在2012年成立了自驾游与露营房车协会，随后各省市也陆续成立了类似的行业组织，现在已经有30个省份成立了有关自驾游的行业协会。这些协会尽管在名字上有所差异，但是具体行使职能大同小异。各省之间的行业协会一直在加强密切的合作交流，并积极贯彻全国自驾游与露营房车协会的相关建议。山东省自驾车旅游协会由追风行者俱乐部、山东润华汽车、方特乐园、济南舜耕山庄等26家单位于2015年发起成立，追风行者俱乐部任会长单位，除了成立发起单位，还有近30家单位申请加入协会。行业内的监管组织可以作为政府监管的重要辅助手段，不断地提升行业内各组织的规范化发展，而成立专门的行业监管组织对提升整个行业内的服务质量水平、促进自驾游产业集群发展具有战略意义。

2. 建立健全自驾游管理标准

促进行业规范化发展的重要基础是建立行业内的统一标准。当前自驾游俱乐部设立与运营还比较混乱，缺乏统一的标准流程，应该通过完善自驾游俱乐部的相关标准，制定行业内的科学规划。这套标准应该包括自驾游俱乐部申请资质、经营状况认定标准、职业资格认定、等级评价标准等，同时类似于自驾游俱乐部管理通用手册也应该被制定出来，从而指导民间自驾游俱乐部的运营与管理。

3. 加强行业内部学习交流

在我国不同省份自驾游发展水平有所差异，发达地区已经积累了许多自驾游的管理经验，可以通过积极与周边省份相关行业协会的交流与学习，来借鉴先进的管理经验。2015年10月，华东“六省一市”上海、江苏、浙江、山东、安徽、福建、江西的自驾游协会在黄山成立了联盟组织，该联盟的成立，为华东地区各省市的自驾游协会提供了一个交流与学习的平台，对促进该地区自驾游产业协调一体化发展，促进自驾游协会对自驾游组织的统筹监管具有开创性的意义。不同地区的行业协会可以通过这种形式形成行业联盟，通过联盟成员的相互协商，也有益于建立联盟区域范围内的统一标准。今后东部相关协会可以与西部相关协会交流、南部相关协会可以与北部相关协会交流，从而加强不同经济背景、不同文化背景下的各地区统一认知，通过定期或不定期的学习交流机制，促进整个行业监管体制的完善。

4. 建立自驾游领队培训体系

我国目前已经建立了比较完善的导游培训体制，导游需要持证上岗，导游证书分为国考证与省考证，发证权分别属于文化和旅游部（原国家旅游局）或地方旅游监管单位。但是，目前我国还没有培养自驾游领队的培训体系，行业从业人员素质有待提高。设立自驾游领队的培训体系，应该重点发挥行业协会的重要作用。自驾游领队培训应该分为初、中、高 3 个级别，自驾游领队依次接受培训，培训组织单位要邀请相关专业的教师、经验丰富的从业人员负责培训任务，培训内容包括法律法规、行为准则、突发状况处理、基本知识讲授等多个内容，培训结业的学员应当给予行业的相关资格的认证。通过专业的自驾游领队培训计划，自驾游产业由“无证上岗”状态转向“有证上岗”状态，从而提高整个行业的规范性以及从业人员的素质水平。

5. 强化合作，扩大宣传

当前，越来越多的消费者接受了自驾游这一新型的外出度假方式，但是从整个大众的层面看，广大人民群众中还有很多人对自驾游不是很了解，更多的人只是认为自驾游就是自己开车旅游。因此，应该扩大对自驾游的宣传力度。行业协会及俱乐部可以联合各省市的景区、度假区等相关主题开展主题营销、品牌营销活动，定期可以举办公益类的讲座，让普通群众可以零距离地深入了解自驾游产业的发展状况，从而提升自驾游产品的整体形象，存进局域内旅游资源的整合，扩大旅游品牌的影响力。通过协会与协会的合作，不同行业协会可以将资源积极整合起来，扩大自驾游的知名程度，从而实现一加一大于二的效果。

6. 疫情后发展自驾游国际合作

我国自驾游发展历程比较短，在自驾游的监管方面显得经验不足。相比之下，欧美国家的自驾游活动发展至今已经有六七十年的历史了，在此期间，相关的监管组织积累了丰富的经验。疫情之后自驾游俱乐部可以自驾游协会为依托积极与外国自驾游组织开展交流与协作，具体的形式可以包括以下几种：首先，选派相关自驾游从业人员去国外观摩学习，紧跟国外自驾游先进理念；其次，通过自驾游协会主办、中外自驾游民间组织协办的方式举办大型的国际研讨会，从而为行业从业者提供交流与学习的平台；最后，邀请国外知名自驾游组织创始人积极参与自驾游协会日常工作，聘请部分国外知名人员作为地方自驾游协会外聘顾问。通过上述 3 条有效路径，一方面，可以加强中外在自驾游产业中的合作，不断优化当前自驾游组织的管理体系，借鉴国外自驾游组织的先进经验，提升中国自驾游协会的影响力；另一方面，通过开展中外自驾游组织的相互学习活动，可以在国际范围内增强我国自驾游产业的综合竞争力，合作开展自驾游活动，让更多的中国人走出国门了解国外，加强中外自驾游自律的相互借鉴。

五、结论及展望

自驾游相关产业对盘活旅游文化产业，促进“好客山东”旅游品牌的影响力进一步扩大，助力山东省由旅游大省向旅游强省过渡具有关键作用。发展好自驾游相关产业，自驾游组织的作用不容小觑，而自驾游行业协会应当成为促进自驾游组织健康发展的堡垒，成为自驾游组织持续成长的“领路人”。本文通过对山东省自驾游组织发展问题的深入研究，得出以下结论：

（1）当前山东省自驾游组织发展存在会员基础薄弱、培训缺失、资质不健全、盈利模式单一等问题，要想解决这些问题需要充分发挥政府监管部门与行业指导协会的作用，促进行业规范化发展。

（2）行业规范发展的关键一环是行业标准化发展。通过建立一整套的自驾游俱乐部审核标准、俱乐部运营资质标准、自驾游领队培训标准、俱乐部管理流程标准，促进各自驾游组织积极整改，改变目前各民间自驾游良莠不齐的局面，切实保护好广大消费者的权益。

（3）自驾游组织跨区域监管的难点在于，各区域内监管原则不一致，基础设施系统兼容性比较差，信息流通障碍。而“智慧旅游”为解决跨区域监管提供了可行的参考性意见，通过借助物联网通讯技术、卫星定位技术、新一代通讯技术构建覆盖全国的信息共享平台，有利于提高相关部门的监管能力，也为自驾游行业发展助力。

（4）对于自驾游组织的发展应当采取奖惩并举的措施。自驾游组织建设的准入门槛应该提高，对于违反相关规定的自驾游组织要给予批评警告，涉嫌违法违规的组织要坚决取缔；而对于资质良好，不断为旅游业发展做出贡献的自驾游组织，要给予一定的奖励政策，从而调动优质俱乐部的积极性。

在今后的工作、学习过程中，笔者会继续关注山东省自驾游发展的最新动态，积极参与到自驾游行业相关标准的制定工作中，深入了解自驾游车主、自驾游俱乐部运营者深层次的需求，不断提升自身对山东省自驾游发展问题的认知水平。

参考文献

[1] 龙芬芳 . 浅析我国自驾车旅游发展的意义、现状及思路 [J]. 中国集体经济，2010，22:143–144.

[2] 肖建成 . 自驾游在中国的发展现状分析 [J]. 经济师，2010，11:273，281.

[3] 曾璐 . 自驾车旅游中的法律问题研究 [J]. 乐山师范学院学报，2013，3: 92–97，102.

[4] 崔美玲，朱斌 . 浅谈中国自驾游的开展 [J]. 经济研究导刊，2013，27:270–271.

[5] 赵鹏，李享，刘磊 . 旅行社与汽车俱乐部经营自驾车旅游的比较研究 [J]. 旅游学刊，2008，1:76–80.

[6] 罗祥云 . 基于旅行社平台的自驾游市场开发与产品设计 [J]. 湖南第一师范学报，2008，1:154–156.

[7] 魏荔莉 . 体验经济时代自驾游与景区发展策略 [J]. 乐山师范学院学报，2008，8:74–77.

[8] 马聪玲 . 我国自驾游发展的现状及趋势 [J]. 中国经贸导刊，2014，29:46–47.

[9] 李东和 . 旅游目的地自驾车旅游服务体系构建 [J]. 旅游学刊，2012，3:9–10.

[10] 代俐 . 中国自驾车旅游要有序发展 [J]. 中国市场，2009，22:17–18.

[11] 崔祝南，董志文 . 中国自驾车旅游研究综述 [J]. 求实，2009，S1:187–189.

[12] 王东 . 自驾游存在的安全问题及其应对机制 [J]. 旅游纵览（下半月），2015，4: 33–34.

[13] 付冰，刘思羽 . 国内自驾游安全问题及应对策略研究 [J]. 品牌，2015，8: 71，73.

[14] 汪丽珍，周晓雷 . 自驾车旅游市场发展趋势及对策分析 [J]. 老区建设，2015，18:30-32.

[15] 陈乾康 . 自驾车旅游市场开发研究 [J]. 旅游学刊，2004，3:66-71.

[16] 王晶 . 山东省自驾车旅游营地建设及市场发展研究 [D]. 山东 : 中国海洋大学，2014.

[17] 程泓 . 国内自驾游客的消费行为研究 [D]. 北京 : 中国社会科学院，2016.

6　中国马拉松赛事活动现状调查与研究报告

冯　宇*

摘　　要： 本文基于国内马拉松赛事运动10年来的发展情况，结合生活体育理论，对10年来国内马拉松赛事发展路径、对老百姓生活的影响、对国民经济的拉动作用，进行了分析研究。第一，概述了体育生活化带来的各方面的改变，用最新的数据展示了全民健身活动与产业发展情况，介绍了生活体育理论；第二，对马拉松这项运动及其国内发展情况进行了概述；第三，对马拉松运动风靡全国的背后因素进行了探索研究；第四，研究了马拉松赛事的产业发展情况；第五，对民众参与马拉松运动、组织者组织马拉松赛事提出了建议。

关 键 词： 生活体育；马拉松；健康；产业

一、体育生活化带来的改变

（一）我国全民健身活动与产业发展概况

根据2020年全民健身活动状况调查和第五次国民体质监测结果，我国经常参加体育锻炼人数比例达37.2%，城乡居民达到《国民体质测定标准》合格以上的人数比例达90%以上。群众性赛事活动丰富多彩，2019年中国境内举办马拉松及相关运动规模的赛事活动达到1828场，涵盖了全国31个省（区、市），参加人次超过700万。全民健身公共服务体系不断完善，人民群众的获得感、幸福感、安全感不断增强。体育产业规模总体水平大幅提高，发展环境不断向好，市场潜力持续释放，在国民经济中的地位和作用显著提升。

2012—2020年，体育产业增加值占国内生产总值的比重从0.60%提升至1.06%，体育产业对GDP的贡献度不断提升。目前，基本形成了以竞赛表演、

* 冯宇，央视网文体教育事业群总经理。

健身休闲为引领，体育场馆服务、体育培训、体育制造、体育传媒等协同发展的体育产业体系。体育产业与相关产业相互交叉、相互渗透、相互融合，催生出体育旅游、体育康养、体育文创、体育广告、体育传媒、体育会展等多种新兴业态，在引导群众健康生活、扩大内需、拉动消费等方面做出了积极贡献。以云计算、物联网和大数据为代表的新一代信息技术与运动装备、体育服务的融合创新发展悄然兴起，体育传媒与信息服务逆势增长，2020 年增加值比 2019 年增幅高达 18.9%。体育产业为我国经济社会高质量发展提供了强有力的崭新动能。

（二）生活体育理念应运而生

随着国民经济的发展和体育产业的规模大幅提升，运动健身与老百姓参与体育锻炼的观念逐步转变，体育生活化越来越成为老百姓生活的一部分。生活体育理念也逐渐成熟，以“运动让生活更美好”为宗旨，面向“全龄友好”的概念，着眼于终身运动者、区域化群众体育均衡发展，倡导全社会为全民健身工作提供多手段激励和响应机制，推动构建更高水平的全民健身公共服务体系新格局，为大众提供更多更好的全民健身公共服务产品的需求应运而生。

1. 优化生态环境

生活体育的核心特征是体育锻炼与活动的身边化和智慧化。“十三五”期间，我国体育场地面积的建设大幅度增长，许多城市实现了 15 分钟健身圈，一大批科学、智能、有趣的新型户外健身点悄然亮相各公园和办公园区。云计算、大数据、人工智能、5G 等开始融入全民健身公共服务体系建设，打造了一批智慧体育示范场馆，建设了数字化室外健身场地设施，逐步建立起体育场地设施智能化预订平台，普及线上“一键预约”，使我国生活体育生态环境更加优化。

2. 深化跨界融合

生活体育并不完全局限于体育范畴，既能辐射经济、社会、文化等多个领域，还与旅游、康养、传媒、交通、城建、环保等数个行业紧密交织。一般而言，经济水平的提高会带动生活体育的发展，后者的成长又会促进社会文明的进步，同时潜移默化地实现多个行业、产业的跨界融合、联动发展。

按照社会化、专业化、国际化的要求，我国各地广泛开展全民健身活动，大力发展健身跑、健步走、骑行、水上运动、登山、攀岩等时尚户外休闲运动项目，积极推进足球、羽毛球、乒乓球、广场舞等群众基础较好的运动项目，大力扶持武术、龙舟、毽球等民间传统体育项目，推动开发适合不同人群、不同行业特色的运动项目。同时，体育的发展已经跨越体育的本身，“体育 +”成为一种新的发展潮流。体育已经与经济、社会、文化等多个领域深度融合，衍生出了体育旅游、体育康养、体育传媒、体育绿色环保等，在城市建设、体卫融合、智慧交通等多个行业紧密交织。这些跨界融合使得生活体育更便于融汇其中。

3. 主体自觉参与

社会进步带来了人们体育价值观念的转变，从而支配人们产生相应的生活体育行为，成为人们主动参与生活体育的动力。这种动力不受任何外界干扰，属于自发需求和自觉行为，并可根据各种客观条件自主选择生活体育的内容与形式。

伴随着全民健身日、全民健身体育节、市民运动会、市民体育大联赛、各地的全民健身大会等群众体育品牌活动的社会影响力日益深入，武术、围棋、象棋、龙舟、风筝等民族传统体育项目以及健身跑、健步走、游泳、自行车骑行、球类、冰雪运动等群众喜闻乐见的运动项目已经成为群众体育活动由引导向自觉的质的转变。击剑、赛车、航空、马术、极限运动等具有休闲消费引领特征的运动项目的参与人群日益扩大。市民足球、篮球、排球“三大球”联赛和乒乓球、羽毛球等项目的群众性赛事越来越活跃，极大地激发了全民健身市场活力，也为社会力量举办全民健身活动创造便利条件，发挥了网络等新兴活动组织渠道的作用，完善了业余体育竞赛体系，从而使生活体育有了更加坚实的落脚点。

4. 全民公平共享

随着社会竞争的加剧及生活节奏的加快，人们通过参与生活体育保持身心健康和提高生活品质的意愿更加强烈。全民共享性意味着生活体育并非仅面向某一部分人群，而是不同性别、不同职业、不同收入水平的群体都可以共享生活体育的发展成果。

将城乡居民的健身需求作为民生需求，按照因地制宜、业余自愿、小型多样、就近就便的原则，通过片区联动、区域联动、全民健身展示、群众体育节等形式，推动群众体育健身活动的普遍化、经常化、多样化，提供丰富多彩的群众健身活动供给，形成“群众天天有活动、乡村（社区）月月有赛事、乡镇（街道）年年有运动会（体育节）”的局面，推动幼儿、青少年、老年人、妇女、社区居民、职工、农民、残疾人等各类人群体育协调发展。这些活动，都显示了全民性、全龄化、生活化、公平性和共享性特色。

5. 终身体育行为

终身参与性指的是生活体育并不是人们只能在某个阶段集中参与，而是贯穿于整个生命周期，无论是孩提时代还是求学阶段，无论是初入社会还是临近退休，抑或耄耋之年，都能够参与且有多样的路径选择。

钟南山院士多年来一直践行体育融入生活促进“主动健康”的理念，他多次说：体育锻炼对我的健康以及事业发展起到了至关重要的作用。在我的健康词典里，从来都没有离开过两个字——锻炼。运动，才是治愈一切的良药。岁月也会悄悄善待那些坚持运动的人，给他们强健的身躯、饱满的精神、敏锐的思维。从钟南山院士和一大批生活体育的践行者的经验与结果来看，只有把终身体育行为作为一条漫长的生活之路，并且持之以恒、终身坚守，长时间的坚持、坚守和坚强才能真正享受生活体育带来的丰厚红利。

二、马拉松赛事概述

（一）马拉松赛事历史发展及意义

马拉松赛事是为纪念希腊长跑者斐迪庇第斯而诞生。1896 年首届奥运会后，马拉松赛在世界各地广泛举行，美国从 1897 年起举行波士顿马拉松赛，至 2000 年已举办了 104 届，成为世界上历史最悠久的马拉松赛。如今，马拉松比赛更象征着超越、顽强的体育精神，以及人们对健康身体的向往和追求。

（二）马拉松赛事的独特性质

（1）聚合性：一场比赛可以有数万名参赛者，不计其数的观众。参赛者和观众来自世界各地。

（2）包容性：一是对参与者专业度的要求较低，几乎所有人都可浅尝；二是对装备要求较少（对于初级 / 业余跑者来讲，一身运动服、一双跑鞋即可）。

（3）外部性：能够带动城市经济、提高城市面貌、加强城市建设。

（4）挑战性：马拉松比赛全程为 42.195 公里，世界顶级选手也需要将近两个小时的时间跑完全程。这对于选手的耐力、速度等均是一项比较大的考验。马拉松赛代表了顽强拼搏的精神，代表了人们对于自己极限突破的精神，是挑战自我极限的一种表现。

（三）马拉松赛事目前在中国的发展情况及形态

1. 近年发展速览

2007 年前，中国跑步人群并不多，当时许多人的想法还停留在马拉松是职业运动员的专属，只有少数专业运动员和资深跑友在从事长跑运动，所以当时跑步的俱乐部也就几个而已。

2008 年，北京成功举办奥运会，对中国体育运动的影响巨大，各类运动开始发展起来，跑步也不例外。2008—2013 年知名运动品牌开始注重组织并赞助跑圈里跑得快的业余选手，逐渐让跑圈有更多人气，也出现了一些地方性跑友聚集地，吸引了更多人。

2014 至 2016 年，《国务院关于加快发展体育产业促进体育消费的若干意见》（国发〔2014〕46 号），把全民健身上升为国家战略。与此同时，智能时代的到来也使得跑步类 app 成为商业载体，咕咚、悦跑圈、悦动圈、Keep 等都是那段时间成立。在国家推动及商业补贴的支持下，跑步方面的影响力逐渐放大，新晋跑者多了，跑团也就多了，国内的马拉松赛事也逐渐增多。

2019 年，国务院连续颁布《健康中国行动（2019—2030 年）》《体育强国建设纲要》《关于促进全民健身和体育消费推动体育产业高质量发展的意见》等文件，体育和健康已经成为国家在本时期最重要的事情之一。2019 年，特步国人竞速和全民畅跑激励计划算是对国家政策的一个切实落地行动。

近年来，国内马拉松赛事呈井喷式发展。2011—2019 年期间，中国各类在中国田径协会注册的马拉松规模赛事数量从 22 场增加至 2019 年的 1828 场（图 1），参加人次达 712 万（不含港澳台）。近 10 年来中国马拉松运动的极速发展，已经成为世界马拉松运动的“新焦点”。

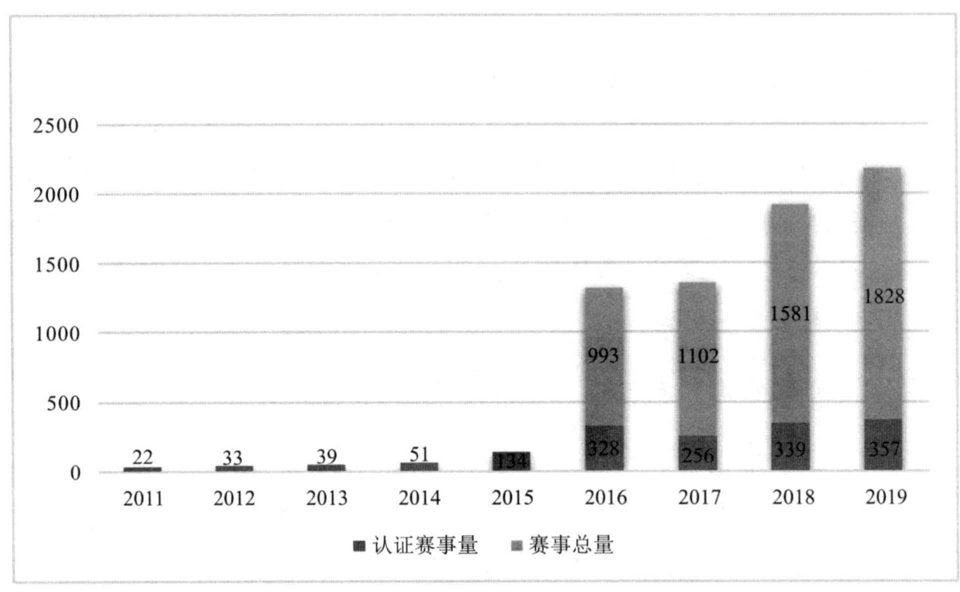

图 1　2011—2019 年马拉松赛事规模

2. 民众关注度

总体来讲，马拉松相关的词条搜索远远低于（这个可能有个时间区间，因为下面表述的是非常高）其他流行体育活动，如“篮球”“足球”等。根据百度指数统计数据，在 2016 年 7 月，“马拉松”、“中国马拉松”以及“马拉松比赛”的搜索次数均创造相对高峰值；在 2019 年 10 月初以及 2021 年 5 月，“马拉松”这一词条搜索记录又再次达到高峰（但这一现象背后的原因及规律有待探寻），其中 2021 年为历史最高。与此同时，“马拉松”的资讯指数也在这一时间达到历史最高峰（原因：甘肃白银的一场越野马拉松比赛，发生极端恶劣天气，有 21 名参赛者因为失温死亡）。

民众参与情况：2019 年全部赛事参赛规模为 712.56 万人次，而全马和半马参赛规模为 287.96 万人次，较 2018 年 583 万增加 129.56 万，同比增长 22.22%。其中经中国田径协会认证的赛事共计 357 场，较 2018 年增加 18 场；认证赛事总参赛人次达到 423.91 万，占总参赛人次的 59.49%，较 2018 年增加 57.75 万，同比增长 15.77%。

可见认证赛事更有吸引力，认证赛事以占全年 20% 的赛事数量，吸引了 60% 的大众跑者参与。

三、马拉松运动风靡全国的背后因素探索

（一）马拉松赛事总体情况

研究显示，2016 年是中国马拉松赛事发展的一个分水岭。当年，在中国田径协会注册的马拉松及相关运动赛事达到 328 场，较 2015 年 134 场增加了近 1.5 倍，是 2011 年 22 场赛事的近 15 倍。其中，与中国田径协会共同主办赛事 122 场；全程马拉松 125 场、半程马拉松 128 场、其他路跑赛事 75 场。全年参加比赛的总人次近 280 万，较 2015 年增长 130 万，是 2011 年 40 万参赛人次的近 7 倍，再创历史新高。参加全程及半程马拉松项目的总人次超过 120 万。其中，全程马拉松项目参赛总人次超过 40 万，总完赛人次和人数分别为 24.3 万和 14.2 万人。半程马拉松项目参赛总人次约 80 万，总完赛人次和人数分别为 45.4 万和 33.7 万人。

2016 年，中国田径协会出台了马拉松大众选手等级评定标准。数据显示，2016 年，全程马拉松达到三级及以上的选手约有 13.3 万人，其中达到精英级的选手近 9000 人；半程马拉松达到三级及以上的选手约有 31.5 万人，其中达到精英级的选手约有 1.4 万人。

从覆盖区域来看，2016 年开始，马拉松赛事已经由过去集中在东部沿海地区向中西部地区拓展，涵盖了除西藏以外的全国 30 个省、区、市的 133 个城市，较上年增加 54 个城市。首都体育学院教授、世界休闲体育协会主席李相如先生评论说：“2019 年，国内马拉松赛事数量持续保持高速增长，覆盖范围从一、二线城市，逐渐向三、四线城市扩张。”李相如也认为，2019 年，国内马拉松赛事数量发展开始进入比较平稳和理性阶段。

（二）驱动因素

2011 年，中国人均 GDP 规模首次突破 5000 美元，意味着居民消费从温饱型向小康型升级，步入享受型、发展型阶段。这从另一个方面解释了中国马拉松赛事市场大爆发原因：消费升级带动国内路跑市场迎来起爆点。而到 2019 年，中国人均 GDP 规模超过 1 万美元（图 2），体育消费行业也会迎来发

展的新起点。2019 年，包括马拉松、越野跑、趣味跑等各种路跑赛事大幅增加，报名参赛人数不断壮大，说明消费升级带来的国内路跑市场正迎来一轮新的爆发点。

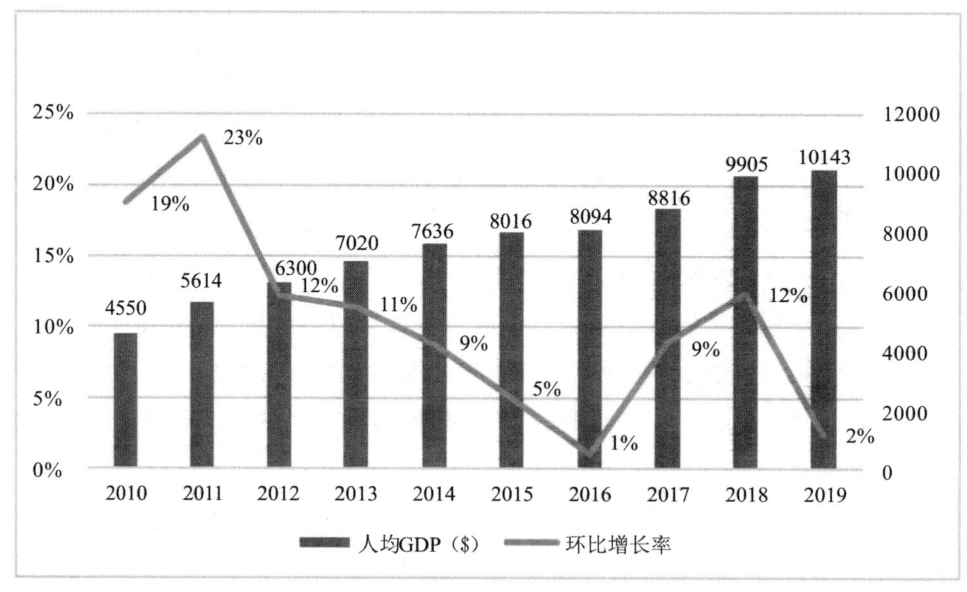

图 2　中国人均 GDP 规模

（三）马拉松赛事如何深入百姓生活

参与马拉松赛事，在一定程度上让参与者的生活发生改变。生态体育研究发现，参与马拉松赛事活动能够给个人身体上、精神上带来如下的好处。

1. 身体更加健康

能够完成全马或者半马的大众跑者，多数都有常年坚持跑步的经历，跑步对于健康的全面提升作用毋庸置疑，他们是较为健康的那个群体。

2. 意志更加坚定

跑步在许多人眼里是一项枯燥的运动，但就是在几十公里的路途中，跑者能够坚定地跑下去，没有坚强的意志是无法完成的。

3. 心理更加健康

跑步不仅让我们身体健康，而且有助于改善心理健康。面对焦虑和抑郁两种不良情绪，跑步就是最好的良药，它让我们忘掉烦恼。

4. 面对生活更加自律

运动在很多时候并不意味着轻松愉快，它需要你积极地付出，规律地进行，这不就是自律的体现吗？自律的品质在如今社会弥足珍贵。

5. 面对未来更加自信

自信从来就不是从天而降，而是来源于生活的阅历，在经历了马拉松的历练后，还有什么困难不能克服，还有什么坎坷无法征服，让你对未来更加自信。

6. 面对人生更加积极

积极的人生态度在于能够以建设性的眼光看待周边的人和事，而不总是抱怨和冷漠。马拉松运动可以培养人的这种品质，当你在漫长的赛道上筋疲力尽时，你仍然义无反顾，一直往前，因为你知道只有更加积极地暗示自己，才能战胜自己。

7. 生活更加快乐

跑步给人带来快乐，这既源于跑步本身改善心理的积极作用，也来源于人们挑战自我，实现成就动机。冲过终点，那种快乐是不跑马的人难以感受和理解的。

8. 面对挫折，更加坚忍不拔

在马拉松比赛中，你也许会抽筋，产生伤痛等，但这些或大或小的问题都无法阻挡你前进的脚步。当回过头面对工作生活的难题时，你也同样会更加不惧挫折，坚忍不拔。

9. 更加坚守理想与信念

当无数人无法理解42公里的意义时，你义无反顾地跑在你自己才懂得的道路上！这就是坚守理想与信念的体现。人有时是需要信念，也需要理想的，因为它会支撑你坚定地走下去。

10. 更加乐享平凡的人生

跑步运动没有门槛，不分高低贵贱、男女老少，它是最大众化的运动。人生在世，各自精彩，跑步就是具有这样平民化的精神。跑步不神圣，但可以让每一个平凡的你乐享其中，也更加乐享人生。

Pain is inevitable, suffering is optional. 痛楚难以避免，而磨难可以选择。累是无法避免的，行不行还得听凭本人裁量。人们不会因为别人劝告而成为跑步者，而是自然地成为的。这恰恰说明了，体育生活化的核心价值，就是使参与者从精神上、意识上接受体育，接受运动，使其成为生活的一部分。

（四）国际马拉松赛事的特点

以美国为例，美国的马拉松赛事发达，群众基础广泛。2019 年，美国马拉松完赛人数达到 55 万人，全年马拉松赛事高达 1000 场以上（2019 年我国马拉松认证赛事 357 场），位居世界首位。美国马拉松赛事基本上设有赛事奖金，如纽约马拉松赛第一名的奖金超过 10 万美元，奖金数量丰厚。美国马拉松赛事种类丰富，除了城市马拉松，还包括越野马拉松、迪斯尼马拉松、摇滚马拉松等（表 1）。

表 1　美国十大著名马拉松赛事

赛事名称	赛事特点
1. 纽约马拉松	世界十大马拉松赛事，参赛规模超 5 万人，影响力巨大
2. 芝加哥马拉松	创办于 20 世纪 70 年代，参赛规模超 4 万人
3. 波士顿马拉松	创立于 1897 年，是全世界最古老的马拉松比赛
4. 海军陆战队马拉松	美国五大马拉松赛事之一，比赛地点为华盛顿
5. 火奴鲁鲁马拉松	在夏威夷秀丽风光下的比赛，赛道非常平缓
6. 迪斯尼世界马拉松	在迪斯尼乐园的马拉松比赛，全程都有卡通人物的陪伴
7. 洛杉矶马拉松	排名世界第九大马拉松，其秀丽的风光，被称为“体育场大海”
8. 圣地亚哥摇滚马拉松	全美最具娱乐精神的马拉松，现场 10 万观众与响彻的摇滚乐一起为 2 万名参赛者助威
9. 美敦力双子城马拉松	在明尼阿波利斯的郊区举行，被称为美国郊区最美的马拉松
10. 波特兰马拉松	波特兰马拉松被称为“西部最亲民的马拉松”

美国大众体育市场的发展比较成熟，也推动了路跑赛事的发展。首先，美国群众体育人口比重近 60%，社区体育设施齐全，且对群众开放的费用较低，利于培养居民体育锻炼的习惯。美国人对体育运动有较高的需求，儿童从小会接触各种体育运动，对运动有兴趣，从而保证了美国体育人口的高基数。其次，美国社区体育中心发达。美国有大量社区体育中心，遍布各个市

县，此类中心基本为公益性质，内部设施对本地居民通常免费或少量收费。同时对社区体育资源的利用和赛事组织能力较强，能充分调动群众参与体育活动的热情。最后，校园体育文化发达。美国校园体育文化也是推动群众体育发展的重要一环，从小学到大学各类校园赛事十分频繁，学生可以选择参加自己感兴趣的赛事。美国大学生体育协会（National Collegiate Athletics Association，NCAA）是美国各大体育联盟的人才摇篮，也代表了美国校园体育的最高水平。校园体育文化使学生愿意参与到各项运动中，也提升了群众体育的基础。

（五）国内马拉松赛事正处在量变到质变的过程

按照中央和体育总局关于推进“简政放权、放管结合、优化服务”的有关要求，在取消马拉松赛事审批的同时，进一步加强行业监管和服务，初步建立起赛事认证分类管理服务体系。

2016 年，获得中国田径协会金牌赛事的有 24 个、银牌赛事的有 18 个、铜牌赛事的有 48 个。同时，全国有 10 个赛事获得国际田联标牌赛事称号。其中，北京、上海、扬州、厦门、东营 5 个马拉松获得国际田联金标赛事，重庆、兰州 2 个马拉松获得国际田联银标赛事，广州、杭州、太原 3 个马拉松获得国际田联铜标赛事。

2016 年，中国田协推出中国马拉松特色赛事评选，引导和鼓励各赛事组委会因地制宜，发展多样化、特色化赛事，不断丰富马拉松赛事类型。

首都体育学院教授、世界休闲体育协会主席李相如先生认为：“2019 年我国选手创造了许多优秀成绩，但我认为还处在量变的积累过程，真正代表中国马拉松进入量变到质变需要真正的世界一流的马拉松成绩作为标志。”李相如表示：“一些围绕用户体验的创新活动大大提高了参赛者的体验感和获得感，但要注意的是，创新是有条件的，赛事创新的基础是遵循规则精神，这是比赛和办赛的底线。赛事的高品质首先是赛事要规范、要专业，在此基础上，可以发挥办赛者的创新精神和创新活动。”

四、马拉松赛事的产业化发展情况

（一）体育产业发展总体情况

据《中国体育报》报道，党的十八大以来，在习近平新时代中国特色社会主义思想指引下，我国体育产业突飞猛进。2012 年我国体育产业总规模为 9526 亿元，实现增加值 3136 亿元；2020 年体育产业总规模增长为 27372 亿元，实现增加值 10735 亿元。体育产业增加值占同期国内生产总值（以下简称 GDP）比重由 2012 年的 0.60% 上升至 2020 年的 1.06%……党的十八大以来，在一系列政策措施的带动下，我国体育市场主体不断增加，体育健身和体育消费潜力加快释放，体育产业规模不断迈上新台阶。

借助政策激励与资源集聚，以马拉松为代表的多个运动项目产业得以快速发展。公开数据显示，2018 年，我国马拉松赛事近 1600 场，参赛人数近 600 万，覆盖了 250 多个城市，带动消费 288 亿元。此外，登山、骑行、滑雪等户外运动蓬勃发展，足球、篮球、羽毛球、游泳等传统健身活动持续走热，击剑、马术、帆船、冰球、滑翔等新兴时尚运动方兴未艾，越来越多的人将体育作为一种生活方式。这些充分显示出，我国居民的体育消费方式正逐步从实物型消费向参与型和观赏型消费转变。

从中国体育项目商业化程度与群众参与分布情况看，因为进入门槛低，跑步、骑行项目的群众基础较好，具有广泛的群众基础，是大众参与度很高的项目。商业化的可行度较高，随着马拉松赛事运营能力的逐渐增强，更容易市场化运营。

（二）马拉松赛事的产业化发展

根据国际经验，人均 GDP 超越 5000 美元时，会进入以马拉松为代表的全民路跑体育消费周期，这在欧美称为“马拉松赛事现象”。2011 年，中国人均 GDP 超过 5000 美元，2018 年人均 GDP 已超过 9500 美元，而 2011 年之后也正是中国马拉松赛事从一年只有几十场到上千场迅速增长的时期。

2016 年，共有 1300 多家企业赞助马拉松赛事，这些企业涵盖了以汽车、银行、保险、食品、饮料、房地产、体育用品、互联网科技、传媒为主的多种行业。自 2016 年开始，广大人民群众参与马拉松运动的热情日益高涨，马拉松赛事有效供给不足的矛盾日益凸显。

2018 年中国马拉松年度消费总额达 178 亿元，全年赛事带动的总消费额达到 288 亿元，年度产业总产出达 746 亿元。

2019 年在中国境内共举办规模赛事 1828 场，较 2018 年增加 247 场，同比增长 15.62%。累计参赛人次 712.56 万，较 2018 年 583 万增加 129.56 万，同比增长 22.22%。在超过 1800 场赛事中，经中国田协认证赛事共计 357 场，较 2018 年增加 18 场。2019 上海马拉松直接经济效益 32836.35 万元，间接经济效益 114511.96 万元，税收贡献 6794.09 万元。在产业带动方面，带动第一产业 964.22 万元，带动第二产业 48123.88 万元，带动第三产业 65423.86 万元。

2019 年 10 场马拉松赛事中，有 4 个汽车冠名赞助商，因此在赞助商获得的媒体价值中，汽车品牌类型的曝光与 QI 媒体总价值均列第一，位居第二的是主要投放在跑者服装的运动装备品牌，金融排名第三。（图 3）

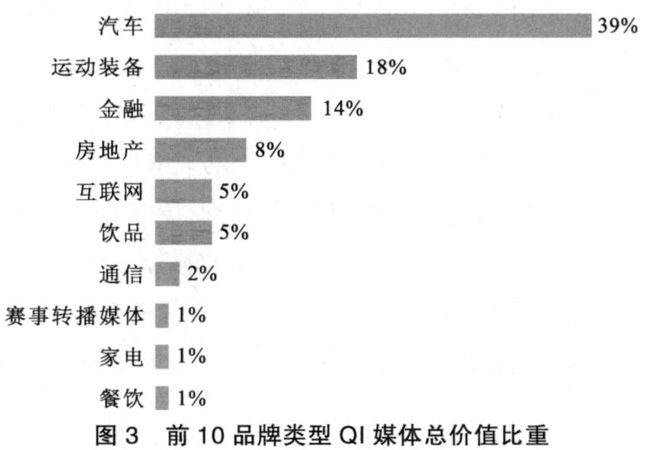

图 3　前 10 品牌类型 QI 媒体总价值比重

据 2019 年统计，当前全国体育旅游总人数达 10 亿人次，体育运动消费总规模 1.5 万亿，每周进行一次体育运动的人群超过 7 亿人。而在“体育 + 旅游”跨界融合上每一种体育运动都有一群相对固定的粉丝，马拉松也不例外，通过马拉松这项运动可以有效地将体育运动比赛与旅游有机结合起来，进行由单独的旅游城市向体育旅游城市转型。

比如从 2007 年就投身马拉松营销的特步，10 多年持之以恒的坚持，也推动了公司鞋类产品的销售，以 2017 年为例，鞋类产品占特步当年总收入的 63.7%。

汽车行业是赞助马拉松运动的常客。汽车追求速度与耐力，代表坚持与超越，与马拉松运动的内涵吻合。宝马赞助了厦门马拉松、兰州马拉松、成都双遗马拉松，广汽本田赞助了杭州马拉松，广汽丰田赞助了广州马拉松，长安汽车赞助了重庆马拉松，北京现代赞助了北京马拉松，吉利赞助了宁波马拉松，东风雷诺赞助了武汉马拉松……

银行在 2017 年马拉松赞助中排名前 10。从项目与行业的内涵上看，马拉松运动与财富管理具有天然的契合性，两者都追求稳健、持续和耐力。

保险行业也是马拉松赞助爱好者。保险行业的内部人士表示，马拉松赛事与保险公司所希望营造的健康、积极形象较为符合，可起到品牌宣传的作用。

通过赛事举办，引爆全民参与热情，将吸引大量马拉松爱好者及群众关注并参与其中。调查数据显示：马拉松赛事期间，参赛选手选择与家人同行，带亲友团数量超过 6 人的选手比例达 26%。2019 年湖南衡阳马拉松举办期间，衡阳市内 23 家等级旅游景区旅游人数持续火爆，全市 29 家二星级以上酒店入住人数高达 14780 人次，出租率高达 98%。参加 2019 年厦门马拉松的外籍和非厦门本地运动员，为厦门住宿、餐饮等贡献了约 2700 万元的收入。比赛当天参观比赛的游客约 2.2 万人，为厦门市旅游业带来了约 4700 万元的收入。2019 年的厦门马拉松，同样也为厦门市带来了直接经济效益 1.16 亿元，带动经济效益 1.75 亿元，综合经济效益 2.91 亿元，非常可观。马拉松的举办将给举办城市带来无限商机和创收，促进消费增长，为城市的繁荣发展注入营养和动力。

（三）“马拉松经济”带来巨大商业价值

马拉松运动从专业领域的专业赛事，转变到全民参与的普及化赛事，催生了产业化的巨大商业价值。

经济学界素有“马拉松经济”之说。“马拉松经济”包含4个主体部分的收入来源：赛事直接带来的现金收益，比如赞助商投资、报名费等收入；基于比赛所产生的物业收益，比如场馆租赁和酒店住宿等载体经济；媒体收益，比如出售赛事转播权；衍生收益，即运动器械、训练服务等收益，这个收益甚至可能比其他收益更高。

2019年国庆期间，在河北张家口崇礼户外运动线路的带动下，崇礼区共接待游客14.33万人次，旅游总收入10031万元，比2018年同期增长10%和15%。

2021年春节假期，千岛湖的运动休闲游共接待游客25.1万人次，实现旅游收入3.5亿元。浙江省杭州市淳安县文化和广电旅游体育局副局长徐跃进告诉记者，千岛湖运动休闲游一直深受游客青睐，尤其是在春节期间，千岛湖运动休闲游市场呈现火爆局面，绿道骑行、登山休闲、体育旅游全面开花，千岛湖国家登山步道更是成为广大游客必到的打卡点。

马拉松运动引发和衍生的“跑步经济”市场潜力巨大，对体育用品、培训、运动社交软件、运动饮料、营养品、运动康复等相关行业具有很强的辐射带动作用，使马拉松成为发展体育产业、促进经济转型升级的加速器。可以说，马拉松不仅是一项运动，也是一条正在逐步壮大的新兴产业链，是“大众创业、万众创新”的重要平台，是我国体育产业的一片新蓝海。

马拉松是国内参赛基础最好、商业变现清晰的群众体育赛事，因此近来赛事数量大幅增加，赛事赞助、衍生品等价值也不断提高。2016年底，为了进一步推动马拉松产业发展，中国田径协会在厦门举办了首届中国马拉松博览会，共吸引了95家展商参加，涵盖了中国马拉松全产业链，是马拉松行业规模最大、影响最广的国家级博览盛会。

马拉松产业的经济价值有多高，体育主管部门是有测算的。2018年初，国家体育总局联合国家发改委、科技部等10部委发布了《马拉松运动产业发展规划》。其中显示，到2020年，我国的马拉松运动产业规模将达到1200亿元，而800人以上规模的全国马拉松赛事场次有望达到1900场。1200亿元的产业规模是以赛事直接收入为主，是保守估计的。因为产业的衍生收益不直接体现在赛事收入中，其规模远大于赛事直接收益。当然疫情原因，自2020年开始，国际乃至国内体育赛事均受到巨大的影响而取消举办。

按照跑友圈的一般标准是，“硬核玩家”的跑友花在路跑上的年度开支要达到 20000 元到 50000 元。如果“硬核玩家”的人数在 50 万人以上，那么每年马拉松产业的周边衍生就是万亿级的市场规模。50 万人在中国城市算不上是太高的数字，而且数量更多的非硬核跑友聚沙成塔的消费规模也不可小觑。

马拉松是在国际群众体育市场中实现商业价值开发较为成熟的赛事。在国外路跑领域，整个体育赛事收入 40% 左右来自版权，有 30% 左右来自赞助商，另外 30% 是来自跑步用户的 B2C 收入（即报名费、赛事衍生品收入等）。相比国外，中国马拉松赛事的盈利模式单一，目前在国内重点赛事版权基本归政府所有，赛事收入主要依靠赞助商和 B2C 收入，其中赞助商收入占 80% ～ 90%，B2C 收入占 10% ～ 20%，而由于国内多数赛事开发历史较短，衍生品开发有限，B2C 收入主要依靠报名费。

因此，一些地方政府和商家对马拉松等长跑运动的高度热情是可以理解的。从产业经济的角度看，这也不是坏事，但是其中的隐忧是值得关注的。

五、马拉松产业高速发展背后的风险和隐忧

马拉松产业和很多产业一样，在带来收益的同时，也带来了巨大的风险。马拉松运动本身就是一项风险型运动，最直接的莫过于马拉松运动可能超出普通人的生理极限而导致猝死。即便在马拉松运动产业发展较为成熟的发达国家，也存在一定的致死率。

据 2012 年 1 月美国《新英格兰医学期刊》发表的一份研究报告，2000—2010 年间在美国参加全马或半马的人将近 1100 万，心跳停止事件共发生 59 起（51 人为男性），造成 42 人死亡，致死率约为百万分之四。这意味着即便赛事组织很完善，参赛人员也面临一定程度的安全风险。百万分之四确实不算一个很高的比例，在诸多极限运动中可能算是较低的。但是，路跑运动和其他专业技能要求很高的极限运动不同，参与的技术门槛、消费门槛很低，是可以大规模普及的。这意味着，由于参与人群的基数很大，即便是百万分之四的概率也是需要重视的。

另外，近几年马拉松高速发展、“全民普及”的趋势，无疑会放大这一风险。运动赛事的组织水平是有一个发展过程的。有些城市的马拉松比赛发展得已经很成熟，也专门配备了医疗设施和医疗团队，却仍然发生了悲剧。现在，每年近300个地级市出现遍地开花的马拉松赛事，其中还有很多像甘肃白银赛事那样的越野赛，这种赛事风险显然要大得多。

因此，从产业经济的发展角度看，马拉松产业的蓬勃发展当然是好事。但是，伴生的风险不容忽视。作为个人和家庭，要关注长距离路跑运动的生命和健康风险，低门槛并不意味着人人都合适，民众要量力而行。舆论在对马拉松等长距离路跑项目以及各类极限运动项目的宣传中，应该多提示风险，而不是一味强调有益健康、鼓吹自我超越之类。

知名企业家、著名跑步爱好者毛大庆表示：我们常在口头语上说“体育锻炼”，事实上，从运动科学和人体科学的角度上，体育与锻炼，是应该完全被分别看待的两个领域。体育就是体育，它是在对手之间进行的、以获胜为目的、按照完善的规则和标准进行的对抗性身体活动。体育的核心是竞争，以及胜利和合作所带来的精神愉悦，甚至失败也是一种精神震撼。至于体育是否应该提供健康，则是一个值得商榷的问题，从刘翔到姚明，还有太多值得我们敬仰崇拜的伟大职业运动员，他们的健康状态，其实并不尽人意。锻炼，英文是exercise，为了保持健康或变得强壮而自愿进行的有计划、有体系、重复的身体活动。还有一种介于体育和锻炼之间的概念，可以表述为身体教育，但决不能简称为体育，它的英文physical education，缩写为PE，欧美很多国家的学校已将这门课程扩充为PHE(physical and health education)，也就是身体和健康教育，相当于将我国中学教育中的体育课与生理卫生课的结合。

总之，对马拉松运动的快速发展，要理性客观看待，既要看待其发展的成绩，也要注意是否有忽视风险的拔苗助长之嫌，后者应该是反思一些悲剧性事故时值得审视的内容。

六、给产业和跑者的建议

（一）要适应赛事科技化水平提高的趋势

智能穿戴设备作为马拉松文化中不可或缺的组成部分得到越来越多跑者的重视。随着马拉松赛事的井喷式增长，可穿戴电子智能设备开始普及。国内众多马拉松赛事实现赛前智能化培训、赛道智能配速提醒等多项智能化、数字化体验。2016 年，厦门马拉松组委会通过精密的仪器和严谨的测算，提前对新赛道进行测跑分析，以此来为所有马拉松跑者提供竞赛官方攻略。

不止如此，个性化服务也成为赛事组织方打造的重要内容。不论是医疗服务、安保服务还是特定路段个性化展示，这些都成为当前马拉松赛事的特色亮点之一。“在这个时代下，以移动互联技术为支撑，体验经济、共享经济的理念下，马拉松赛事将更加凸显赛事的服务价值与文化价值。”

知名跑者陈远丁认为：“赛事品质的提升离不开赛事创新的经年累月的积累。”赛事创新需遵循的原则：第一，专业性是红线。不要为了创新而创新，不能损害赛事的专业性，或违反专业性等赛事规则、规律。第二，人性化是目的。赛事创新讲究不折腾，不要瞎折腾城市、市民和组委会自己，不要折腾跑者。赛事创新要以服务好跑者、服务好城市为初心。第三，特色化是核心。赛事创新不是一味做加法，而是要适度、均衡，结合城市、人文、民俗的特色，打造赛事特色。

（二）赛事服务价值和文化价值凸显

新华社高级记者、工会副主席、首都媒体跑团的创始人汪涌认为，中国马拉松只有达到了以下 5 点才能真正实现再上一层新台阶。一是中国持续拥有一批世界级的优秀马拉松选手；二是中国马拉松赛事数量稳定在 3000 场左右；三是跑者数量、全马和半马跑者数量等均有大的提升；四是跑步主题公园覆盖全国所有一、二线城市，三、四线城市拥有超过半数以上拥有适合 10

公里以上跑步距离的体育公园；五是各大中小学热爱跑步的师生比例大幅增加，校际交流比赛成常态。

从 2011 年的 10 余场赛事，到 2019 年接近 1900 场，近 10 年来中国马拉松实现了数量爆发式增长。但从量变到质变，非一朝一夕之功。不仅需要时间积累、文化沉淀，也需要我们的赛事修炼好内功，在守住赛事品质红线的同时，大胆创新。正如汪涌所说："赛事创新遵循的是对马拉松心存敬畏，对 42.195 公里赛道心存敬畏。"我们相信，只要赛事和跑者都对马拉松运动秉承着一份敬畏之心，中国马拉松事业将再度迈上一个新的台阶。

通过初步的资料采集与阅读，可以得出的结论是，马拉松对于人类的身体健康以及自我身份认同都有着积极影响。不论是从物理还是心理角度来说，马拉松都是一项有益个人发展的体育项目。同时，从社会角度来讲，马拉松比赛使得家庭关系更加紧密，为创造和谐稳定社会打下了基础。从城市发展角度来讲，城市马拉松比赛具有弘扬城市文化、增强市民健身意识、明确城市品牌定位、加强城市建设的作用。同时，比赛期间带来的额外客流量能促进旅游业发展以及城市经济收入。除此之外，作为城市经济复苏的关键贡献指标之一，每次疫情的低峰可能也标志着马拉松赛事活动回潮的好机会。

（三）处理好线上线下赛事活动的新模式

作为一项户外运动，不管在全球哪个国家，马拉松赛事活动都会不可避免地受到新冠肺炎疫情的影响。一方面，其"户外型"这一特点使得大小规模的聚众比赛骤减；但另一方面，其"包容性"也为马拉松爱好者提供了新的思路。例如美国，疫情暴发后，"虚拟马拉松比赛"迅速上线。我国在这方面的脚步相对慢了些：2020 年 4 月初，相关机构和组委会发起"线上比赛"。只不过，我国参与者大幅度低于美国及世界其他国家。

目前，国内媒体对马拉松赛事的关注度有待提高，国民对马拉松比赛的了解和参与度也有待提高。从媒体角度出发，除了思考如何更好地普及发扬这一体育活动，对于城市马拉松赛事的长期发展，我们更应该思考如何在"商业化”和“人文关怀层面”中找到平衡。尽管近些年来马拉松比赛越来越多，但大多比赛举办形式都是由品牌方赞助、地方体育局承办。虽然逐渐增多的比赛能让更多马拉松爱好者享受马拉松旅程，但对于体育精神的建设力度远远不够。

Ⅲ

区域篇

7　2021年北京市冰雪运动发展报告

孔令学*　杨鑫洁**　王志文***

摘　　要： 2021年北京市各项工作有序推进，为体育事业的发展提供了政策、经济、文化等方面强有力的支持。2021年是“十四五”规划的开局之年，同样也是筹办冬奥会的冲刺之年。北京市作为冬奥会的举办地，将冰雪运动列入城市发展规划，接连出台了一系列有关冰雪运动的政策举措，同时借助自身自然资源与区位优势，加快建设冰雪运动场馆、专业竞技场馆，积极培养冰雪人才，开展丰富多彩的群众冰雪运动，推动全市冰雪运动的普及。在后冬奥时代，北京市则需要保持冰雪运动的发展势头，并进一步思考未来的发展方向，推动北京市冰雪体育开启新篇章。

关 键 词： 冰雪运动；休闲健身；北京；冬奥会；专业人才

“十四五”规划时期是我国冰雪体育产业跨越式发展的重要阶段，习近平总书记指出，“推动我国冰雪运动跨越式发展是实现第二个百年奋斗目标的重要组成部分”。作为举办城市之一的北京市，充分借助其自身政治、文化中心的优势，以经济发展为强劲驱动力，发挥出了休闲体育产业资源配置功能特色，尤其是大力发展冰雪运动项目。一方面，北京市紧扣冬奥会主题，出台一系列冰雪运动相关政策措施，成功调动群众参与冰雪运动的热情；另一方面，基于体育产业未来发展新布局新方向，北京市也在不断进行体育产业的融合与升级工作，全面实现各项预期目标。

一、北京休闲体育与冰雪运动发展总体情况

整体而言，我国休闲体育事业呈现高速发展的态势。鉴于我国地域、气候等多重因素的影响，冰雪运动项目具有起步晚、底子薄弱的特点。为此，

* 孔令学，北京联合大学旅游学院教授，研究方向：体旅融合。

** 杨鑫洁，北京联合大学法律专硕。

*** 王志文，北京联合大学旅游专硕。

国家通过出台一系列政策以扶持冰雪事业的发展，而借政策之东风，近年来冰雪体育产业已迅速成长为我国新兴的朝阳产业。

（一）2021 年度休闲体育发展总体情况

健康中国和全民健身是我国的战略目标之一，即休闲体育产业在接续的“十四五”规划中也被摆在重中之重的任务上。截至 2021 年底，全国共有体育场馆 397.14 万个，总面积达到 34.11 亿平方米，其中，田径场地 18.92 万个，游泳场地 3.25 万个，球类运动场地 248.10 万个，冰雪运动场地 2261 个，健身路径 92.93 万个。

据北京市人民政府印发的《2021 年市政府工作报告重点任务清单》中，主要将北京市休闲体育的发展方向归为以下几个方面：一是扩大健康、体育等产业与服务消费融合；二是推动京张文化体育旅游产业带的建设；三是满足公共体育服务的需求；四是承办并引进国际高端体育赛事；五是着重发展冰雪运动及相关产业。

从结果上看，持续的新型冠状病毒肺炎疫情并未阻挡北京市休闲体育产业发展势头。2021 年，北京市围绕广大群众多样化健身需求，超额完成了体育场地设施的建设，创建 41 个全民健身示范场所和体育特色乡镇，同时开展乒乓球、马拉松、冰球等各级各类全民健身赛事活动共计 2.1 万余次，参与人数超过 1150 万，其中，有关群众性冰雪活动 5378 场次，参与人数占比 46.05%。总体而言，群众对参与休闲体育活动的态度是较为积极的。竞技赛事方面，北京市对于国家体育事业的贡献程度位居全国前列，在推迟至 2021 年举办的东京奥运会上，北京运动员取得了 4 金 5 银 4 铜的优秀成绩；在陕西全运会上，北京市共有 599 名运动员参加，获得 21 金 14 银 15 铜。同时，北京市通过“线上线下”共同推进的方式，积极评定命名 60 个市级体育旅游精品景区、精品赛事、精品线路等，其中包括“四季八线嗨玩京张”体育旅游主题线路、首批“全季体育燃京张”体育品牌系列赛事、京张体育研学基地，成功带动京张文化体育旅游产业发展。① 以上成果皆从侧面印证了北京市体育产业“十四五”规划有着一个非常好的开端。

① 数据来源：2022 年 1 月 18 日，北京市体育局，2021 年市政府工作报告重点任务和重要民生实事项目市体育局承担的任务落实情况。

（二）2021 年度北京市冰雪运动总体发展情况

自 2015 年北京冬奥会申办成功以来，我国居民冰雪运动参与人数为 3.46 亿人，参与率达到 24.56%。而借举办冬奥会的契机，北京市也在不断加快速度在冰雪运动及其整体产业上发力。

在冰雪运动基础设施方面，北京市全市共有 112 个滑冰场地和 35 个滑雪场地，建成了 200 所市级冰雪特色及奥林匹克教育示范学校，延庆区也完成了落实冰上项目训练基地的建设。① 另据《北京市体育设施专项规划（2018—2035 年）》所设的规划目标，北京市后续会继续依托各大公园、广场、体育场馆、休闲文化旅游场所等在冬季建设临时性嬉雪场地，以满足群众日益增长的休闲体育文化需求。

在群众文娱活动方面，北京市于 2021 年举办了大小群众性冰雪活动 5378 场次，约 530 万人次参与其中。例如，在北京市体育局、北京市体育总会、冰球协会等多方共同支持下，平谷区成功举办第六届大众冰雪北京公开赛，比赛内容包括花样滑冰、高山滑雪、陆地冰球等 14 个项目；大兴区也陆续开展市民快乐冰雪季系列活动。北京市同样注重对青少年冰雪运动兴趣的培养，组织举办了 25 项市青少年 U 系列冠军赛、36 项市青少年锦标赛以及 13 项学校体育竞赛等，2.4 万人次参加了前述比赛。同时，北京市通过“线上线下”共同推进的方式，制作并播出了 207 期冰雪知识普及与技能培训等专题节目，累计受众超 5000 万人次，充分激发起群众参与冰雪运动的热情。②

在竞技体育方面，北京市在多个领域都取得了不小的成就。例如，在全国冰球锦标赛上，北京市男女冰球队皆成功夺得冠军。对于冬奥会的贡献，北京市共有 37 人入选国家集训队，并获得第一名 10 项次、第二名 14 项次、第三名 6 项次。② 在体育文化方面，北京市积极完成了国家体育总局 2021 中华体育文化优秀项目推介工作，其中的“冰蹴球”项目（民俗民间）荣获中华体育文化优秀项目称号。

①② 数据来源：2021 年 12 月 29 日，北京市人民政府关于印发《“十四五”时期健康北京建设规划》的通知。

② 数据来源：2022 年 1 月 18 日，北京市体育局，2021 年度日常履职考核事项完成情况。

（三）北京市发展冰雪运动的社会基础与政策指引

以往冬季被认为是万物生机潜伏闭藏的季节，多数户外活动并不适宜此时进行，而冰雪运动的迅速崛起恰逢其时弥补了冬季体育运动的空缺。2015年，北京申办冬季奥运会成功，习近平总书记提出了“带动三亿人参与冰雪运动”的目标，可见群众的参与热情是发展冰雪运动最为重要的社会基础。虽一定程度上受到了新型冠状病毒肺炎疫情的冲击，但北京市各部门、单位仍然积极联合，广泛开展群众冰雪健身活动，通过扶持冰雪体育组织等方式，创新冰雪健身项目。同时，北京市也在努力打造具有地方特色与传承历史文化的冰雪活动，尤其以冬奥会申办成功之后，北京市的冰雪运动呈现高速发展趋势，此也得益于出台的一系列涉及冰雪运动的政策举措，具体见表1。

表1　北京市涉及冰雪运动及冰雪体育产业政策汇总

发布时间	政策名称	发文机关
2015年	《北京市人民政府关于加快发展体育产业促进体育消费的实施意见》	北京市人民政府
2016年	《北京市人民政府关于加快冰雪运动发展的意见（2016—2022年）》	北京市人民政府
2016年	《北京市全民健身实施计划（2016—2020年）》	北京市人民政府
2016年	《国务院办公厅关于加快发展健身休闲产业的指导意见》	国务院办公厅
2017年	《北京市“十三五”时期体育发展规划》	北京市体育局、北京市发展和改革委员会
2017年	《“健康北京2030”规划纲要》	中共北京市委、北京市人民政府
2018年	《北京市支持校园冰雪运动发展项目管理办法（试行）》	北京市教育委员会、北京市财政局
2018年	《“带动三亿人参与冰雪运动”实施纲要（2018—2022年）》	国家体育总局
2018年	《国务院办公厅关于加快发展体育竞赛表演产业的指导意见》	国务院办公厅
2020年	《北京市贯彻落实〈体育强国建设纲要〉实施方案》	北京市体育局
2020年	《北京市落实〈关于以2022年北京冬奥会为契机大力发展冰雪运动的意见〉的实施意见》	北京市体育局、北京市残疾人联合会

续表

发布时间	政策名称	发文机关
2020 年	《北京市人民政府办公厅关于进一步支持打好新型冠状病毒感染的肺炎疫情防控阻击战若干措施》	北京市体育局
2021 年	《北京市人民政府办公厅关于促进全面健身和体育消费推动体育产业高质量发展的实施意见》	北京市人民政府办公厅
2021 年	《“十四五”时期健康北京建设规划》	北京市人民政府
2021 年	《全民健身计划（2021—2025 年）》	国务院
2021 年	《冰雪旅游发展行动计划（2021—2023 年）》	文化和旅游部、国家发展改革委、国家体育总局
2021 年	《2021 年市政府工作报告重点任务清单》	北京市人民政府
2022 年	《北京市全民健身实施计划（2021—2025 年）》	北京市体育局

数据来源：北京市人民政府官网（主要选取自冬奥会申办成功后，北京市涉及冰雪运动及产业的政策）。

（四）北京市发展冰雪运动的经济基础与产业分析

除自然环境这一影响因素外，北京市冰雪运动的快速发展同样离不开本地区经济的发展。与羽毛球、篮球、乒乓球等群众喜闻乐见的体育运动项目相比，滑雪、滑冰、冰球等冰雪运动项目的参与成本更高，尤其是雪上方面的运动，基于滑雪设备的昂贵和滑雪场馆的稀缺这一事实，使其被打上“贵族运动”的标签，但我国利用经济高速发展打破了此局面。

2021 年，北京市全年实现地区生产总值 40269.6 亿元，按不变价格[①]计算，比上年增长 8.5%。其中，第一产业增加值 111.3 亿元，增长 2.7%；第二产业增加值 7268.6 亿元，增长 23.2%；第三产业增加值 32889.6 亿元，增长 5.7%。三次产业构成为 0.3∶18.0∶81.7，经济结构稳定且合理。具体至文化、体育和娱乐业，2021 年北京地区生产值为 736.8 亿元，同比增长 8.4%，占地区生产总值的 1.8%。[②]在体育产业机构名录库建设维护工作方面，北京

① 不变价格，即固定价格，是用某一时期同类产品的平均价格作为固定价格来计算各个时期的产品价值。

② 数据来源：2022 年 3 月 1 日，北京市统计局、国家统计局北京调查总队，《北京市 2021 年国民经济和社会发展统计公报》。

市共有16555家（新增252家）单位。

北京市2021年一般公共预算支出中，用于教育、社会保障和就业、卫生健康的支出分别为1147.8亿元、1055.3亿元、632.7亿元，分别占一般公共预算支出的15.9%、14.6%、8.8%，各产业投入占比合理。从居民消费情况来看，北京市全年居民消费价格总水平比上年上涨1.1%，全市居民人均可支配收入为75002元，比上年增长8.0%；人均消费支出为43640元，比上年增长12.2%，其中，北京市居民人均消费在教育文化娱乐方面平均支出为4227元，占消费总支出的9.7%。[①] 具体至冰雪运动上，2021年，北京市居民人均体育消费达3310.3元，冰雪运动消费人口人均消费达24501.04元。[②]

二、北京市冰雪运动资源与开发利用

开展冰雪运动需要综合考虑环境、自然条件的限制，较之于挪威、加拿大、俄罗斯等国家而言，后者因具备适合发展冰雪运动的环境条件，具有较高水平的群众基础与竞技水平，而北京市作为世界上唯一一个“双奥”之城，同样具有得天独厚的地理优势和人才资源，加之经济与政策的支撑，北京市双管齐下，以高速度、高质量、高标准发展冰雪运动。

（一）北京冰雪运动环境资源

从地理位置上看，北京市处于华北平原与太行山脉、燕山山脉的交界处，东南部为平原，西部山地为太行山脉的东北余脉，北部、东北部山地为燕山山脉的西段支脉，地势平缓，地质结构稳定，为北京提供了丰富的冰雪自然资源，尤以延庆区为代表，其小海坨山的最高峰海拔2241米，2008年曾作为夏季奥运会高山速降和大回转的主要场地，后又将作为2022年冬季奥运会高山滑雪、雪车、雪橇等比赛的场地。

北京市夏季高温多雨，冬季寒冷干燥，属于大陆性季风气候，其北纬处

---

① 数据来源：2022年3月1日，北京市统计局、国家统计局北京调查总队，《北京市2021年国民经济和社会发展统计公报》。

② 数据来源：https://m.gmw.cn/2022-08/08/content_1303081489.htm（2022年10月26日访问）。

于 39.4° —41.6°，地处温暖带，位于半湿润区，气候干湿适中，但冬季的降雪量相比于其他北方地区而言则显不足，多数雪场以人工造雪为主，即冰雪场地的供给存在明显的季节性特征，后续北京市须进一步思考如何以更为合理的规划和建设来避免季节性这一尴尬问题。在冰上资源方面，北京市同样具有较为丰厚的资源，以陶然亭公园、后海、团结湖等为代表的公园绿地提供了天然的室外滑冰场，开展的冰雪运动项目包括冰车、溜冰、冰滑梯、冰鞠球、雪垒等。

（二）北京冰雪运动专业人才资源

自冬奥会申办成功以来，我国的冰雪运动专业人才资源增速显著加快，至 2020 年底，我国冰雪运动注册运动员已有 11365 名，全国冰上运动项目国家级裁判员数量增至 357 名，雪上运动项目裁判员数量增至 523 名。至 2021 年底，我国正式注册的各级冰雪运动社会组织共有 792 个，包括 8 个国家级协会，32 个省级协会，人才资源储备正有序推进，并将持续助力我国冰雪运动长期健康稳定的发展。

北京市也紧随国家冰雪运动发展改革的步伐，截至 2020 年，北京市冰上项目和高山滑雪项目的裁判员达到 600 人，培训冰雪运动社会指导员约 2.3 万人，各冰雪运动协会先后成立，包括冰球运动协会、冰壶协会、滑雪协会和滑冰协会，全面覆盖冰雪运动冬季四大项目。[①] 借冬奥之风，北京市更加重视对冰雪人才及后备军的培养。

在社会冰雪运动人才培养的问题上，北京市近 10 年来培训了鉴定滑雪指导员共计 2047 名，其中 1729 人取得了职业资格证书，提前且超额完成了北京市关于加快冰雪运动发展“1+7”文件中培养职业社会体育指导员 1500 名的目标。另外，从 2018 年开始，北京市连续 4 年举办了“京津冀冰上项目专业技能人才主题系列活动”，连续 3 年举办了“京津冀冰上专业技能人才培训班”，同时发布了国内首本《北京市冰上专项技能人才培训教材》（2021 试行版），将近 300 名学员参加了该培训，并获得了结业证书，该培训也为冬奥会

① 数据来源：2022 年北京冬奥组委会，《北京 2022 年冬奥会和冬残奥会体育遗产报告集（2022）》。

赛场输送了不少技术保障人员。[①]

在青少年冰雪运动人才培养问题上，北京市作为冬奥会举办城市，同样注重后冬奥时期冬季运动项目的发展，加快体教一体的融合，通过“冰雪进校园”系列活动，实现16个区全覆盖，据不完全统计，中小学生上冰上雪达210万人次。北京市还充分借助社会资源以培养后备力量，组建了6支市级、126支区级青少年冰雪运动队，冬季项目注册后备人才达到7565人。另外，北京市也将继续举办冰雪冬令营、集训营和校际联赛等赛事活动纳入未来的规划之中。在整合高校资源方面，在北京体育大学、首都体育学院和北京体育职业学院内开设了冰雪专业，以首都体育学院为例，目前开设的冰雪专业方向主要有体育教育、运动康复、体育经济管理、新闻学、社会体育、休闲体育6个专业方向，并于2017年开始招收本科生。

（三）北京冰雪运动文化与赛事经验

我国冰雪运动由来已久，历史典籍中常有关于古人冰雪运动的记载，具体可分为古代、近代和现代3个阶段，借助人类制造并使用工具能力的推动作用，逐步实现从生产生活工具到宫廷民间娱乐活动的转变，形成了相对独立的冰雪运动文化。以古代极具创造性色彩的冰雪活动——“积雪骑木而行”“冰嬉”为例，实际就是现如今“滑板滑雪”“自由滑”项目的雏形。作为2022年冬奥会举办地的北京，在传统冰雪运动方面也是一脉相承的。北京市传统冰雪运动项目种类繁多，包括冰鞠球射门、冰滑梯、冰车、冰陀螺、冰上骑射、冰锤丸、冰木射、冰上骑射等冰雪体育项目。冰雪文化的底蕴及后世传承，深刻影响着现代群众冰雪赛事的类型。此前北京市西城区举办的首届“京宝儿杯”传统冰雪项目运动会便是很好的佐证。该运动会依托什刹海深厚的冰雪文化资源，将老北京传统冰雪运动重新带入大众视野，比赛内容包含上述列举的8项趣味比赛，其中冰上骑射项目是利用“冰雪十三娃”这一极具老北京特色的冰上辅助器，在冰面上快递移动进行比赛，很大程度上体现了北京地方特色。2021年全年，北京共开展此类群众性冰雪活动及赛事5378场次。

① 数据来源，2022年10月10日，北京市体育行业特有工种职业技能鉴定站，北京体育职业技能鉴定十年回顾。

竞技赛事方面，北京市成功举办了世界女子冰壶锦标赛、世界女子冰球锦标赛甲级 B 组、世界单板以及自由式滑雪大跳台世界杯。以延庆区为代表的冬奥场馆于 2020 年底全部竣工，紧接着在 2021 年初举办了“相约北京”系列冬季体育赛事，同时进行了 2020/2021 赛季全国高山滑雪、残奥高山滑雪、雪车、钢架雪车、雪橇邀请赛 5 项测试活动。后冬奥时代北京市仍会充分利用场馆、人才、文化等冬奥遗产，有序申办、举办冰雪运动国际高水平专业赛事，以及围绕花样滑冰、冰球、冰壶、单板滑雪和短道速滑等观赏性强的冰雪运动赛事。此外，北京市也会陆续举办北京国际雪联单板及自由式滑雪大跳台世界杯、KHL 冰球联赛等高水平国际体育赛事，积极申办国际雪联高山滑雪世界杯、国际滑联花样滑冰世界锦标赛等赛事。除举办赛事之外，专业的赛事场馆也可成为专业运动员训练和体验场所，亦会向社会大众开放。

（四）北京冰雪运动场馆

总体上看，北京市目前拥有 4.24 万个体育场地，人均体育场地面积 2.69 平方米。冰雪运动场地中，滑冰场地 112 个，包括冰球场、冰球馆、冰壶馆、滑冰场、滑冰馆、速度滑冰场、速度滑冰馆、雪车雪橇场；滑雪场地 35 个，包括滑雪场、滑雪馆、跳台滑雪场、U 形滑雪场、技巧滑雪场。①

北京市专业比赛场馆包括首钢大跳台、五棵松体育中心、首都体育馆、国家游泳中心、国家体育场、国家体育馆、国家速滑馆（即“冰丝带”）、国家高山滑雪中心、国家雪车雪橇中心。

在冰上资源方面，除天然的滑冰场外，近年来人工建造的滑冰馆也逐步发展并流行起来，如南宫国际冰上运动中心是北京市丰台区首家国际标准冰球馆，还有紫龙翔滑冰馆、全明星滑冰俱乐部、世纪星滑冰场等场馆，以及一些气模滑冰馆、移动的真冰场、仿真冰场等冰雪运动资源。雪上资源方面，因降雪量不足，滑雪场地多以人工造雪的雪场为主，如军都山滑雪场、万科石京龙滑雪场、莲花山滑雪场、金辉滑雪场等。此外，模仿滑雪机器、人工雪场在北京市内也较为常见，如大兴区所建造的雪都和龙熙滑雪场、昌平区的温都水城滑雪场、海淀区的“鸟巢”滑雪场、顺义区的乔波滑雪馆、奥森

---

① 数据来源：2022 年 9 月 3 日，北京体育局，《2021 年北京市体育场地主要指标数据公报》。

公园的“四季”旱雪滑雪场等，北京市许多区域内都设置有室内滑雪机器的设备，冰雪乐园的分布也十分广泛。从数量上来看，截至2021年底，北京市的冰雪场地已由冬奥申办前的42座冰场、44块冰面，22所雪场，发展为82座冰场、97块冰面、32处雪场（表2）。①

表2 北京市各区冰场雪场商圈分布 （单位：所）

东城区	西城区	朝阳区	丰台区	石景山区	海淀区	顺义区	通州区
4	5	25	8	3	14	7	2
大兴区	房山区	昌平区	平谷区	延庆区	密云区	怀柔区	
9	4	10	2	5	2	3	

注：数据来源北京本地宝。

北京市开设冰雪运动相关专业的大学有北京体育大学、首都体育大学两所，其内部配建有相应的冰雪场馆。2021年，北京有200所中小学校获评冰雪运动特色学校（表3），虽然这些中小学基本不对社会开放，但学生可自由使用学校内部设置的冰雪场馆。

表3 北京市各区冰雪运动特色学校数量分布 （单位：所）

东城区	西城区	朝阳区	丰台区	石景山区	海淀区
24	11	21	10	8	25
大兴区	房山区	昌平区	平谷区	门头沟区	密云区
10	14	18	8	6	6
经开区	顺义区	通州区	怀柔区	延庆区	
3	11	13	3	9	

三、北京市冰雪运动推动与发展情况

2021年是举办冬奥会的关键之年，北京市各区也在加快步伐落实各项涉及冰雪事业的规划与举措，由政府牵头举办了不少群众喜闻乐见的传统冰雪活动、冰雪嘉年华、冰雪赛事等，并且非常注重培养青少年对冰雪运动的参与热情，以源源不断为我国冰雪事业的发展输送新鲜血液，冰雪运动氛围愈

① 数据来源：2022年6月29日，北京市人民政府，《“双奥之城”的光荣与梦想》。

加浓厚。

（一）北京冰雪运动的管理与促进政策

习近平总书记提出“带动三亿人上冰雪”的目标，随后，国家体育总局联合多部门制定并颁布了一系列纲领性文件，以提供有力政策支持。根据国家体育总局《“带动三亿人参与冰雪运动”实施纲要（2018—2022年）》《“十四五”体育发展规划》，中共中央办公厅、国务院办公厅《关于以2022年北京冬奥会为契机大力发展冰雪运动的意见》，北京市人民政府《关于加快冰雪运动发展的意见》等文件的精神，可以看出，冰雪产业的升级已上升至国家层面的战略规划，备战冬奥会和发展冰雪运动也成为北京市冰雪运动发展的重点任务，此更利于促进冰雪产业推陈出新。

申办冬奥会的目标之一在于推动我国冰雪运动快速进步，结合上述文件的精神，北京市体育局、北京市残疾人联合会共同印发《北京市落实〈关于以2022年北京冬奥会为契机大力发展冰雪运动的意见〉的实施意见》，以调动各方面参与冰雪运动的积极性，提高北京市冰雪运动的水平。该意见涵盖群众冰雪、竞技冰雪、青少年冰雪、体育产业、冰雪赛事、冰雪场地、冰雪人才7个方面，对各领域都制定了具体的阶段性目标，以求抓住冰雪运动难得的新的发展机遇。

我国虽然在推广冰雪运动方面已取得一些显著成绩，但较之于世界冰雪强国而言，仍存在竞技水平不高、群众参与面不广、产业基础薄弱等多方面的问题。当前北京市冰雪运动项目的水平层次仍然有待进一步提升，竞技后备人才的选拔、培养和储备也存在较多困难。对此，北京市人民政府发布《“十四五”时期健康北京建设规划》，提出将围绕城市副中心、奥林匹克中心区、新首钢园区、延庆冬奥场馆群等重点地区，打造高端赛事助力国际交往中心建设，推动北京市冰雪运动竞技水平提升；积极发展校园冰雪运动，建立健全青少年冰雪项目U系列赛事体系，培养并储备高质量的冰雪后备人才；通过群众性国际品牌赛事的开展，打造“一区一品”品牌建设，扩大群众参与高品质冰雪赛事活动的机会。

（二）北京冰雪运动的政府推动情况

2021 年，北京市全市一般公共预算支出 6862.7 亿元，其中，教育支出 373.5 亿元，部分资金用于改善各类学校基础设施，包括修建冰雪运动场馆；文化、旅游、体育与传媒支出 103.3 亿元，部分资金用于冬奥会筹办工作和促进群众性冰雪运动的普及；卫生健康支出 227.2 亿元，部分资金用于支持疫情防控，为推进冰雪运动营造良好的发展环境；城乡社区支出 199.6 亿元，部分资金用于做好冬奥场馆周边等重点区域环境综合提升保障工作；公共安全支出 254.8 亿元，部分资金用于提高城市安全水平。[①] 此外，2021 年北京市彩票销售为 101.88 亿元，体育彩票销售为 66.07 亿元，北京市地方留用体育彩票公益金支出 7.50 亿元，主要用于支持各区全民健身、青少年体育、冰雪运动等体育事业发展。[②] 就 7.50 亿元留用体育彩票公益金的实际用途来看，市级分配到 2.91 亿元，主要用于补充运动员保障、资助或组织开展全民健身活动、改善训练比赛场地设施条件等多方面；区级分配到 4.59 亿元，并以因素法方式具体分配至各区，由各区自行安排将资金运用于青少年体育、冰雪运动等体育事业的发展之中。[③] 可以看出，北京市冰雪运动事业的助力之一来自政府及其相关部门提供的资金支持。

在资金与政策的双重保障下，北京市积极推动冰雪运动活动，为落实《北京市落实〈关于以 2022 年北京冬奥会为契机大力发展冰雪运动的意见〉的实施意见》，2021 年全年北京市组织各级各类群众性冰雪活动 5378 场次，吸引了 530 万人次参与；北京市青少年冰球俱乐部联赛共进行 1224 场比赛，有 25 家俱乐部、256 支队伍、近 3600 名球员参赛；北京市教委持续开展“冰雪进校园”系列推广普及活动，走进 16 个区 600 余校次，连续举办 6 届中小学生冬季运动会。2021 年 9 月，国际冬季运动（北京）博览会（简称“冬博会”）在国家会议中心和首钢园区同期举办，吸引了海内外 20 多个国家 500 多个冰

① 数据来源：2022 年 1 月 6 日，北京市财政局，《关于北京市 2021 年预算执行情况和 2022 年预算的报告》。

② 数据来源：2022 年 4 月 26 日，北京市财政局，《关于北京市 2021 年地方留用彩票公益金筹集分配使用情况的报告》。

③ 数据来源：2022 年 6 月 30 日，北京市体育局，《关于 2021 年北京市体育彩票公益金筹集使用情况的公告》。

雪品牌参展，全面促进国家级交流合作及宣传国家形象，以学习国外先进技术的理念拉动我国冰雪企业成长，以期后期为大众提供真冰秀场、仿真冰体验、造雪屋和仿真雪越野滑雪等冰雪体验活动。

2021 年 11 月，北京市文化和旅游局联合延庆区政府主办了北京冰雪文化旅游季暨延庆区第 36 届冰雪欢乐季，以市区联动方式，汇集北京市各区域内的冰雪活动、冬奥文化活动、节庆活动、冰雪赛事、戏雪乐园等，22 条北京冰雪旅游精品路线也一同推出，打造出冰雪消费新方式，利于加快京张地区冰雪文化旅游的建设。

2021 年 12 月，为接续推广中国冬运文化和普及冰雪知识，北京市体育局、市体育总会和各区人民政府组织了以“全民健身迎冬奥，快乐冰雪圆梦想”为主题的第八届北京市民快乐冰雪季，北京市各区域内也通过筹办冰雪嘉年华、冰雪项目赛事等方式提升冰雪运动吸引力与体验感，激发民众上雪、上冰热情。此次冰雪季系列活动还结合了线上冰雪形式传播冰雪文化，主要是围绕北京冬奥会和冬残奥会比赛项目、场馆、运动员等元素开展的冬奥知识答题活动，并通过“北京健身汇”小程序等多种渠道，以积分兑换、答题抢票等形式，向群众免费发放了 2 万张冰雪公益体验券，促使更多群众走向冰场、雪场。

2022 年元旦前后，第八届北京市属公园冰雪游园会开展，北京市公园管理中心陆续开放 11 处冰雪嬉戏体验场地，陶然亭、紫竹院、玉渊潭等公园的雪地运动项目纷纷开发，以“冰雪双场”的形式极大程度丰富了群众冬季冰雪运动文化生活。

（三）三亿人上冰雪的北京实践

2015 年北京冬奥会申办成功，我国正式向国际社会提出“带动三亿人参与冰雪运动”的庄严承诺，作为举办城市之一的北京市，紧扣冬奥会主题，制定并出台了一系列行之有效的政策助推冬奥举办，营造出良好的社会氛围。同时，国际雪联代表处也正式在北京市登记成立，此为该组织在全球范围内的首个分支机构。国际雪联后又与中国滑雪联合会共同组建了“国际雪联中国青少年滑雪示范队”，为运动员提供专业培训和参与国际交流、赛事的平台。

北京市为我国兑现“带动三亿人参与冰雪运动”的承诺做出了不小的贡献。2021 年，朝阳区完成 10 处体育健身活动场所建设，创建 8 个全民健身示范街道和体育特色乡镇，开展冰雪赛事活动 89 场；海淀区建成多功能运动场地 42 片，建设首体、五棵松等冬奥场馆，完成冬奥测试赛工作；东城区完成 13 片体育场地设施的建设工作；西城区将地下空间改为冰雪体验馆，虽然该体验馆并没有真正的冰雪，体验项目却是模拟冰雪环境，打造出了冰雪运动文化氛围；房山区创建冰雪运动小镇，打造云居滑雪场、乐谷银滩等“冰雪 + 体育”“冰雪 + 休闲”的京南特色冰雪旅游，同时新建 3 个体育健身公园；顺义区开展为期 6 个月的“仁和杯”第七届舞彩冰雪运动欢乐季、首届冰球展示交流赛和首届速滑技巧展示交流赛；石景山区新增健身场地 7 个，打造“带动三亿人参与冰雪运动”示范区，建国内首个被北京冬奥组委授牌的“冬奥社区”，推动中国冰雪大会总部基地和冰雪俱乐部联盟落户；丰台区实施冬奥文化广场、冬奥文化社区建设改造；门头沟区新建全面健身运动场 8 片；通州区投入体育彩票公益金 3450 万元，用于改善健身场地；昌平区主办“体彩杯”冰雪趣味挑战赛；大兴区积极建设冬奥示范区，开展学生冬季运动会；怀柔区建成冰上运动中心，冰场面积达到 1800 平方米；平谷区开展第十五届冰雪季活动；密云区开展第一届冰球交流赛，联合承德市推出“3+3”密承冰雪旅游精品线路；延庆区作为冬奥会比赛场馆所在地区，建成冰上项目训练基地、全民健身中心，共计举办冰雪赛事活动 72 场（国际级 5 场、国家级 17 场、京津冀 5 场、市级 21 场、区级 24 场），内容涉及高山滑雪、短道速滑等冰雪竞技赛事，以及冰雪马拉松、徒步、冰钓、冰蹴球等群众冰雪活动，拥有冰雪社会体育指导员 259 名、冰雪教练员 22 名、冰雪裁判员 83 名、雪车雪橇项目技术官员 10 名，5327 人次取得滑雪指导员等从业资格证书，储备了较多专业技能人才，以全力保障冬奥盛会成功举办，促进世园遗产有效传承利用。

四、北京冬奥会与冰雪运动发展

党的十九届五中全会指出，到 2035 年，要把我国建设成为文化强国、教育强国、人才强国、体育强国、健康中国。在“南展西扩东进”战略与“带动三亿人参与冰雪运动”号召的共同推动下，我国各省市地区积极落实举办冰雪活动，带动三亿人参与冰雪运动为奥林匹克运动和我国冰雪运动普及做出了极大贡献。可以说冬奥会的举办恰逢时宜，成为建设体育强国的新驱动力，国内掀起一场自上而下、全民参与的“冰雪浪潮”，极大提升了冬季体育运动项目的参与程度。

（一）保障北京冬奥会的全民运动

政策驱动是保障全民参与冰雪运动事业建设的总抓手。2014 年，国务院印发《关于加快发展体育产业促进体育消费的若干意见》，提出“将全民健身上升为国家战略”“促进冰雪运动繁荣发展”。2016 年，国务院办公厅又印发《关于加快发展健身休闲产业的指导意见》，意见提出“以举办 2022 年冬奥会为契机，围绕‘三亿人参与冰雪运动’的发展目标，以东北、华北、西北为带动，以大众滑雪、滑冰、冰球等为重点，深入实施‘南展西扩’，推动冰雪运动设施建设，全面提升冰雪运动普及程度和产业发展水平”。

在国家顶层设计支持和冬奥会的热度双重影响下，社会资本纷纷涌入“冰雪赛道”，冰雪产业潜力激发出更大的活力。企查查相关数据显示，我国现有冰雪运动相关企业 2.15 万家，其中，2021 年新增 3933 家。2018—2021 年建成的较大投资规模的重资产类冰雪建设项目 157 个，重资产项目接近 1 万亿元；东北、华北、西北地区吸纳的投资金额占比为 47.9%，西南、华南、华中、华东地区的投资金额占比则达到了 52.1%；冰雪旅游交通项目共计 128 个，投资总额达到 2.47 万亿元。①

在各方共同努力下，我国冰雪运动场所数量也达到 2261 个，北京市占比 5.17%。基础设施建设是冰雪运动得以顺利开展的基础，各省市政府、相关部门、行业组织和冰雪相关企业共同推进形式多样的群众性冰雪赛事活动，内容涵盖冰雪比赛、展示、体验、培训，此外还涉及冰雪征文、摄影、绘画等多种文艺活动形式，各类活动贯穿全年，呈现出“人群全服务、地域全覆盖、全国大联动”这一欣欣向荣的局面。

① 数据来源：2022 年 1 月，中国旅游研究院，《中国冰雪旅游发展报告（2022）》。

（二）冬奥会与全民参与冰雪运动

成功举办一届精彩的冬奥盛会，离不开社会各界的共同努力；发展冰雪运动，同样离不开社会各方的力量以及持之以恒的精神。通过开展公益体验课、冰雪运动进校园、社区等方式，广大群众参与冰雪运动的积极性被充分调动起来。相关数据显示，92.64% 的大众是个人自发参与到冰雪运动中的，休闲娱乐是群众参与冰雪运动的主要目的。

冬奥申办成功之初，冰雪运动还处于小众范围内，北京市通过快速补短板，在过去的“十三五”时期，完成了滑雪场建设与质量升级工作。截至 2020 年底，北京市共有室内冰场 50 座、滑雪场 20 家，一定程度上满足了群众的冰雪运动需求。同时，北京市连续举办数届市民快乐冰雪季、冰雪嘉年华系列活动，助力冰雪运动成为各年龄段人群健身的新选择。针对残疾人参与冰雪运动的问题，北京市研发推广模拟冰壶、冰上融合龙舟、冰上轮椅沙包掷准等活动，每年培训残疾人体育健身指导员 200 人，全市参加冰雪运动的残疾人增至每年上万人次。

当前，我国已实现“带动三亿人参与冰雪运动”的目标，全国冰雪运动参与人数达到 3.47 亿人，居民参与率达到 24.56%，18 至 30 岁青年群体是参与冰雪运动的主力军，占总参与人数的 37.27%，预计 2022 年北京参与冰雪运动的人口将达到 1000 万左右。冰雪运动虽受制于季节性和气候条件的限制，但随着“南展西扩东进”战略深入实施，“冰雪运动不出山海关”的情况已成为过去式，室内冰雪的兴起，使得我国冰雪运动参与人数并未出现较大地域性的差别，北方地区参与人数为 1.86 亿人，南方地区参与人数为 1.61 亿人。① 但由于冰场、雪场的技术要求、维护成本等较高，全国范围内冰雪场地建设的地区多为偏僻郊区，加之雪上运动装备价格较高，具有一定危险性的特征，也降低了部分群众的参与热情，后续此问题如何改进则是重点之一。

同时，在“冰天雪地也是金山银山”发展理念的带动下，冰雪旅游近年来发展也是较为迅速的。2020/2021 雪季冰雪休闲旅游人次达到 2.3 亿人次，冰雪休闲旅游收入超过 3900 亿元，冰雪小镇、冰雪主题乐园等冰雪产业的出

① 数据来源：2022 年 1 月 12 日，国家统计局，《“带动三亿人参与冰雪运动”统计调查报告》。

现，在推动乡村振兴、地方经济转型中发挥了重要作用。

（三）后冬奥时代的北京冰雪运动发展

“带动三亿人参与冰雪运动”已成为北京冬奥会最大遗产成果。后冬奥时代，北京市需牢牢把握现有优势，充分利用冬奥会留下的成果，在保持冰雪运动发展势头的同时，发掘新的发展思路。

一是建立稳定的冰雪运动发展政策体系，完善城市公共文化服务，将双奥元素融入城市发展，塑造城市新名片，力争打造特色冰雪活动品牌。

二是接续冰雪运动在群众范围内的普及，传承双奥精神推动全市体育事业发展，掀起全民健身热潮。

三是制订并实施奥林匹克教育计划，将冰雪运动纳入教学体系，建设冰雪特色学校，培养冰雪竞技后备人才、教练、裁判员；以冬奥精神带动志愿服务事业，扩大志愿者队伍，创新提升志愿者服务工作与服务意识。

四是创造冬奥助残新局面，完善残疾人冬季运动健身设施和无障碍环境设施，提高残疾人冰雪运动参与程度和竞技水平。

五是充分利用冬奥场馆，融入科技创新打造赛后优质遗产，吸引高水平国际赛事落户中国，扩大青少年冰雪运动相关赛事，同时完善全市冰雪场地建设及运营。

六是发力冰雪装备研发制造，发展产业互补互促，尤其是大数据产业、可再生能源产业等，以数字经济、绿色经济为新引擎。

七是通过冬奥文化教育机构促进奥运文化研究与推广，以冬奥文化广场与示范区丰富城市文化设施网络，展示国家与地方冬奥文化特色。

八是利用新媒体传播，向世界播出中国声音，以冬奥为纽带深化拓展国际交往，尤其是深化与奥运城市的长期交往，服务国家外交提升影响力。

九是加快建设京张体育文化旅游带，推动体育、文化、旅游融合发展，搭建区域交通脉络，带动“冰雪 +”效应形成并完善，为区域协同发展注入新内涵。

五、北京冰雪运动发展问题与趋势探讨

我国滑雪市场人口渗透率仅为1%，与世界排名第一的北欧滑雪大国瑞士的35%相距甚远，也大幅落后于日本的9%、美国的8%，冰雪运动还有巨大的发展空间，尤其是北京市承办冬奥会，对我国冰雪体育运动的发展起到了标杆作用，其发展中出现的问题与突破口，可为整合我国冰雪体育资源、提升城市竞争力提供借鉴。

（一）北京冰雪运动发展中SWOT分析

1. 北京市发展冰雪运动的优势（S）

一是具有较多的体育资源核心优势。北京市是中华人民共和国的首都，是全国的政治中心、文化中心、国际交往中心、科技创新中心，经济发展稳定，具备大环境的优势；自然地理环境方面，北京市地形以平原为主，其西面、北面和东北面群山环绕，东南面则是向渤海倾斜的大平原，此地理位置创造了适宜的温度条件，冬季平均气温为 -2.9 ℃，延庆山区更低。

二是2015年申办冬季奥运会的成功，促使北京成为世界上第一个“双奥之城”。此前北京市已有举办2008夏季奥运会的成功经验，积累了丰富的赛事组织、管理、建设和使用等方面的经验，在组织城市交通、场馆建设、竞技体育发展、体育文化建设等方面成绩斐然，在发展冰雪运动方面具有明确规划。

三是北京市冰雪文化传承悠久。我国北方地区自古以来便与冰雪运动有着较为深厚的渊源，隋唐时期，滑雪运动逐渐遍布北方地区，至明清时期，冰雪运动在民间广为盛行，并发展成为冬季交通运输方式之一，北京市的什刹海、圆明园等湖面也被作为皇家冰上运动的主要场地。

2. 北京市发展冰雪运动的劣势（W）

一是北京市的气候较为干燥，全年降水量偏少，时间、空间分布不均，空气中水汽湿度低导致不易形成自然降雪。通常滑雪场仅在11月或12月才开始经营，次年3月即结束。而室内滑冰馆也有同样的问题，冰雪运动在非冬季期间开展存在较大困难，与乒乓球、马拉松、游泳等传统运动项目相比，

冰雪运动发展总量较低，发展结构也有待创新。

二是较之东北、新疆地区而言，北京市冰雪体育资源核心竞争力的优势不明显，雪上运动发展落后于冰上运动，整体冬季专业技术人才存在较大缺口，虽已有体育院校开设了相关教学与训练，但实际操作的经验仍有待提升。

三是冬奥申办成功后，北京市大力开发冰雪体育资源包括特色冰雪旅游、民俗文化活动、精品赛事等项目，冰雪体育文化发展势头强劲，但基础不够牢固，影响范围有待进一步扩大。

四是北京市冰雪产业集聚效应不足，还没有形成大规模的以冰雪为中心的“冰雪 +”综合性产业链。

3. 北京市发展冰雪运动的机遇（O）

一是北京市积极响应“全民健身”的战略要求，结合本地区实际情况，制定了一系列行之有效的体育文件，及时通过媒体宣传，引导群众参与到健身行列之中。

二是建设了一批设施完备的冰雪运动场馆，充分利用起公园等闲置空地建设室外天然冰场，积极开展群众休闲体育运动。而延庆地区的专业比赛场馆，在冬奥会之后也会作为重要遗产进行后期改造，吸引高水平国际赛事落户中国的同时，也满足群众日常休闲健身的需求。

三是推广冰雪运动进校园，建设 200 所冰雪运动特色学校，通过开展冰雪运动课程，吸引青少年参与其中，为冰雪运动培养后备人才。

四是北京市具有强大的赛事组织能力，相应比赛的配套设施也是非常完善的，借助“双奥之城”的影响力，北京市冬季运动项目在国际上的知名度也在逐年提高，从而推动北京市冰雪项目的竞技水平跨越式发展。

五是扎实的经济实力保障群众日常需求的同时，催生出对休闲娱乐的更高需求，为冰雪体育资源的开发利用提供了庞大的市场与潜在发展红利。

4. 北京市发展冰雪运动的挑战（T）

一是冰雪资源的开发利用是有限的，北京市在加速发展冰雪运动的同时，忽略了对冰雪资源进行整体评估及更为长远的规划，特别是雪上资源方面，存在盲目开发与资源浪费的现象，造成一定的市场混乱。

二是冰上运动与雪上运动发展不均衡，后者明显处于弱势地位，对大众冰雪运动的普及与发展造成潜在困扰。

三是冰雪运动具有危险性，大众普遍对其认知程度低、安全意识不足，后续如何提供专业训练则是摆在面前的问题之一。

四是后冬奥时代，冰雪产业的发展方向需紧密结合北京市的城市规划，使冰雪运动更好地融入城市文化中。

（二）北京冰雪运动发展趋势探讨

后冬奥时代，北京市需牢牢抓紧冬奥余温，保持现有冰雪运动的发展势头，发挥冬奥场馆、人才、文化等方面优势，围绕“双奥之城”名片，打造高端赛事，形成国际交往中心，将体育文化融入首都城市文化建设中，营造健康向上的社会氛围，促进国际交往与民心相通，实现奥林匹克运动与城市发展的双赢。在现有冰雪场地设施基础之上，提升管理使用效率，促使“十四五”期间，全市参与冰雪运动人数翻倍，培养高质量的冰雪运动后备人才。

在群众休闲娱乐消费需求扩大与高新技术迭代更新双重作用下，北京市的冰雪发展趋势在于推动跨界融合，“冰雪+5G”“冰雪+金融”“冰雪+旅游”等“冰雪+”模式成为新的方向，跨界融合的商业模式可以加速冰雪产业升级，冰雪消费则可以帮助相关企业整合业态、创造多元化的营收模式。近些年新冠肺炎疫情的影响，群众旅游消费热情出现了下降的情况，对冰雪旅游的发展而言，既是机遇也是挑战，未来北京市文化和旅游局也将继续推动文化与体育、旅游与体育的深度融合，持续打造以冬奥、冰雪为主题的精品旅游线路，丰富北京市的冰雪旅游产品，进一步振兴旅游市场经济。例如，此前密云南山滑雪场已入选北京市体育旅游十佳精品景区，北京国际雪联单板及自由式滑雪大跳台世界杯已入选北京市体育旅游十佳精品赛事。这一过程中，北京市还需要注意规范体育旅游融合发展的标准，并协同京张建设其体育文化旅游带。

同时，北京市未来可结合数字、媒体资源，推进冰雪产业数字化升级转型，鼓励冰雪企业“上云用数赋智”，以冰雪产业驱动冰雪经济，扩大冰雪产业与冰雪品牌的影响力。而对于冰雪产业消费主力军的年轻群体，北京市可充分利用各类新媒体方式，加快形成以冰雪赛事表演和休闲冰雪旅游为重点的冰雪体育产业体系，促使“冷经济”向“热经济”的转变。

（三）促进北京冰雪运动发展的建议与对策

一是抓住冬奥会的机遇，在政府宏观调控策略下，发扬并传承首都冰雪文化。中华文化是经过历史考验的民族文化精华，是得到了大多数人认同的，冰雪文化作为中华文化的组成部分，凸显了自由与不畏挑战的精神，其独特魅力深入人心。北京市拥有悠久的冰雪文化传统和发展冰雪运动的经验，这是扩大冰雪运动影响力最好的助推剂，对群众的影响力十分显著。

二是充分调动社会资金，为首都冰雪人才和专业院校提供资金支持，长期培养各类冰雪运动人才，分门别类进行专业化培养，如竞技人才的培养，需有配套的专业训练场地与教练员、科研服务团队；对于冰雪赛事的组织，则需有专业的管理人才。加大与国际的交流合作，培养人才不是闭门造车，需要充分借鉴冰雪强国的发展经验，在条件允许的情况下，组织优秀冰雪人才到国外开展交流合作。只有通过长期高质量冰雪人才的培养，才能避免冰雪运动的发展只是“昙花一现”。

三是建立健全涉及冰雪产业的规章制度。北京市近些年专注于冰雪运动的发展，在相应的制度方面有所欠缺，应当建立完备的制度，在法律层面规范可能出现的问题，以保障群众在参与冰雪运动中，可以有法可依。

四是京津冀地区间经济联系较为紧密，冰雪运动的自然资源条件也较为相似，可充分利用京津冀一体化发展战略，打造冰雪体育资源的特色化与集聚效应，协同建设京津冀体育文化旅游带，促进地区间体育文化旅游融合发展，侧面加速实现区域联动机制，打造产业集群区。

8 江苏省休闲体育发展报告

徐 悦*

摘 要： 位于长江三角洲的江苏省是我国经济发展和工业化、城市化、现代化水平最高的区域，是休闲体育发展最快的地带。随着江苏省体育活动的不断升温，休闲体育的重要性愈加凸显。如今，休闲体育已经成为人们生活中的重要内容，对江苏省的社会、经济、文化产生了深远的影响。本文基于对江苏休闲体育发展现状、特点和优势项目进行的梳理和探讨，调查研究影响江苏休闲体育发展的内外因素，发展的基础、优势及可行性，进而探讨适合江苏休闲体育的发展思路，为营造一个合理的、可持续的休闲体育发展道路提供有益的参考。

关 键 词： 体育产业；体旅融合；体卫融合；行业发展

作为长三角地区重要组成部分的江苏省，是中国经济发达、文化昌盛、物产富庶的地区，也是最重要增长极和经济中心地带，辖江临海，拥有吴、金陵、淮扬、中原四大文化及地域特征。江苏文化多元，生态良好，体育与旅游产业基础优越，具有发展休闲体育的雄厚资源和广阔前景。

从 20 世纪 80 年代开始，休闲体育活动就在江苏初露端倪，到了 21 世纪开始兴起。如今，休闲体育已经成为江苏人民群众生活中不可或缺的活动，渗入百姓生活的方方面面。它在提高人们生活质量的同时，也极大地促进了体育产业、旅游产业、文化产业的相互融合，积极地推动了社会、经济以及文化的共同发展。近年来，江苏省居民用于休闲体育、旅游康养、文化娱乐方面的消费支出加速上升。与此同时，休闲体育产品的供给也不断增加，休闲体育市场呈现逐渐增长的良好态势。

最近几年，虽然受到新冠肺炎疫情的影响，百姓的出行、健身和休闲方式受到了一定制约，休闲体育产业受到一定冲击，但总体来看，江苏省休闲体育活动仍然朝着健康繁荣的方向发展，休闲体育场地设施得到明显改善，

* 徐悦，江苏省现代休闲体育研究院院长，江苏省公共体育决策咨询专家。

人民群众参与休闲体育的方式更加健康，更加时尚，也更具有活力。

江苏省开发休闲体育活动项目资源禀赋优越，休闲体育类人文资源也非常丰富，为休闲体育产业的发展奠定了良好的基础。进入“十四五”以来，江苏省在发展休闲体育方面加大力度，从构建更高水平的全民健身公共服务体系入手，着力优化资源布局，推广休闲赛事活动。从“十四五”初，江苏就把休闲体育作为重要工作来抓，采取了一系列有力举措，使休闲体育呈现出高质量发展的态势。

一、江苏休闲体育发展近况

“十四五”开局前两年，是江苏城乡群众休闲体育需求快速增长的两年，也是江苏全民健身公共服务体系更加健全完善的两年。江苏体育深入贯彻中央和省委、省政府决策部署以及全民健身国家战略，围绕推动高质量发展走在前列和谱写“强富美高”新江苏现代化建设新篇章，聚焦提高人民健康水平和生活品质，努力办好以人民为中心的体育，推动休闲体育事业取得长足的发展，让休闲体育更好地惠及人民，让更多群众享受高品质生活，以休闲体育助推健康江苏、体育强省。

近年来，江苏省体育局、发改委、教育部、文旅部等部门接连发布了加快发展体育旅游、水上、航空、户外等运动项目产业发展规划，给予资金、税收、土地等政策支持。调动省和各地资源打造体育服务综合体、公园（广场）、俱乐部，成为江苏体育休闲产业发展的重要支撑。同时，营造全社会的良好氛围，引导各地共同发展休闲体育，引导群众关心和参与休闲体育活动。

（一）休闲体育“健身圈”覆盖面更广

休闲体育离不开全民健身国家战略。近两年来，江苏始终坚持全民健身国家战略，加强全民健身场地设施建设，公共体育服务体系不断健全，全民健身、全民健康与休闲体育在江苏实现了深度融合。

为解决群众“去哪儿锻炼”的难题，江苏在全国率先提出并建成城市社区“10 分钟体育健身圈”，成为全国唯一省级公共体育服务体系示范区。率先实现行政村体育设施全覆盖。截至 2021 年底，江苏省共建成健身步道 3.79 万公里、各类体育公园（广场）1155个、健身步道1.2万多公里。与10年前相比，江苏人均体育场地面积从2平方米增长到3.48平方米，经常参加体育锻炼人数比例从35%增长到40.3%。国民体质合格率达93.1%。

休闲体育设施既要建设好，也要管护好。2021年起，江苏在全省范围内开展了室外全民健身场地设施管护专项治理工作，计划用两年时间建立起“建设、管理、维护”长效闭环机制。一年多时间，江苏全省维修健身场地设施器材15513件、更新器材51550件、迁移器材4252件，投入经费超过1亿元。

江苏省所有全民健身场地设施的管理正在迈入智慧化、数据化时代。截至2022年底，所有健身路径、篮球场、笼式足球场等室外全民健身场地设施的相关信息也都将逐一录入平台管理。百姓登录“江苏体育”小程序即可直观了解到本地区的场地设施、周边站点精准分布地图，还可以进行“一键报修”，录入设施故障的相关信息，专业维修人员便会根据平台生成的报修工单到现场进行处理，维修进展情况及时可查，群众日常休闲健身活动和管理单位日常管护工作将更加便利。

（二）休闲赛事活动水平级别更高

近几年，一系列休闲体育品牌赛事在江苏有序开展。

江苏连续多年举办省全民健身运动会、全民健身大联动、全民健身日活动，以及青少年阳光体育联赛、“魅力江苏最美体育”、老年人体育节等全省性大型群众性赛事活动。电竞、定向越野、航海（空）模型等新兴项目，同样有赛事和活动的支持。

足不出户，在家跳上一段“广场舞”，拍下来并上传网络，就可以和上万人同时竞技。近年来，在新冠肺炎疫情的影响下，休闲健身活动方式也在发生着悄然变化。2020年起，江苏采取线上线下相结合的办赛模式，创新举办省网络全民健身运动会，截至2022年已连续举办3届。其中，2021年第二届省网络全民健身运动会的参与人次近450万，关注人次近2600万。第三届省网络全民健身运动会，新增加了趣味田径、拳击、棒垒球等项目，深受百姓欢迎。

炎炎夏日，江苏的冰上运动迎来空前热度。在“带动三亿人参与冰雪运动”的号召下，江苏各地新建了一批冰雪运动设施，因地制宜地开展冰雪嘉年华、青少年冰雪训练营等冰雪活动，累计面向全省群众发放 2000 万元冰雪消费券。北京冬奥会举办之后，人们对冰雪休闲体育的兴趣极大增加，江苏省内好玩、有趣的冰雪活动，极大地丰富了群众的精神文化生活。

体育赛事是休闲体育推广的舞台，体育组织是休闲体育发展的有力支撑。近几年，江苏基本建成覆盖城乡的体育社会组织网络，自发性健身团队和全民健身站点迅猛发展，全省共有县级以上体育社团 3508 个，在体育部门备案登记的健身团队数 4.9 万个。在体育部门的大力支持下，近年来，江苏越来越多的体育社会组织积极承接体育赛事活动，参与政府购买服务，发挥专业特长，提供专业服务。仅以 2021 年为例，全省由体育社会组织举办、有规模的群众性体育赛事活动就超过 1.5 万项次，参与人次达 785 万。越来越“活”、越来越好的体育社会组织和体育赛事，为江苏休闲体育注入源源不断的活力。

（三）休闲体育科学指导更加优化

休闲体育健身有去处了，休闲体育活动有组织了，休闲体育内容有赛事支撑了，给老百姓一个更好、更科学的休闲健身指导势在必行。近两年，江苏省在科学指导方面不断发力，让运动有“量”更有“质”。

在江苏，省级以上体质测定与运动健身指导站有 130 多个，每年为 30 多万人次免费提供体质测定、运动能力评估等服务。在科学健身指导下，江苏全省居民国民体质合格率已达 93.1%，全省社会体育指导员数达 30 多万人，率先建成了全国唯一以省为单位的国家公共体育服务体系示范区。疫情之下，为群众提供居家健身指导的《科学健身 100 期》《科学健身周周练》等短视频，全网点击量已超过 8000 万次，将科学运动、休闲体育知识送到群众身边。

二、江苏休闲体育融合发展趋势

发展休闲体育事业和产业，融合发展是大势所趋。休闲体育能够推动健康、教育、旅游、交通、餐饮、金融、文化等产业的加快发展，带动上下游产业链完善，催生新的产业业态，推动服务业高质量发展，促进城市功能的拓展，优化第一、第二和第三产业比重。

在融合中谋求更大发展。近年来，江苏省体育部门分别与省卫生健康、公安、农业农村、总工会等单位签署合作协议，整合行业资源，共建共享融合发展，为加快推进体育强省建设注入动能，也推动江苏休闲体育向更高的层级迈进。

对接长三角一体化发展、长江经济带发展、大运河文化带等重大战略，优化全民健身公共服务资源，种种举措，为江苏站在新起点，担当起“争当表率、争做示范、走在前列”的使命做出积极的贡献。

（一）体卫融合：推动健康关口前移

推动健康关口前移，构建运动促进健康新模式。随着工业化、城市化和人口老龄化进程加快，紧张的学习、工作和生活压力使高血压、高血脂、糖尿病、颈椎腰椎病等慢性病成为威胁群众健康的主要因素。越来越多的理论研究和实践应用表明，包含休闲体育运动在内的运动干预在增强群众身体素质、降低医疗费用支出、提高人民生活质量等方面有着重要作用，是健康促进、亚健康和慢性病防治最经济、最重要的手段之一。从 2021 年开始，江苏省围绕全方位、全周期保障人民健康，系统推进，着力构建运动促进健康新模式，并把休闲体育放到运动促进健康的关键一环。

江苏省在全国率先提出整合体育系统体质监测中心、体育场馆等特色资源，融合卫生、健康、养老、旅游、文化等公共服务资源，建设省市县乡村五级运动促进健康服务机构平台。推动体育场馆、体育主题公园、健身步道等公共服务设施建设健康驿站或健康小屋。推广运动云医院建设，发展线上运动促进健康服务平台。制订试点工作方案，每年在省内遴选 5 个单位试点建设江苏省运动促进健康中心，每个试点单位补助 100 万元，多模式探索运动促进健康机构长效发展机制。

江苏推动各运动促进健康机构向群众提供体质测试，科学健身指导以及亚健康、慢性病运动预防和康复服务。试点向 3600 名慢性病患者发放慢病运动干预消费券，每人补贴 500 元，引导群众通过科学的休闲运动干预慢性病康复。采取线上线下相结合的方式将运动促进健康方法送给群众。举办运动处方师培训，开展运动促进健康服务。

从 2021 年起，江苏省各级各类运动促进健康机构采取“运动 + 体检、+ 中医、+ 疗养、+ 养老、+ 康复”等形式，年均向群众提供运动促进健康服务超过50万人次。倡导“运动是良医”理念，普及科学的体育锻炼项目、方法、运动伤病防治等知识。很多慢性病患者通过休闲体育运动干预达到少吃药甚至不吃药的效果。

很多运动促进健康机构在服务群众健康的同时，还取得较好的经济和社会效益。例如，常州体育医院2021年实现营业收入约1000万元；南京迈皋桥社区卫生服务中心重点打造慢病运动干预特色服务，增加了休闲体育项目，2021年营业收入达5500万元，是2016年度的8倍。受省有关单位委托，江苏省现代休闲体育研究院每年组织编写《江苏省体卫融合发展报告》，将全省的体卫融合情况进行总结和梳理，并为相关部门提供合理化建议。

（二）体旅融合：打造省级休闲体育基地

体旅融合以运动休闲为载体，以打造时尚品质生活为宗旨，通过组织体育赛事、旅游休闲、时尚运动嘉年华等活动，推进体育、文化、旅游和康养融合发展，丰富体育供给，扩大体育消费，全方位推动省域经济高质量发展。

“十四五”期间，江苏省促进休闲体育赛事与旅游融合发展，打造“一带一路”“大运河”“环太湖”等系列品牌赛事活动，拓展马拉松、自行车等群众参与广、旅游拉动功能强的赛事旅游，推出传统体育、游艺杂技等非遗专题体验游，开发水上、山地户外、冰雪、航空、汽摩等特色运动项目旅游产品，举办江苏运动休闲体验季活动，编制江苏体育旅游地图，培育体旅融合发展示范区和创新项目。

近几年，江苏省集中推出“魅力江苏 最美体育”系列品牌赛事活动。“魅力江苏 最美体育”经过发展革新，已经拓展为18项子品牌赛事。同时，每年举办全省最美跑步线路、最美乡村健身公园年度榜评选等活动。

从2022年开始，江苏省开始进行省级休闲体育基地评定筹备工作。休闲体育基地是体育和休闲深度融合的载体，以休闲体育为核心，以参与体验、休闲观赛为主要形式，以满足运动休闲、健康娱乐为目的，提供休闲体育健身、休闲体育观光或休闲体育赛事的场所。它是参观游览式休闲之后出现的新形态，引领体验式运动和深度休闲，更加注重于以休闲活动为本、以体育为手段的生活方式。

江苏省体育休闲基地由江苏省现代休闲体育研究院参与评定，评选标准要求：生态环境优美，具有森林、湖泊、江河、湿地、山地、滨海或冰雪等独特自然资源，适宜人们运动健身、休闲旅游等；功能定位准确，以开展休闲体育健身活动为重要内容，以促进全民健身与旅游文化融合发展为目的，集休闲健身、运动养生或体育文化展演等功能于一体；运动设施完备，建有与休闲体育活动相适应的运动场地设施，如山地户外营地、徒步骑行服务站、自驾车房车营地、运动船艇码头、航空飞行营地、马术运动场地、滑雪滑冰场等；运动功能多样，适合开展登山、攀岩、徒步、露营、拓展等山地户外运动，或滑雪、滑冰等冰雪运动，或帆船、赛艇、皮划艇、摩托艇、潜水、滑水、漂流等水上运动，或拉力赛、越野赛、集结赛等汽车摩托车运动，或热气球、滑翔、飞机跳伞、轻小型无人驾驶航空器、航空模型等航空运动，或极限运动、马术、飞盘、马拉松、高尔夫等新兴时尚运动等休闲体育活动。

开展“江苏省体育休闲基地”评选工作，是促进休闲体育发展的一项举措，是创新开展全民健身活动的新尝试、新途径，旨在推动江苏休闲体育消费、体育产业发展以及衍生的业态发展。

（三）体教融合：学生体质健康合格率 95% 以上

进入“十四五”，江苏省体教融合工作步入快车道，青少年学生有更多的机会参加体育锻炼。

2021 年，江苏省体育局、省教育厅联合出台《江苏省关于深化体教融合促进青少年健康发展的实施意见》，指出到 2025 年基本形成教学体系规范、训练构架完整、竞赛体系完备、人才渠道畅通、保障机制健全的体教融合工作机制和模式。青少年体质健康水平持续提升，参加体育活动兴趣不断增强，自主锻炼习惯逐步养成，普遍掌握 1 至 2 项运动技能，学生体质健康测试合格率达 95% 以上；持续推进青少年体育训练“5621”计划［即每个县（市、区）至少推动 5 个运动项目，每个项目至少布局 6 所小学、2 所初中、1 所高中，推动更多的体育运动项目在学校普及，并开展校级业余训练］，“一校一品”“一校多品”的学校体育发展新局面基本形成，江苏全省创建体育传统特色学校 1500 所；学校开展青少年体育训练覆盖面不断扩大，训练质量和效益显著提升，青少年体育训练注册人数达到 4 万人以上，参加训练人数达到 10 万人以上；省级青少年体育俱乐部达到 1000 所，教练员、科研人员、管理人员的专业技能明显提高。

江苏省大力普及幼儿体育活动，推进快乐体操、趣味田径等项目在幼儿园和小学低年级阶段的开展。增加体育在中考中的分数占比，让家长、学校和学生更加重视日常体育锻炼，体育课不再为文化课“让道”，而是与文化课同等重要。

到 2025 年，江苏创建省级体育传统特色学校 1500 所，其中省级快乐体操特色学校（幼儿园）200 所，省级羽毛球、篮球特色学校各 100 所，省级排球特色学校 50 所，优秀青少年足球后备人才示范学校 100 所。

制定《青少年体育俱乐部建设标准》，支持学校注册成立青少年体育俱乐部，鼓励青少年体育俱乐部积极参与学校体育兴趣和体育技能的培训。

江苏省计划到 2035 年，青少年体育蓬勃发展，学生身心健康状况明显改善，达到《国家学生体质健康标准》优良率 60% 以上，每人掌握 2 项以上运动技能。

三、江苏休闲体育特色运动项目举例

江苏休闲体育运动项目种类繁多，既有传统的山地、水上、户外项目，也有桨板、露营、飞盘等新兴时尚项目。

江苏省是我国淡水水域面积最大的省份，钓鱼运动一直居于全国领先水平，钓鱼产业十分发达。掼蛋运动起源于江苏淮安，近年来发展势头迅猛，大有“掼响全国，走向世界”之势。作为新兴休闲运动项目，飞盘（极限飞盘和飞盘高尔夫）因其独特的社交属性和运动特性，短短两年迅速在江苏大地普及开来。下面仅以这 3 个运动项目为例，报告江苏休闲体育项目发展的新思路、新机遇。

（一）飞盘：迅速“出圈”，20 万人参与

近两年，作为一项新兴时尚休闲体育运动，飞盘运动在江苏省处于高速发展的风口，已经形成社会俱乐部、爱好者社群、中小学与高校及企业共同发展的局面。

根据统计，江苏参与飞盘运动的玩家大约有 20 万人，以“90 后”为主，

这项运动逐渐成为年轻人的潮流运动，成为休闲体育消费的新动能。

江苏省是全国飞盘运动发展较发达地区，据 2022 年第三季度小红书数据，目前江苏省有飞盘社群、俱乐部 100 多家，占全国六分之一。值得关注的是，一半以上的俱乐部是近两年成立的。江苏开展飞盘运动较好的城市是南京市和苏州市。从区域上看，苏南地区的开展情况要优于苏中地区和苏北地区。不过，即便是苏北的连云港市，也有两家开展得不错的大型飞盘俱乐部在运营。

苏州的飞盘运动在硬件环境方面走在全国前列——2021 年，掷准飞盘公园在苏州市相城区盛泽湖月季公园落成，这是国内首家掷准飞盘赛场，可以承办国际级专业赛事。

目前江苏省内高校中，南京体育学院和南京邮电大学都设立了极限飞盘运动的相关课程，均以选修课的形式存在。其中，南京体育学院对极限飞盘运动课程制定为两学期的教学时数安排；南京邮电大学则是以学期不同情况，制定 28 ～ 32 学时的课程安排。

近几年，江苏省高校社团组织发展飞盘运动相对较快，这不仅是因为高校有更好的客观条件，如场地，更重要的是飞盘满足了高校学子在新环境中的社交需求及团队成就感。通过参与飞盘比赛、组织飞盘学生社团、开展校际飞盘活动或承办大学生飞盘比赛，队员们能够收获课堂上学不到的知识及经历。同时，高校飞盘也是社会俱乐部壮大的推动力。高校飞盘队员在毕业后分散到全国各地，为当地的飞盘队伍补充新鲜血液，从而维持社会俱乐部的年轻与活力。近几年，南京体育学院创立的“南体猎户座极限飞盘社团”、南京邮电大学创立的“南邮 postman 极限飞盘社团”、南京师范大学创立的“南市 Phoenix 飞盘社团”、南京医科大学创立的“南京医科大学飞盘社团”等，都在相关学生赛事上取得了不错的成绩。

（二）掼蛋：小小扑克牌“掼”向世界

掼蛋是一种起源于江苏省淮安市，目前在江苏、安徽及周边地区广为流传的扑克游戏，是由地方的扑克牌局“跑得快”和“八十分”发展演化而来。

近年来，掼蛋运动在江苏大地“风起云涌”，形成了规模化和产业化，尤其是最近两年，这项运动已从江苏发展至全国各地，甚至在加拿大、澳大利亚等国家和地区，都有华人掼蛋俱乐部。江苏的掼蛋爱好者对这项运动的普及和推广发挥着桥梁纽带作用。据估计，截至 2022 年底，全国掼蛋爱好者达 1.3 亿人，覆盖人群近 4 亿人，江苏掼蛋爱好者超过 4000 万人。

2022 年，国家体育总局棋牌运动管理中心在人民体育出版社出版发行了《竞技掼蛋竞赛规则（试行）》。

“十四五”期间，江苏省连续举办海峡两岸掼蛋联谊赛、全国掼蛋精英赛等赛事，影响较大。江苏省 3 届网络全民健身运动大赛，作为大赛项目之一的掼蛋运动，参赛选手共计 47.6 万人次。

在发展掼蛋运动赛事的同时，江苏也注重将掼蛋赛事与其他产业有机融合。今世缘、洋河等江苏名企纷纷赞助掼蛋赛事，让这个休闲体育项目更有产业活力。目前，全省多地都有掼蛋产业园、掼蛋小镇等休闲体育园区，实现了掼蛋文化与旅游休闲服务业的效益双赢。

（三）钓鱼：两年新增 300 家俱乐部

江苏水域资源丰富，垂钓运动是休闲体育的亮点之一，受众广，发展快。近年来，江苏年均举办大型钓鱼赛事活动 50 余场（疫情之前曾达到年均百场）。

在徐州市睢宁县举办的古黄河野钓大赛，创下“规模最大的野钓竞赛活动”基尼斯纪录，参赛阵容达到 1500 人。2021 年，睢宁县改造设施，建设古黄河垂钓平台，并投资建设路亚文化主题公园，将古黄河野钓大赛举办地姚集镇打造成全国唯一的“钓鱼小镇”，把休闲体育产业作为发展的主导产业之一，全国数十家渔具企业入驻，实现旅游业、制造业提升和发展，推动了当地经济发展。

“十四五”前两年，江苏省增加了近 300 家钓鱼俱乐部、40 多家省级垂钓基地。目前，全国 30 多个竞技钓鱼池，江苏有 10 个；江苏省拥有标准垂钓基地 53 处，覆盖全省 13 个设区市，占全国标准钓场一半。其中，南京西埂莲乡现代渔业中心、高淳固城湖国际垂钓中心、太仓双凤垂钓中心等国家标准经济垂钓池建设达国家一流水平；睢宁古黄河垂钓基地、泰州黄桥祁巷镇大寨河等自然水域垂钓基地举办过全国性千人垂钓大赛；泗洪国际大圆塘垂钓中心可容纳 3000 多人同时垂钓，是国内最先打造的圆形钓池。

目前，江苏钓鱼适龄人群有 4000 万人，经常参加钓鱼人群有 400 万人，并保持每年 3% 的增长。全省现有渔具店 1 万余家，且在逐年增多，促进了全省休闲体育消费。

四、江苏城区发展休闲体育案例

进入“十四五”，江苏的休闲体育发展快马加鞭，从城市到县区，再到乡村，不“休”也不“闲”。

南京市作为全国首批 40 个国家体育消费试点城市之一，为推动全民健身方面的机制创新、政策创新、模式创新、产品创新，提升休闲体育水平，制定了一系列方案措施。高淳区通过召开休闲体育大会，发布“建设休闲体育名城行动计划”，明确提出打造休闲体育名城，值得借鉴。苏州高新区借助休闲体育串动山水、串动旅游、串动赛事、串动产业。

（一）城市案例篇

南京：做大休闲体育，建设国家消费试点城市

到 2022 年底，南京市体育产业总规模达到 1300 亿元左右，人均体育消费水平达到 3500 元。休闲体育消费载体进一步完善，新增具有集聚效应和产业特色的体育服务综合体 6 ～ 8 家，创建 10 个市级以上体育产业示范基地，建成 50 个有一定规模、服务功能较为完善的体育公园，每年新建不少于 50 公里的健身步道，人均体育场地面积达到 4.1 平方米。到 2025 年，人均体育消费水平达到 4500 元，建设成为规划布局更加科学、设施建设更加完善、配套政策更加全面、市场环境更加优化、国内一流的休闲体育中心城市。

（1）大力发展健身休闲消费。发展水上休闲运动特色项目，打造国家级水上运动基地。支持发展低空飞行运动项目，推动航空飞行营地和俱乐部发展，建设国家航空运动产业示范基地。完善山地户外运动基础设施，积极开办郊野户外运动营地，打造户外运动品牌，引进、培育特色项目会展活动，促进区域特色运动项目发展。依托溧水国家冰雪运动训练基地、极限运动馆，创建冰雪运动休闲小镇和极限运动学院，打造冰雪运动综合体，普及推广极限运动项目。

（2）推动体育消费产品升级。促进体育高端消费，推动体育用品国际品牌“首店”引进，开展国际单品“首发”活动。大力推进可穿戴式设备、虚拟现实技术等体育产品研发，提升体育装备的科技含量和智能化水平。积极搭建体育产品展销平台，举办亚太户外产业展览会等展销活动。

（3）加强体育载体建设。发挥体育产业基地示范引领作用，培育特色鲜明、集聚效应强的综合类、特色类体育产业基地。

（4）积极实施“体育 +”工程。开发一批以“旅游观光 + 户外运动 + 赛事体验”为主题的体育旅游特色产品和精品线路，积极打造全国体育旅游示范基地。整合“美丽乡村”旅游资源，推动赛事活动融入乡村旅游。

（5）发展数字体育新业态。建设一批线上线下融合的体育消费体验馆，发展人机互动类体育消费新业态。发挥南京数字经济优势，大力发展电竞产业，出台南京市电子竞技产业促进政策，促进高水平俱乐部落地，建成 2 ～ 3 个专业电竞赛事场馆，打造 1 ～ 2 个电竞产业基地，拓展电竞周边衍生品研发和销售。

（6）打造休闲体育消费新场景。构建街头赛事、产品展销、体育健身为一体的体验式、沉浸式体育消费新场景。打造标杆性的体育服务综合体。加强对体育服务综合体管理引导，完善配套服务，促进体育服务综合体与周边区域功能互补、互动发展，打造集“购、闲、食、乐、健”于一体的城市地标。

（7）加强体育设施增量供给。鼓励建设小型便利的体育公园及其他体育设施，支持利用城乡空间规划建设老百姓举步而就的户外运动设施。推进登山步道、休闲绿道、自行车道、汽车自驾营地、航空飞行营地、户外运动公园基础设施建设，实现大型综合性公园体育健身服务全覆盖。

（8）积极发展智慧体育。推进大数据、5G、云计算、物联网等先进技术在体育健身服务和产业发展方面的应用，积极发展智慧体育，建设智慧体育场馆。构建智慧体育综合数据平台，完善设施查询、场馆预订、门票售卖、网上培训、健身指导、运动积分等功能，为群众提供一站式网上服务。以互联网为载体，开发线上运动会等“云上智慧”体育项目，举办网络赛事活动。

（9）开展各类群众性休闲体育活动。丰富节假日体育赛事供给，创办多种形式的群众休闲健身活动，办好“国际水上运动节”“亚洲户外运动节”“南京国际瑜伽周”“9· 29 世界步行日”“体育嘉年华”等活动。大力发展足球、篮球、羽毛球等城市业余联赛。充分发挥体育明星和运动达人示范效应，倡导每天健身一小时，引导消费者形成体育爱好和消费习惯。

（二）县区案例篇

南京高淳区：召开休闲体育大会，提出休闲体育名城规划

2021年，南京市高淳区召开首届休闲体育大会，会上发布《高淳区建设休闲体育名城行动计划》，明确了高淳区休闲体育发展目标：2025年，建成省内高质量休闲体育强区；2035年，建成长三角有影响力的休闲体育名区；2050年，建成国内知名度较高的休闲体育名城。

高淳打造休闲体育名城行动计划以“六大工程”为载体深入推进，即体育设施“升级工程”，筹建一批国家级运动基地；体育赛事“品牌工程”，高水平办好品牌赛事；体育保障“惠民工程”，普及推广休闲体育项目；体育人才“培育工程”，招收培养体育优秀人才；体育产业“振兴工程”，建设国家体育旅游示范基地；体育文化“建设工程”，创作一批具有高淳内涵的体育文化产品等，内涵丰富全面。

“十四五”期间，高淳将进一步培育体育产业，持续优化体育产业政策、消费环境和资源要素保障，促进体育产业融合发展，打造体育产业高质量发展的“高淳样板”；进一步加强体育合作，与体育业内人士进一步密切行业交流、深化产业合作，齐心协力推动体育产业、体育事业发展“更快更高更强”；进一步加强体育事业，推动民众养成终身运动习惯，让“全民运动 乐享健康”成为时尚。

苏州高新区：激活休闲体育产业发展新动能

“十四五”以来，苏州市全力打造高水平休闲体育赛事活动，让爱运动、常运动成为百姓生活新常态。截至2021年底，苏州市拥有各类体育场地34237个，其中室外体育场地24622个，室内体育场地9615个，人均体育场地面积3.81平方米。

2021年7月，苏州深潜大运河中心正式揭牌成立，大运河穿越·江苏首划（苏州站）活动同期启动。体验者驾乘赛艇从浒光运河文体中心码头出发，行舟约6公里后到达通安镇树山村码头，再通过树山村木栈道约2公里跑到终点。一路上，艇在水中，人在景中，高新区运河两岸的秀美景色也成了赛

事活动的一大热点。在苏州高新区，随着休闲体育理念渐入人心，辖区健身设施逐步完善，休闲体育不仅开启了健康生活的大门，还激发出体育产业蕴含的巨大经济潜力。

近年来，苏州高新区瞄准“真山真水”这一高新区最具辨识度的生态优势，对接引进、组织举办匹配度高、发展潜力大的运动类型，探索本土化、特色化体育赛事发展道路。自然山水因运动而激情无限，独特美景因体育而魅力无穷。充分利用49座山体、319条河流、25公里太湖岸线、19.5公里大运河岸线等山水资源，高新区精心组织的一个个赛事吸引了众多参与者。

让山水“动”起来，苏州高新区加快调研、开发各类户外休闲体育项目，努力将运动休闲魅力贯穿一年四季。同时，开展山体资源利用专项研究，大力发展水上、山地户外等引领性强的时尚运动项目。

为进一步激发企业创新动能，苏州高新区连续出台了《苏州高新区促进文化体育旅游高质量发展若干扶持政策》等一系列扶持政策，为企业加速发展提供助推力。

9　陕西省休闲体育发展报告

王　波* 　吉云波**

摘　　要： 2021 年，面对疫情的无情阻击，陕西省休闲体育在党和政府的正确、科学领导下，仍然取得了一定成绩，而且对未来的发展充满了信心和干劲。本报告将从赛事、场馆、产业、文化、组织等角度勾勒出 2021 年陕西省休闲体育发展的面貌和图景，在此基础上提出陕西省休闲体育发展的特点和趋势。

关 键 词： 陕西；休闲体育；赛事；产业；文化

一、陕西省休闲体育发展现状

2021 年，是陕西体育发展进程中具有里程碑意义的一年。全省体育战线坚持以习近平新时代中国特色社会主义思想为指导，认真学习贯彻习近平总书记关于体育工作的重要论述和来陕考察时的重要讲话、重要指示精神，聚焦十四运会筹办头等大事，统筹推进体育强省建设，统筹疫情防控和体育发展，统筹发展和安全，团结一心、顽强拼搏，推动全省体育事业发展取得新突破、新成果、新辉煌。休闲体育在陕西由体育大省迈向体育强省的进程中将发挥越来越重要的作用，不仅在促进人们健康生活方面发挥巨大的作用，而且能够为陕西体育产业的发展提供强劲的活力和支撑。尤其是在疫情防控常态化的背景下，休闲体育以其众多的项目类型和活动方式为人们对美好生活的追求提供多方位的选择，无论是在休闲体育赛事参与增进健康、怡情养生方面，还是在体育产业促进民生、方便生活等方面均发挥和体现了其本身的价值和意义。

2021 年，陕西省精心编制并正式发布了《陕西省“十四五”体育事业发展规划》，该规划对“十四五”时期陕西省体育发展方向、主要任务和具体措

---

* 王波，长安大学教授，研究方向：休闲体育。

** 吉云波，长龙体育集团股份有限公司董事长，陕西省轮滑协会主席。

施进行了部署，为推动陕西体育高质量发展提供了基本遵循，奠定了坚实基础。同时注重加强政策法规建设。2021 年 7 月 28 日，省十三届人大常委会第二十七次会议表决通过了《陕西省全民健身条例》，自 2021 年 9 月 1 日起施行。制定出台《陕西省人民政府办公厅关于加强全民健身场地设施建设发展群众体育的实施意见》《陕西省全民健身实施计划（2021—2025 年）》《陕西省现代城市体育综合体评定管理实施细则》《加强体育赛场行为规范管理十条措施》《彩票公益金资助项目监督管理实施细则》等多项政策制度。政策制度的出台，对于贯彻落实全民健身国家战略，推进健康陕西和体育强省建设，促进全民健身活动开展，提高公民身体素质和健康水平，具有十分重要的意义。

二、陕西省休闲体育赛事发展状况

2021 年 9 月 15 日至 27 日，中华人民共和国第十四届运动会在陕西省成功举办，习近平总书记出席开幕式并宣布运动会开幕。全省体育战线牢记习近平总书记“办一届精彩圆满的体育盛会”的重要指示，围绕“简约、安全、精彩”办会要求，全面融入、全员参与、全力以赴，竞赛组织高效有力，安全顺畅承办竞技体育 31 个大项、358 个小项、4128 场比赛和群众赛事活动 4 个大项、47 个小项、1431 场比赛以及展演类 4 个大项、43 个小项的决赛评审；选派 741 人参加 259 个项目决赛，创造历史最好成绩。2021 年，陕西省按照“常态化、国际化、专业化、市场化”的标准和要求，共举办了 13 项“一带一路”体育精品赛事，累计吸引观赛游客 114 万人次，带动经济收入 5.16 亿元，体育精品赛事已成为陕西省体育领域最具代表性的名片之一。下面将休闲体育领域相关赛事简做陈述。

（一）西安国际马拉松赛

西安国际马拉松赛是中国田径协会、西安市人民政府、陕西省体育局主办，陕西省田径协会、西安市文化和旅游局、西安市体育局、西安曲江新区管理委员会承办的国际性马拉松赛事。西安国际马拉松赛设有全程马拉松、半程马拉松、欢乐跑项目，全程马拉松冠军奖金为 20000 元。2021 年，男子全程，管油胜 2 小时 15 分 13 秒；女子全程，杨花，2 小时 45 分 16 秒。2021 年 3 月 17 日，西安国际马拉松赛获评世界田联精英标牌赛事。西安国际马拉松赛奖牌以起点永宁门和终点丹凤门作为主图案。奖牌正面为一只翱翔的凤凰围绕丹凤门及全程终点拱门，意寓丹凤朝阳，贤才遇明时，天下跑者汇聚于西安。背面则以起点永宁门作为主元素，结合了西安一些经典地标：紫云楼、钟楼、鼓楼，镇守 4 个方位的神兽，意寓城市安康，天下永宁。2017 年 10 月 28 日，2017 西安国际马拉松赛在西安永宁门鸣枪开跑，来自 26 个国家和地区的 2 万名运动员参加了比赛。2018 年 10 月 20 日，2018 西安国际马拉松赛鸣枪开跑，来自全球各地的 3 万余名选手参加了比赛。2019 年 10 月 20 日上午 7 时 30 分，2019 西安国际马拉松赛在永宁门广场鸣枪开跑，来自全球 30 个国家和地区的 3 万名选手齐聚西安参加。2019 年，赛事获得“中国田径银牌赛事”称号。在西安马拉松赛开办 5 周年之际，主办方特意为每位选手准备了“一路相随”5 周年纪念徽章，大赛奖牌则以“展翅长安，腾飞全运”为主题，将西安的历史文化、现代时尚与十四运会元素充分融合。西安国际马拉松赛举办的同时，西安马拉松城市嘉年华活动也在赛道沿线举行。嘉年华活动设置文化活动专属舞台和创意互动区，汇集音乐、舞蹈、时尚、美食等元素，通过提供丰富的文化体验和互动环节，打造线上线下融合的嘉年华秀场，让选手在奔跑中领略千年古都时尚与现代交融的人文魅力。

另外，西安城墙国际马拉松是在陕西省西安市举办的一项马拉松比赛，是在完整古城墙上进行的马拉松赛事。西安城墙国际马拉松自 1993 年举办以来，打造“文化 + 旅游 + 体育”的赛事形象，正式加入中国田径协会“一带一路”马拉松系列赛。城墙国际马拉松赛一般设置半程马拉松项目、13.7 公里项目和 5 公里健康跑项目。西安古城墙是宝贵的历史遗迹，一直以来城墙国际马拉松都将保护城墙作为赛事的重要前提和首要任务，期望以马拉松赛为平台，让越来越多的参与者能够了解城墙、认识城墙、爱护城墙。本届赛事特别携手“城墙守护人”公益基金，设置了 100 个公益名额，面向跑者、社会大众发起招募，最终募捐所得报名费全部用于西安城墙日常修缮与维护，为守护城墙、守护中华文明贡献一己之力。

（二）世界女子国际象棋大师巅峰赛

世界女子国际象棋大师巅峰赛，由国家体育总局棋牌中心、中国国际象棋协会、陕西省体育局主办。“一带一路”2021世界女子国际象棋大师巅峰赛共有来自中国、俄罗斯、乌克兰、印度、保加利亚等“一带一路”沿线国家和地区的10名女子国际象棋大师参赛，其中谭中怡、宁凯玉这两名中国棋手到场参赛，其他棋手通过对弈平台在线上参赛，参与者包括现任世界棋后居文君、印度名将科内鲁、乌克兰名将小穆兹丘克、俄罗斯名将科斯坚纽克、保加利亚名将斯坦方诺娃以及中国棋手雷挺婕、朱锦尔、翟墨。2019年“一带一路”世界女子国际象棋大师巅峰赛暨青少年选拔挑战赛在碑林区举行，包括诸宸、侯逸凡在内的3位中国女子国际象棋世锦赛冠军，与另外5位来自俄罗斯、印度、匈牙利等“一带一路”沿线国家的女子国际象棋世锦赛冠军“决战西安”。这8位女子国际象棋世界冠军在古城对入围的小棋手们进行车轮赛指导。青少年选拔挑战赛分设男女8岁组、10岁组、12岁组、14岁组和16岁组共10个组别，赛事还特设国外留学生组别的角逐。2020年12月4日至6日“一带一路”陕西西安·2020年世界女子国际象棋大师巅峰赛举行。乌克兰棋手玛丽娅·穆兹丘克、俄罗斯棋手科斯坚纽克、保加利亚棋手斯坦芳诺娃、哈萨克斯坦棋手阿卜杜马利克、伊朗棋手卡德马尔沙利赫、土耳其棋手阿塔利克以及中国棋手侯逸凡、谭中怡、雷挺婕和赵雪等在组委会拟邀请选手之列。12月5日，该赛事在西安市铁一中学落幕。中国棋手侯逸凡蝉联冠军。伊朗棋手卡德马尔沙利赫获得亚军，中国棋手谭中怡获得季军。

（三）全国街舞公开赛

作为代表着年轻、潮流的体育运动项目，街舞深受年轻人的喜爱和追捧。2020年底，国际奥委会正式批准，作为街舞重要分支的霹雳舞成为2024年巴黎奥运会比赛项目。据了解，陕西作为西北经济文化中心和街舞传统优势省份，参与人数多，项目基础好，曾培养出多名街舞优秀选手，为我国街舞项目推广和发展贡献了力量。2021年11月28日，“一带一路”2021中国·陕西街舞公开赛预选赛暨“中国体育彩票杯”2021年陕西省街舞公开赛在省体育场举行，共有来自全省各地的38支队伍260多名选手参加。本次比赛由陕西体育彩票冠名，陕西体育彩票始终遵循体育彩票“来之于民，用之于民”的发行宗旨，以建设负责任、可信赖、健康持续发展的国家公益彩票为发展目标，内强素质，外塑形象，打造公益体彩、民生体彩、责任体彩、诚信体彩的品牌形象，真正承担起公益事业的助推器，在为陕西百姓提供更多娱乐和休闲方式，让众多的参与者体验中奖惊喜的同时，也为体育事业和各项公益事业提供了有力的资金支持，为扩大就业，改善民生，增加国家和地方各级财政收入，服务经济和社会发展大局做出了突出贡献。在贯彻落实“全民健身”和“健康中国”国家战略、打造“体育+”的全新体育产业发展模式以及建设体育强省的大背景下，本次比赛旨在服务全省青少年，推动省体育赛事与产业深度融合发展。比赛的举办也将强力推动全省街舞运动的广泛开展，加快全省街舞项目推广普及。

（四）咸阳中国杯城市定向赛

“一带一路”陕西2021咸阳中国杯城市定向赛，2021年6月12日在咸阳市五环广场火热开赛，5000余名参赛者共同参与赛事角逐。本次比赛由陕西省体育局、咸阳市人民政府主办，陕西航空无线电汽车摩托车运动管理中心、咸阳市体育局承办，比赛共设有“今年花开逛咸阳、加油全运、健身大师、极限挑战、文化美食”5条线路，50多个各具特色的任务点覆盖咸阳市区。选手们在比赛中品味美食、欣赏美景、体验文化，为全运会营造了浓厚氛围。陕西省体育局局长王勇在开幕式上讲道：“体育是健康的源头、文明的体现，赛事是发展的动能、展示的平台。近年来，陕西省体育局坚持以体育赛事为重要抓手，精心打造‘一带一路’系列体育精品赛事，加快推进体育强省建设，全力服务追赶超越大局，取得了丰硕成果，备受各方关注和认可。咸阳中国杯城市定向赛作为其中之一，文化底蕴丰厚、百姓喜闻乐见、群众广泛参与，是体育与城市的牵手、运动与休闲的结合、健康与时尚的拥抱。”

（五）铜川射箭公开赛

2021 年 10 月 30 日至 31 日“一带一路”陕西 2021 铜川射箭公开赛在铜川市照金旅游名镇举行。本次赛事设专业组（反曲弓）、社会组（反曲弓、复合弓、光弓、传统弓）、青年组（反曲弓、复合弓、光弓、传统弓）和少年组（反曲弓、复合弓、光弓、传统弓）4 个大组别，参赛规模约 400 人。本次赛事由陕西省体育局、铜川市人民政府共同主办，陕西省射击射箭运动管理中心、铜川市体育局、陕西省射击射箭协会承办，陕西乐享体育产业有限公司运营。陕西省体育局经济处处长李佳蔚对本次赛事高度评价：“能文善射是我们中华民族的优良文化传统。古老的射箭比赛在新时代又焕发出新的生机，‘一带一路’陕西 2021 铜川射箭公开赛花落红色圣地照金。此次赛事的举办，必将带来铜川赛事普及和推动体育产业的蓬勃发展，我们欢迎全国射箭爱好者前来观摩、参赛。”

（六）宝鸡·麟游夏季半程马拉松赛

2021“九成宫杯”陕西宝鸡·麟游夏季半程马拉松赛是陕西省“我要上全运”百场马拉松系列赛事收官之战，于 6 月 13 日在宝鸡市麟游县城鸣枪开跑，来自全国各地的 3500 余名专业运动员和跑步爱好者参赛。本次比赛设置女子半程、男子半程、迷你马拉松、亲子马拉松 4 个组别。其中，半程马拉松赛线路采用环线，起终点设在青莲山广场，赛道贯穿麟游县城，途经青莲山公园、南坊新城、慈善寺石窟、碑亭景区及西海苑等多处历史人文景观，沿途绿意盎然，风景秀丽，全程 21.0975 公里。迷你马拉松为 5 公里，终点在碑亭景区停车场。亲子马拉松为 2.5 公里，终点在永安桥。比赛除了对半程马拉松男女选手各奖励前 30 名，还增设了“宝鸡籍选手奖”，鼓励本地体育爱好者积极参赛。麟游夏季半程马拉松赛自 2018 年举办以来，至今已成功举办 3 届，“麟马”精神已成为全县城市文化内涵不可或缺的一部分，成为麟游发展的“软实力”。今年的比赛还增加了农特产品展销、美食品鉴、景点免费畅游等活动，将赛事与旅游紧密衔接，把赛事打造成集体育、文化、旅游、商贸于一体的知名品牌。举办本项比赛不仅是对麟游自然资源和人文环境的集中展示，更为麟游经济社会发展注入了强大动力。同时，利用本届赛事的鼓舞性与影响力，进一步增强广大群众主动参与体育健身的意识，推动群众性体育健身活动蓬勃开展，再塑“麟马”赛事品牌，推进文化体育旅游融合迈上新台阶。值得一提的是，2021“九成宫杯”陕西宝鸡·麟游夏季半程马拉松赛也是甘肃白银事件后，6 月份全国唯一一场由中国田径协会认证的线下路跑赛事，极大地提振了赛事行业士气，获得一致好评。

（七）咸阳渭河国际风筝节

咸阳渭河国际风筝节是全国极具影响力的自主风筝赛事 IP，已成功举办 4 届，是陕西省全民健身金牌赛事。2021 咸阳渭河国际风筝节于 3 月 20 日在陕西咸阳湖五环运动公园开幕，本届风筝节由陕西省体育局、中共咸阳市委、咸阳市人民政府主办，威赢赛事运营有限公司运营，来自北京、天津、上海、河北、陕西等 20 个省区市的风筝名家、专业风筝艺人共 200 余人参加。本届风筝节赛期两天，在陕西省咸阳市咸阳湖五环运动公园、统一广场同时举行，赛事首次将传统风筝放飞展示从陆地拓展到水域上进行，极具观赏性和趣味性。竞赛项目设传统风筝、运动风筝、软体风筝、挑战风筝、家庭风筝赛 5 项，并在风筝长廊举办民俗传统体育项目嘉年华以及咸阳市各县（区、市）特色产品和旅游资源推介等丰富多彩的活动。根据新冠肺炎疫情防控要求，本届风筝节还邀请了澳大利亚、美国、瑞典、德国、加拿大、奥地利、泰国、巴西 8 个国家运动员参加线上风筝节活动。2021 咸阳渭河国际风筝节是“今年花开逛咸阳”活动的重要组成部分，是 2021 年咸阳市委、市政府立足“增量提质、高点开局”这一统揽，进一步打响咸阳文化旅游品牌、提升城市对外形象、推动经济社会高质量发展的一项重大战略举措。

（八）商洛马拉松赛

“我要上全运”百场马拉松“森弗杯”2021 商洛·商州半程马拉松赛于 5 月 9 日在陕西省商洛市商州区举行，比赛吸引了 5000 余名跑友参加。比赛以

“奔跑康养之都·赏游最美商洛”为主题，设半程马拉松和迷你马拉松两个项目。经过激烈角逐，徐建平以1小时18分52秒的成绩获得男子组冠军，宋琳平、李香团分别以1小时19分23秒和1小时21分18秒的成绩获得第二、三名。陈颖以1小时38分48秒的成绩获得女子组冠军，王建荣、魏继红分别以1小时39分19秒和1小时43分40秒的成绩获得第二、三名。商洛马拉松赛创办于2019年，被中国田径协会授予“铜牌赛事”称号。本次马拉松赛的举办对促进商州区“体育＋旅游＋文化”等产业融合，彰显商洛文化特色，推动全民健身活动开展，吸引、带动更多人到商洛休闲旅游起到积极的推动作用，为将商洛打造为活力之城、生态之城、历史名城助力添彩。本届比赛由十四运全国运动会组委会全国第十一届残运会暨第八届特奥会组委会指导，陕西省体育局、第十四届全国运动会商洛市执委会、商洛市人民政府主办，陕西省田径运动管理中心、商州区人民政府承办，威赢赛事运营有限公司运营。

（九）“百合杯”乒乓球大奖赛

“一带一路”陕西2021宝鸡“百合杯”乒乓球大奖赛暨第38届“百合杯”乒乓球联赛于7月9日在宝鸡市凤翔体育馆开幕，来自全国13个省20个城市的154支代表队770名乒乓球运动员参赛。本届赛事由陕西省体育局、宝鸡市人民政府主办，陕西省乒乓球羽毛球网球运动管理中心等承办，由威赢赛事运营有限公司运营，以“全运惠民 圆梦中国”为主题，设置男子团体赛和女子团体赛两个项目。其中，男子团体赛分为超级组和联赛组，超级组只设一个级别进行比赛，联赛组分为甲级队、乙级队进行比赛，女子团体赛只设一个级别进行比赛。为确保赛事公平公正进行，比赛邀请到80名裁判员执裁，其中包括2名国际级裁判和1名国家级裁判。新华社、健康陕西网、博乒网等多个平台对开幕式同步进行了网络视频直播，以满足广大体育爱好者对“百合杯”乒乓球联赛的观赛需求。“百合杯”乒乓球大奖赛是享誉国际的品牌赛事，自2006年创办以来，历经16年37届，在宝鸡扎根成长，已经成长为陕西省规模最大、水平最高、影响最广的乒乓球赛事。

（十）“环秦岭”公路自行车赛

2021 中国“环秦岭”公路自行车赛也是 2021 全国公路自行车锦标赛和第十四届全国运动会公路自行车项目测试赛，由第十四届全国运动会组织委员会、中国自行车运动协会主办，第十四届全国运动会商洛市执行委员会、第十四届全国运动会公路自行车项目竞赛委员会承办，由威赢赛事运营有限公司运营。比赛于 5 月 31 日在商洛市开赛，设置个人计时赛、团体计时赛、城市绕圈赛、青年组个人赛、成年男子组个人赛、成年女子组个人赛 6 个项目，有 30 个专业车队 370 名运动员，179 名随队领队、教练、队医、机械师齐聚商洛。“环秦岭赛”是商洛市自主创办的体育品牌赛事，是经中国自行车运动协会批准的自行车专业赛事，也是陕西省政府批准商洛市举办的“一节一赛”活动之一。赛事以“生态、文明、健康”为主题，以“骑行秦岭、游赏商洛”为宣传口号，丰富了“秦岭最美是商洛、生态宜居到商洛”城市品牌内涵，推进了“全民健身”和“健康中国”国家战略实施，掀起了“大体育、大健康、大群体”新热潮。目前，“环秦岭赛”的认知度和美誉度快速提升，已经成为商洛跨越秦岭、走出陕西、走向世界的一张靓丽名片。

另外，商洛市先后举办陕西省第二届少儿体育嘉年华（亲子趣味运动会）和全省田径、中学生三人制篮球、足球、田径、棒（垒）球、武术套路等多个项目校际联赛，累计 628 所学校参与；组织开展体育冬（夏）令营活动进校园和“体教融合奥运冠军走基层”活动，15 家体校、青少年体育社会组织在 74 所中小学校开展 386 期主题活动，惠及儿童青少年 1.5 万人次。

综上所述，2021 年陕西省体育赛事精彩纷呈，既有全国最高规模的全运会，又有人民大众喜爱的群众赛事，可以说既满足了体育精英的参赛需求，又给人民群众带来了广泛参与的机会。体育赛事的广泛开展不仅推动了当地体育事业的发展，也为我国体育强国建设贡献了力量。

三、陕西省休闲体育场馆发展状况

借助十四运的举办东风，陕西省群众体育事业迎来了快速发展期，全省人均体育场地面积从 1.07 平方米增长至 1.97 平方米，增长 84.1%，围绕“全运惠民”，以推动全民健身与健康陕西融合发展为目标，以广大群众的健身、健康需求为工作出发点和落脚点，陕西省不断加大全民健身设施供给侧改革力度，不断提升全民健身设施供给能力和服务水平，由省级统筹协调各地各方资源和力量扎实推进 800 里秦川渭河沿岸全民健身长廊、县级公共体育场及全民健身活动中心、陕南移民搬迁点健身器材配置工程、美丽乡村健身器材配置及农民体育健身工程、社区多功能运动场、陕北革命老区红色健身步道及延河健身长廊、汉江沿岸全民健身长廊、丹江沿岸全民健身长廊、秦岭户外运动健身基地、冰雪运动场馆建设等惠民工程。全省 40 个县（区）成功创建全民健身示范县，10 个市、县（区）积极申报争创国家全民运动健身模范市（县）。全省建设全运惠民示范工程、重点工程 86 处，县级公共体育场馆 87 个，农民体育健身工程、社区工程 5117 个，体育公园、健身步道、多功能健身场地 81 个，体育场馆低收费、免费开放成效明显。2021 年，陕西省政府与国家体育总局签署合作推进全民全运建设健康陕西《框架协议》，大力实施全运惠民“八大工程”，建设全运惠民城乡社会示范工程 100 个、多功能健身场地 5 个、全运惠民示范工程 5 个，实施全民健身设施项目 710 个。成功举办陕西省第三届全民健身运动会，广泛开展“我要上全运”系列群众赛事活动上千场，组织举办各类马拉松赛事 103 场，参赛人数超过 41 万人次，关注量达 500 万人次，三秦百姓体育获得感幸福感显著增强。体育场馆设施焕然一新，省本级新建场馆 7 个、改造场馆 4 个，省体育馆惊艳亮相，长安常宁生态体育训练比赛基地设施一流，西安体育学院“一馆四场”建成投用，省朱雀广场、省体育训练中心、省水上中心“三大园区”焕然一新。同步推动各市区新建改造全运场馆 40 个，全省大型体育场馆达到 86 个，为十四运会创造了一流办赛设施条件，为全民健身提供了优质服务平台，成为现代城市新地标和群众热门打卡地。西安际华园冰雪运动中心和金延安被陕西省体育局评定为首批现代城市体育综合体，有利于培育体育发展新引擎、经济增长新动能、体育惠民新平台，促进体育产业高质量发展。

四、陕西省休闲体育产业发展状况

陕西省依托丰富的人文资源优势，以举办第十四届全运会、健康中国2030战略以及健康陕西建设等为契机，加快推动了休闲体育产业的建设与发展，已开始逐步打造具有陕西特色的健身休闲产业体系。①体育产业园区（圈）建设。建成高新丈八体育产业园区，关中体育用品制造园区，朱雀体育产业园区，杨凌水上体育旅游园区，蒲城通用航空体育产业园区，长安新型体育产业园区和秦岭山地体育产业经济圈（翠华山体育休闲产业经济区、宝鸡拓展体育产业区、宁陕山地体育经济产业区等）。②全民健身长廊（步道）建设。主要有渭河全民健身长廊、延河全民健身长廊、汉江全民健身长廊、丹江全民健身长廊、国家1号健身步道、秦岭国家健身步道、若干智慧健身步道等。③品牌赛事建设。主要有陕西省全民健身运动会，“迎全运、我参与”系列赛事，“美丽渭河动起来”系列赛事，环秦岭越野挑战赛系列活动，陕西省新年登高健身大会，陕西省冰雪大会，陕西省体育旅游休闲大会，陕西全民健身大会，瑜伽大会，“我要上全运”百场马拉松系列赛，“一带一路”陕西省体育精品赛事，全国路跑联赛，陕西省航天航空模型大会，“美丽乡村、文明家园”篮球联赛，“我爱足球”民间足球联赛，“沿黄公路”“环秦岭”“渭河长廊”等自行车IP赛事，轮滑马拉松赛事等。④体育特色小镇建设。主要有宝鸡市金台区运动休闲特色小镇、商洛市柞水县营盘运动休闲特色小镇、渭南市大荔县沙苑运动休闲特色小镇、榆林市榆阳区赵家峁运动休闲特色小镇、延安市宝塔区南泥湾运动休闲特色小镇、铜川市耀州区照金运动休闲特色小镇等。⑤体育公园建设。建成西安陆港运动公园、渭南生态体育公园、杨凌渭河湿地公园、汉中滨江体育公园、咸阳两寺渡公园、榆林沙河体育公园、西安文景公园、咸阳湖五环运动公园、商洛丹江体育公园等一批优质体育公园，成为群众身边的休闲娱乐健身目的地。⑥“陕西智道”建设。“陕西智道”是全民健身领域的智慧健身步道品牌，系长龙体育集团旗下陕西互健互联科技有限公司旗下产品。截至2021年底，陕西省共建成20余条陕西智道，分布在西安、铜川、渭南、韩城、榆林、汉中、延安、安康、咸阳等地，有力推动当地全民健身智慧化发展。⑦运动休闲主题景区建设。商州蟒岭绿道运动休闲景区、延安黄龙树顶漫步景区、宝鸡鳌山度假区、渭南华阴华山景区、西安秦岭翠华山、大荔沙苑汽车越野运动基地等一批运动休闲景区成为人们出行的热门打卡地，运动体验游备受游客喜爱，特别是蟒岭绿道运动休闲景区和宝鸡鳌山度假区更是成为国家级运动休闲特色的景区。

五、陕西省休闲体育文化发展状况

2021 年，《陕西日报》开设全运专刊、陕西广电开设全运融媒体频道，《全运会运动项目文化研究》一书出版发行，走在全国前列。《中华人民共和国全运会史》《第十四届全运会史》启动编撰，受到国家体育总局的充分肯定。文化全运深入人心，会徽、吉祥物、奖牌、礼仪服装等文化遗产和精心设计包装、打上金色标识的特许文创产品，助推“体育 + 文化”释放出综合效应，“文化陕西”的美誉得到进一步传播。

中国红色体育博物馆坐落于陕西省西安市含光北路中段——西安体育学院院内，占地 1500 平方米，展出面积 1400 多平方米。中国红色体育博物馆为适应构建公共文化服务体系和建设学习型社会的需要，将不断改革创新，与时俱进，进一步充实陈列内容，强化现代化展示手段，深入开展学术研究。为建设一流博物馆，特别是为青少年重温革命历史和体育知识、进行终身学习的文化阵地和课堂而努力。中国共产党历来重视体育工作。在艰苦的战争环境中，革命前辈因地制宜，自力更生，通过举办各种富有特色的运动会，活跃了革命队伍，增强了团结，锻炼了体魄，为新中国的成立发挥了积极作用。像毛泽东、朱德、周恩来、刘少奇、陈云、邓小平等老一辈无产阶级革命家，不仅大力倡导体育运动，而且还身体力行，积极参与各项体育运动，成为我们学习的楷模。革命前辈的体育思想、体育精神是党的一笔宝贵财富，也是进行爱国主义教育的一个重要方面。中国红色体育博物馆的成立肩负着继承革命传统、发扬革命时期体育精神、培养新一代接班人的光荣使命。陕西是中华体育的故乡，红色体育的热土。中国共产党在延安的 13 年岁月，开展了形式多样的体育运动，留下了丰富的红色资源和宝贵的革命遗产，在全党深入开展党史学习教育和十四届全运会在陕西举办的历史时期，我们要充分挖掘、整理、保护好陕西的红色体育资源，开展红色体育思想理论基础研究，组织红色体育宣传教育活动，创新方式、下大力气把红色体育故事讲述好，把红色体育精神弘扬好，把红色体育基因传承好，为建党 100 周年献礼。

陕西体育博物馆位于西安高新区丈八东路与唐延路交叉十字西北角，地处陕西省体育运动训练中心园区内，与陕西省游泳跳水馆为邻。陕西体育博物馆在设计布局时，就提出了一个明确的陈列主题："陕西体育、源远流长、灿烂辉煌。"同时，确定陈列的目标是："立足高起点、高品位、高质量，使其成为展示陕西体育悠久历史、光辉成就的窗口；对广大人民群众，特别是青少年进行爱国主义、革命传统、大众体育科普知识的教育基地；激励广大体育工作者、运动员、教练员拼搏奉献，为国争光。"

体育文化，作为休闲体育发展的内在动力，一方面为休闲体育参与者提供精神动力，另一方面丰富着体育自身的发展，尤其是陕西省地域性的文化特质为休闲体育文化的建设提供了特殊的而且是无可复制的力量。这种特质表现在将中国传统优秀文化融入体育活动中，这种传统文化以"儒学""关学"为主。例如，"为天地立心，为生民立命，为往圣继绝学，为万世开太平"无不影响着一代又一代的中国新人。同时，道家学说和佛家学说互为补充，同样发挥着重要的传统作用，尤其是"天人合一"的道家思想为休闲体育发展提供了广阔的发展空间。更为重要的是陕西的红色体育精神，是我们发展体育事业的重要基础和力量，将为新时代休闲体育的发展注入新的"革命素养"。

六、陕西省休闲体育组织发展情况

（一）长龙体育集团

长龙体育集团股份有限公司（简称：长龙体育集团）是集规划设计咨询、精品工程承建、体育器材销售、大数据管理应用、智慧体育研发、赛事场馆运营、智慧健身服务、健身科普传媒等体育全产业链的企业集团。2007 年 3 月在山西创业，2012 年 3 月进入陕西发展，2020 年 3 月正式注册集团。经过

15 年辛勤耕耘，特别是在陕 10 年的快速发展，企业已成长为区域最具活力和影响力的行业排头兵，广受客户和市场好评。

2021 年长龙体育集团呈现十大亮点：①威赢赛事运营有限公司获认国家体育产业示范单位，实现陕西零的突破。②联合申报的科技部重大项目“西部地区智慧健身服务综合示范研究”成功立项，集团智慧体育再添新篇章。③集团旗下 4 家企业成为国家高新技术企业，4 家企业被评为纳税信用 A 级企业，研发创新能力和企业形象持续提升。④集团协同旗下 6 家企业圆满完成十四运会和残特奥会服务保障工作，赢得多方赞誉，擦亮大型赛会活动服务品牌。⑤威赢赛事运营有限公司成功运营 6 月份全国唯一一场认证路跑赛事麟游夏季半程马拉松赛，圆满服务保障十四运会山地自行车和公路自行车两个项目比赛，大型路跑、自行车等专业赛事运营水平稳步提升。⑥承担残特奥会宣传片和全民全运 – 全运惠民宣传片策划拍摄制作工作，获十四运会和残特奥组委会肯定，集团业务板块成功纳新。⑦智赛通服务保障“我要上全运”百场马拉松系列赛，用户规模大幅提升，成长为陕西最具影响力且具有一定国内知名度的体育赛事服务平台。⑧积极参与全运惠民示范工程规划与建设，承建的大明宫国家遗址公园全民健身园区、咸阳湖北岸全民健身运动区二期喜迎全国“双先”代表实地观摩，得到高度认可。⑨汇长龙人真情，为抗洪救灾、抗击疫情、美丽乡村建设等捐款捐物，重视集团内部文化塑造，关爱员工幸福，积极履行企业社会责任。⑩集团拥有市场主体超 20 家，担任 10 家省级单项体育协会的副会长（或副主席、副主任）职务，经营发展水平与社会组织参与活力稳步提升，成为陕西省政府体育产业报告里最优质的民营体育企业。

展望“十四五”，长龙体育集团将紧扣“建设中国体育产业中坚力量”战略目标，突出“体育全产业链合作伙伴”的发展定位，不断提升集团战略实施的支撑力量，在继续巩固省内市场的基础上，加快辐射全国市场，加快迈向高质量发展新征程，树立陕西省民营体育企业发展标杆和样板。

（二）陕西省体育产业集团有限公司

陕西省体育产业集团有限公司（以下简称“陕体集团”）是经陕西省人民政府批准成立的省政府直属国有大型企业，省政府授权省国资委履行出资人职责、业务由省体育局管理，是省政府加快西部体育强省建设、推动陕西体育产业发展的重要经营主体和投融资平台，是陕西体育产业的旗舰性企业，也是推动陕西体育产业发展的支柱企业。陕体集团以科学发展观为指导，围绕建设“西部体育强省”的战略目标，抓住建设“关中—天水经济区”和“西安国际大都市”历史机遇，以统筹体育资源开发为重点，通过集聚产业要素，着力推动股份制改造，打造企业上市，发展混合所有制经济，实现陕西体育产业规模、结构、质量和效益的协调发展，全力推动陕西体育产业的大发展。陕体集团通过改革开放和体制机制创新，提高陕西体育产业可持续发展能力，大力促进陕西体育产业的集约化、规模化、现代化和国际化，坚持“三年打基础，五年上台阶，十年大发展”发展战略，努力把公司打造成为陕西体育产业的“航空母舰”。立足体育、面向市场，盘活资源、突破发展，切实增强发展陕西体育事业和体育产业的实力，不断提升陕西体育的影响力，为实现建设西部体育强省的宏伟目标做出贡献。

（三）长龙集团威赢赛事运营有限公司

长龙集团威赢赛事运营有限公司（简称：威赢赛事）成立于2016年，是陕西省首家国家体育产业示范单位和陕西首家通过ISO 9001认证的赛事运营企业，专业从事体育赛事运营和赛会综合保障服务。威赢赛事也有着丰富的赛事运营经验、活动组织经验、充足的供应商资源、媒体资源及合作伙伴，协同国内自行车、马拉松、全民健身等领域的专家咨询团队，与200多家媒体和自媒体建立了良好的合作关系。

威赢赛事也是陕西省内运营赛事最多的市场主体，至今已成功运营近300场赛事活动，足迹遍布陕西，成功拓展了北京、海南、内蒙古、宁夏、甘肃、青海等省外市场。全力保障陕西全运事业，圆满完成了十四运会公路自行车、山地自行车、水球、足球女子U18、排球女子U19、群众乒乓球、群众羽毛球项目比赛以及第八届全国特奥会全部项目比赛，4站火炬传递活动等服务任务。此外，成功运营了全国公路自行车锦标赛、环秦岭国际公路自行车赛、沿黄观光路国际自行车赛、环秦岭自行车联赛、“我要上全运”百场马拉松系列赛、“一带一路”体育精品赛事、陕西宝鸡·麟游夏季半程马拉松赛、中国跆拳道公开赛、国家体育锻炼标准达标测验活动、全国羽毛球锦标赛、全国青年跳水锦标赛、全国“全民健身日”主会场活动、“丝绸之路”国际定向邀请赛、安康半程马拉松、商洛商州半程马拉松、陕西轮滑马拉松公开赛等赛事活动，特别是策划运营的中国田径协会A1类赛事2021陕西宝鸡·麟游夏季半程马拉松赛是“5.22”白银山地马拉松事件后，去年6月份国内唯一一场线下路跑赛事，广受好评，省内外关注度极高。

（四）互健智能科技集团有限公司

互健智能科技集团有限公司（简称：互健科技）成立于2016年2月，是一家互联网+全民健身服务的国家高新技术企业，专业从事互联网平台建设运营、信息服务集成、智慧体育产品研发、智能体育设施研发等。2022年，被国家体育总局认定为国家体育产业示范单位，是继威赢赛事运营有限公司之后陕西省第二家获评国家体育产业示范单位荣誉的企业。互健科技致力于向用户和客户提供互联网+全过程产品和服务，信息服务集成一站式解决方案。互健科技是科技部“西部地区智慧健身服务综合示范研究”课题2“智慧化全民健身设施信息系统集成研究”主要牵头承担单位，目前课题正在有序推进中。互健科技拥有智慧健身步道自主品牌“陕西智道”，全民健身设施提升工程正成为数字化新基建的重要领域，公共体育服务供给的科技化、智能化也正在全面加速，“陕西智道”正在有力推动各地全民健身智慧化发展。

（五）智赛通大数据有限公司

智赛通大数据有限公司（简称：智赛通）成立于2018年，是国家高新技术企业，专注于为体育赛事活动提供全过程数据解决方案。核心产品体育赛事大数据服务平台“智赛通”已于2019年4月投入应用，主要通过对赛事数据的收集、提取、存储、分析、应用、交互、支付等智能管理行为，对外呈现载体包括PC电脑端、WAP端、微信小程序，致力于为参赛者、运营方、主办单位提供科学、高效、精准的赛事信息服务，目前已形成100000+的专业用户大数据。

“智赛通”平台自运营以来，已经为全国1000余项赛事活动提供专业服务，并成为十四运会和残特奥会组委会指定的“我要上全运”百场马拉松统一提供的报名平台和通道，用户规模大幅提升，成长为陕西最具影响力且具有一定全国知名度的体育赛事专业服务平台。目前，根据赛事运营工作新形势新要求、新需求，智赛通还在持续完善平台功能、不断提升服务水平，在现有小程序的基础上适时推出 app 产品，为赛事各方提供科学、专业、便捷、高效、智慧的赛事信息服务。

（六）陕西朱雀智慧健身服务中心

陕西朱雀智慧健身服务中心为省级民办非企业单位，于 2020 年 5 月 11 日正式授牌启用，是根据国家体育总局《智慧社区健身中心建设试点工作方案》，由陕西省体育局牵头，陕西省体育场与陕西省体育科学研究所负责组织实施的一项体育科普、体育惠民的项目，中心采用低收费、免费的运营模式对周边居民全年开放，集体育科普、体质监测、智慧健身、健身训练、健康管理等全民健身科普服务为一体；运用物联网、互联网、大数据等科技手段，整合健康陕西云管理平台、陕西智慧健身 app、智能管控系统、智能体测设备、智能健身器械等资源，为广大健身群众提供高效便捷体育科普服务，为省体育场周边 100 多万居民提供“家门口”的智慧健身科普服务。从开业至今累计接待来访人员数万人次；完成全民健身科普两万多人次；接待参观体验来访人员近千余次（参观单位如十四运会组委会干部职工、省体育局机关干部职工、省科技厅、省国资委、省农业农村厅、省游泳运动管理中心、陕西日报社、西安市体育局、西咸新区教育卫体局、西安工业大学职工、西安体育学院师生等）；举办体育科普相关活动 30 余场（如省体育局青少年体育工作会议、迎全运惠民生陕西体育健康行五进活动、省委党校全民健身体验活动、我要上全运全民健身云行动等。）；中心除了做好体育科普工作，还助力陕西运动健儿，为省乒羽网中心、省拳击跆拳道中心、省手曲棒垒球中心的省级运动员进行体能测试、科学训练等科普工作，让运动员们更加了解自己的身体情况，在训练中更科学、更有针对性，争取能更多地发挥出自身潜力。

七、黄龙县休闲体育发展实例

黄龙县位于陕西省中北部、延安市东南缘；区域面积2752平方公里，辖5镇2乡，总人口5万人，境内人口来自全国12个民族24个省区；平均海拔1100米，历年平均降水量561.4毫米，无霜期平均180天，是国家重点生态功能区、国家级褐马鸡自然保护区、省级天然次生林保护区和全国八大防护林区之一，是一片原生态、纯天然的净土，素有陕西的“一叶肺”和“天然氧吧”的美称。黄龙县森林覆盖率87%，林草覆盖率高达92%，植物1012种，动物225种，其中以褐马鸡为代表的国家一级保护动物7种。空气负氧离子含量平均可达到6000个/立方厘米，每年7至9月最高可达到15000～18000个/立方厘米。年均水资源量1.55亿立方米，是周边洛川、白水、澄城、合阳、宜川、韩城6个县市重要饮用水源地，是全省重要的水源涵养地和水土保持区。黄龙山国家4A级景区、瀵水源省级旅游度假区获批，拥有国家3A级景区4个。树顶漫步、锦绣黄龙、白马滩漂流等景区景点，梁家河垂钓小镇、偏石民俗文化村、印象圪崂等旅游乡村，成为生态旅游的好去处，构建了以康养度假为主线，科普研学、休闲体育、绿色培训为支撑的全域旅游发展格局，已经成为全县经济增长的新引擎。

黄龙县从现实情况出发，结合生态资源优势，推动休闲体育场地的建设，开展具有黄龙特色的休闲体育赛事活动，培育休闲体育消费，进一步推动了休闲体育与生态旅游的融合发展；构建了黄龙休闲体育“南展中扩北延”新格局；打造了陕西休闲体育赛事名城和弹弓之乡两张体育名片和陕西省体育冬夏训练基地、陕西省体育教师培训基地、陕西省休闲垂钓基地、陕西省应急救援演练培训基地、陕西省体教融合研学示范基地5个引擎；统筹推进产地设施、赛事活动、青少年体育、休闲体育产业、体育文化五位一体的协调发展路径，其中，利用好山地森林户外运动休闲路道网络优势，持续开展陕西黄龙森林越野半程马拉松、陕西省自行车挑战赛、陕西省山地越野等山地特色精品赛事IP；积极推动休闲体育与旅游、文化、健康、科技、教育、传媒等相关产业融合互动，积极培育户外轻奢、森林康养、时尚消费等新模式、新业态；鼓励弹弓、垂钓、山地户外等有条件的运动项目打造规则明晰、层次多样、群众喜爱的赛事活动体系以扩大赛事产品供给；成功获评全国体育旅游精品景区和全国体育服务综合体典型案例。体育赛事的发展，促进了黄龙的宣传，尤其是对黄龙文化和生态旅游的传播，提升了黄龙知名度和辨识度，树立了黄龙积极、正向的城市形象。

八、总　结

整体上，陕西省休闲体育的发展呈现出国际化、专业化、统筹化的发展特点。首先，赛事的参与和组织不仅面向职业运动员，也面向普通大众，尤其是马拉松赛事，接受社会报名，而且国际友人报名踊跃，在赛事上呈现出了国际化的特点；其次，休闲体育发展专业化明显，不仅赖以专业组织团体的建设和运作，而且在体育产业、体育文化的发展上也呈现出专业的特点和趋势。场馆设施的发展表现出了较为明显的统筹性，场地选址合理，项目设置科学，在满足人民群众美好生活需求的同时，也能够承办专业规范的体育赛事，表现出全民健身和竞技体育的融合发展，同时休闲体育作为全民健身的重要构成，也逐渐成为市场发展的选择内容，尤其是专业的赛事运作组织，市场化发展为群众参与带来更多的选择和更自主而且优质的服务。可见，陕西省休闲体育在不久的将来定会成为满足人民对美好生活向往的重要构成内容。

B

IV

典型案例与分析

10　华体国际文旅案例分析
——国企的责任：推动新时代体旅融合高质量发展

肖景丽 *

摘　要：华体国际文旅（北京）有限公司面对新时代新使命，主动作为，发挥资源及品牌优势，克服困难与挑战，创新发展模式，立足体育强国战略，打造国际休闲体育旅游发展大会品牌，为各地方政府策划文体旅活动内容；以青少年为重点目标群体，体育培训与体旅研学相互联动；新设传媒板块，加大品牌宣传，推动体育旅游高质量发展。

关 键 词：体育旅游；青少年体育培训；体育研学；华体国际；华体青苗

一、企业简介

华体国际文旅（北京）有限公司（以下简称“华体国际文旅”）成立于2003年，是中国奥委会控股的华体集团有限公司全资子公司。华体集团有限公司（以下简称“华体集团”）成立于1993年，主业涉及体育设施建设、体育场馆运营、体育赛事等板块。近年来华体集团抓住机遇，积极创新商业模式，大力推进体育培训、体育旅游等业务，并围绕体育产业趋势开展资本运作。2020年，华体集团进行业务战略调整，华体国际文旅凭借既往国际体育商务考察及综合性体育会展业务积累的优势和行业资源，独立承担起华体集团体育旅游板块业务。

华体国际文旅在国家体育总局和中国奥林匹克委员会的领导下，充分依托国家体育总局和中国奥林匹克委员会系统的各项优质资源，响应国家体育运动号召，紧跟体育产业政策向导，履行国企社会责任，彰显国企使命担当，开展各项业务板块工作。

---

* 肖景丽，华体集团有限公司华体国际文旅公司董事长。

经过两年多的探索，在发挥原有会展业务优势的前提下，创立了国际休闲体旅会展大会的 IP，为各地方政府导入优质体旅资源，紧跟国家政策导向，扩充文化体育旅游活动内容，打造文体旅活动新场景，形成了以青少年为重点目标群体，以体育培训带动青少年体育旅游和青少年体育研学活动的新发展。同时，增设体育新媒体运营板块，完善文旅业务架构，形成了体旅业务、会展业务、培训业务、传媒业务相辅相成、互相促进的新格局，为推动行业高质量发展奠定基础。

二、以国际体育会展为龙头，推动体育商务与体旅融合

华体国际文旅的前身为北京华体联合国际体育顾问有限公司（简称“华体国际”），为中外合资企业，主要开展国际体育展览及论坛运营、体育国际商务交流及营销咨询业务。华体国际成立之时，中国体育产业充分利用北京奥运带来的历史机遇获得突飞猛进的发展，体育场馆建设方兴未艾，体育场馆建成后的经营维护逐渐成为从业者高度关注的话题。

华体国际率先在国内引入“场馆运营”概念，并推出“中国体育场馆建设与运营论坛”“中国北京国际体育设施建设与场馆运营展览会”等一系列精品会展产品。中国北京国际体育设施建设与场馆运营展览会作为国家体育总局系统的品牌展会，自 2005 年创办以来，吸引了超过 20 个国家和地区的百余家知名企业，以及各级政府主管部门、大型运动会组委会、知名设计施工机构、拟建在建改扩建业主方、场馆运营机构和专家学者前来交流分享，集中展示了体育设施产业链中的高新技术产品和创新成果，成为了解体育设施建设、场馆运营市场前景和发展趋势、开拓市场的重要场所。此后，华体国际还陆续举办北京文博会体育产业展等展会。

从 2012 年起，华体国际开始承办中国国际服务贸易交易会（简称服贸会）体育服务分会场。服贸会由中华人民共和国商务部和北京市人民政府共同主办，是全球首个服务贸易领域综合性展会，是中国服务业对外开放的重要窗口。服贸会同中国国际进口博览会（简称进博会）、中国进出口商品交易会（简称广交会）并称为中国对外开放三大展会之一。华体国际依托国家体育总局优势资源，不断提升策划和组织水平，每年吸引 200 余家中外体育服务机

构参展，40 多个国家和地区的嘉宾和客商参会。每届全国 20 多个国内省市自治区体育局主管局长带队组团观展观会、洽商洽谈，专业观众 40000 余人次，现场签约累计近 200 亿元人民币，发布项目信息 1500 余项。历届服贸会体育服务专题的成功举办极大提升了华体国际的品牌知名度和影响力，同时华体国际也积累了深厚的行业资源。

随着国内体育产业的日渐成熟，国内企业也加快了追赶世界最高水平的步伐，迫切需要引进国际先进经验。针对国内企业走出去了解国际行业趋势的需求，华体国际推出国外参展服务，如协助客户参加德国科隆国际体育设施及泳池设备展览会等知名国际展会。同时，针对不同类型客户的个性化需求，华体国际开始分别组织客户前往不同目的地开展体育商务考察。商务考察范围覆盖了欧洲、美国、澳洲、南美洲等。从 2011 年起，华体国际商务考察业务迎来高峰，完成多批次大型国际商务考察，极大地提升了国内产业各产业链企业对国际趋势的了解。基于体育内容，涵盖出行、住宿、餐饮等旅游核心环节，国际体育商务考察业务已经初具体育旅游的雏形，为华体国际后期向文旅转型奠定了基础。

随着中国经济潜力的日渐释放，其强大的消费能力也吸引越来越多的国际体育品牌前来开拓中国市场。华体国际在引导国内机构“走出去”的同时，也凭借对中国市场的深入了解以及丰富的行业资源，积极引进各国国际体育品牌，通过借鉴国际品牌的规范化市场运作，不断提升国内体育产业的运作水平。

2005 年，华体国际为索尼公司组织召开产品推介会，国家体育总局奥运工程人员通过推介会对索尼的体育产品有了全面了解。2006 年 10 月，Arena 品牌冠名赞助中国游泳协会主办的“全国迎接 2008 年北京奥运会群众游泳系列活动”，华体国际全程负责其赞助方案的策划，并推动谈判进程，实现合同签署。此外，华体国际还协助东芝参与中国体育设施照明标准起草工作，为西门子公司开拓中国体育市场提供了政府公关、大型活动策划实施、会议组织等体育营销服务。2006—2009 年，华体国际更成为劳力士公司在中国唯一的体育顾问公司。

经过 10 多年的努力，华体国际依托华体集团体育产业资源优势，拥有了丰富的体育产业资源，凝聚了一批体育精英，与国内外众多知名企业、体育俱乐部长期保持业务合作，同国家体育总局各运动项目管理中心、单项体育协会以及国内省市体育局建立了良好合作关系。在国际组织方面，华体国际与世界水上运动协会、国际雪橇联合会、国际赛马联合会、国际美式橄榄球联盟、北美冰球职业联盟、加拿大自由滑雪协会、皇马足球俱乐部等建立了合作关系。

三、聚焦体育强国战略，锐意改革创新探索发展新模式

聚焦全民健身战略和体育强国战略发展的国家热点，充分体现国企的社会责任和使命担当。伴随着中国综合国力的日益强大，居民生活水平的显著提升，人们对健康美好生活的追求的发展现状与未来趋势，国内国外双循环背景下，体育旅游成为承载这一需求最为典型的产业形态。目前，休闲体育、体育旅游等业态跨界融合发展逐渐成为业界的主流趋势，体育旅游成为构筑高质量国内循环的重要组成部分。

2019 年末暴发的新冠肺炎疫情对体育旅游发展带来极大的不确定性，但体育旅游蓬勃逆流而上的发展趋势并没有根本改变，管控风险，稳中求进，追求体旅高质量发展成为业界共识。

华体国际作为华体集团有限公司全资子公司，除了开展体育会展、体育商务考察、体育活动策划运营等业务，还履行国家体育总局国有资产运营职能，承接北京天坛体育宾馆、北京天体缘出租汽车服务中心等单位的委托运营，完善了体育旅游产业所需的住宿和出行资源。自此，华体国际旗下已经汇集了体育展会论坛、体育商务考察、宾馆、出租车等业务，体育旅游服务板块已经初现端倪。

2020 年 5 月，华体集团进行战略改革，将旗下业务共分为 8 个板块，体育旅游成为其独立的业务板块。华体国际凭借既往业务特长和资源积累，独立承担华体集团体育旅游板块业务，随后更名为华体国际文旅（北京）有限公司。华体国际文旅在综合分析行业趋势及疫情防控现状后，确定了“轻资产运营”的总体方向，以体旅为业务核心，充分发挥自身资源品牌优势，积极探索体旅发展新模式；会展业务内容随之向体旅方向倾斜，并为其拓展提供政府客户资源。

华体国际文旅根据集团公司的总体发展目标，科学分析集团公司的总目标，结合华体国际文旅自身的特点和优势，在积极落实公司战略、紧密结合国家政策导向的基础上，针对地方政府、景区需求，开展了可持续的体旅业务探索和实践，策划了各具特色的体旅活动。

（一）立足国家战略导向，赋能地区体旅发展

1. 高举高打，坚持国家战略导向，服务地方政府

华体国际文旅先后策划了“重走长征路——延安红色体旅方案”“献礼建党百年——大美中华 游遍56个民族体旅大会”“文体旅赋能乡村振兴系列活动”等多个体旅活动，并围绕后冬奥时代体旅热点，打造“冠军领航——自驾京张体育旅游文化带”的自驾旅游IP。华体国际文旅积极与延安、海南、灵芝、忻州、承德等地文旅部门开展项目沟通，结合地方政府需求及资源特色，让体育活动赋能地方经济发展。

2. 体验创新，丰富青少年体育，引流服务景区运营

华体国际文旅根据传统景区的地理、人文禀赋，为其重新规划并推荐适宜的各类国家级或国际级体育活动，包括户外赛事、运动研学营、体育音乐节等，助力景区转型为兼容多种业态的综合性体旅基地，策划了“青少年三模大赛”“定向趣味运动会”“平衡车骑行大赛”等赋能景区的体旅IP活动。以这些活动为基础，华体国际文旅与河北旅投、泰山文旅集团、蓟州盘山景区、滹沱河景区、云蒙山景区、衡水桃城机场、韩建翠溪谷等多个企业、景区达成了活动合作意向。

（二）延伸服贸会影响力，打造国际休闲体旅会展IP

体育会展及论坛是华体国际文旅一直以来的基础业务。经过持续的提质升级，华体会展及论坛业务从最初的华体论坛，到中国国际体育设施展，再到现在的中国国际服务贸易交易会体育服务专题，已经成为公司核心业务内容之一。

通过对现有业态发展现状与趋势的分析判断，华体国际文旅在增强服贸会体育服务板块优势的情况下，成功孵化出了“国际休闲体育旅游发展大会”这个新IP。2021年9月，中国国际服务贸易交易会国际休闲体育旅游发展论坛在北京举行。论坛以“全球资源 中国智慧”为主题，重点围绕“体旅发展新趋势、体旅IP打造、京张体育文化旅游带”等当前体育热点和焦点话题进

行了交流研讨。2022 年 9 月，国际休闲体育旅游发展大会在北京首钢园举行。大会主论坛聚焦休闲体育旅游领域最新趋势，以“新体旅、新生态、新消费”为主题，与会专家学者、世界体育冠军及企业家重点围绕当下流行的微度假、冬奥体旅、元宇宙、体旅赋能乡村振兴等热点话题进行了交流研讨。

近几年来，我国会展市场充满生机与活力，华体国际文旅会展业务借势发展、积极创新，推动线上、线下相结合，打造出“1 展 +1 会 +*N* 活动”的体旅会展新模式，并逐渐向全国市场复制。目前华体国际文旅已与海南省、河北省、福建省等地政府部门签署合作意向，将推动“国际休闲体育旅游发展大会”在各城市落地，以此为平台进行资源整合，为当地休闲体育旅游产业发展赋能，实现会展与体旅的深度融合，带动区域经济健康、可持续发展。

（三）资源整合更新规划，住宿及出行业务重新出发

根据华体集团的总体布局，华体国际文旅自 2020 年开始对天坛体育宾馆、天体缘出租车公司进行经营管理。宾馆和出租车业务作为旅游的重要环节，是华体国际文旅开展体旅业务的新的主要支点。为有效整合旗下资源，提高运营效率，华体国际文旅投入大量的人力、物力、财力对北京住宿及出租车行业开展系统调研，探索经营模式。将天坛体育宾馆定位为华体国际文旅体育主题连锁酒店样板店，邀请专业机构进行设计规划，为疫情消退后正常开展对外经营做好全面准备。华体国际文旅将在全国范围寻求合作伙伴，推进体育主题酒店业务，形成“一店一主题”的体育旅游酒店连锁体系。同时，华体国际文旅积极探索推进出租车创新业务模式，与网约平台、赛事机构、体育运动协会等合作，开展定制化服务，服务体育产业发展的同时进一步增强华体国际文旅在交通运输领域的实力。

华体国际文旅在转型探索中收获了丰富的经验和教训，与此同时，也在思考疫情依然反复的情形下，如何能进一步突破创新，挖掘出新的业务增长点。

四、创立华体青苗公司，青少年体育培训赋能体旅发展

2021 年 8 月，中共中央办公厅、国务院办公厅印发了《关于进一步减轻义务教育阶段学生作业负担和校外培训负担的意见》，为青少年体育的发展提

供了更大的空间。少年强则国强，在体教融合中实现青少年健康成长已经成为新时代的共识。随着体教融合政策的贯彻落实，“让每位学生掌握 1 ～ 2 项体育技能”成为政府和家长的普遍共识，家长对青少年体质及运动技能的重视程度日渐提升。2.3 亿中国青少年支撑起千亿级青少年体育培训市场，在未来体育产业中，青少年体育占比将不断提升。“全面二孩”政策的实施、“双减政策”的适时出台，进一步助推青少年体育培训市场迅速升温。在青少年体育培训中，体育研学成为其重要组成部分，同时，青少年一直是家庭休闲体育旅游决策的核心影响者。

目前，青少年体适能教育行业供给层面小散乱的情况普遍存在，现有体适能培训市场各培训机构水平参差不齐，力量较为分散，培训机构受到课程体系、师资力量、场地大小等诸多问题困扰，一般机构无专业能力实现课程与教学的有机融合，课程无法持续升级优化。凭借先发优势在局部市场取得暂时性领先，部分体适能培训机构缺乏覆盖全国的品牌影响力及资源保障体系，国内尚未形成青少年体适能培训行业的龙头企业。

华体国际文旅通过综合研判，深感作为体育产业的国家队，有责任顺应体教融合发展趋势及双减政策，体现国企担当，塑造青少年体育培训行业典范，引领产业高质量规范发展。而青少年体育培训蕴含的巨大市场机遇，以及和体旅业务的良性互动前景，也将为华体国际文旅完善产业布局、驱动业务增长带来强大动力，于是公司决定将原有体育培训业务独立出来，成立全新青少年体育品牌——华体青苗。2021 年 11 月，华体青苗体育文化（北京）有限公司成立（以下简称“华体青苗”）。

华体青苗成立后，坚持高举高打的差异化战略，与体育总局系统内各单位密切合作，以打造青少年体育培训行业标准为基础，获取行业头部资质资源，稳中求进，开展各项业务。经过一年努力，华体青苗建立了青少年体培的四大体系，内容涵盖培训教学、体测评估、相关职业能力培训测评等，同时以品牌自有示范店及“华体青苗体教融合示范学校”为抓手建立了全国性网点布局，积极引进各类战略合作伙伴，助力企业发展进入快车道。华体青苗已成为华体国际文旅业务布局的核心板块，为整体体旅事业发展也提供了宝贵的经验和模式参考。

（一）一个青少年体培标准体系

华体青苗始终坚信“标准化是实现体育培训行业规范化发展的必由之路”，委托国家体育总局体育科学研究所开展青少年体培系列标准的制定，完成了儿童青少年体能课程设置、场馆相关的企标制定，确立了青少年体能培训标准化的实现路径，并继续推进青少年体培管理与服务相关标准的制定，逐步构建起完整的青少年体育培训标准体系。

（二）一个体培职业能力培训体系

华体青苗将青少年体培教练视为行业发展的核心资源。2022 年 10 月，华体青苗和国家体育总局人力资源开发中心启动“青少年体能训练指导”职业能力试点培训工作，由人力中心发放培训证书，此证书属于开展校外体育培训必需的证书之一。目前华体青苗已经完成了体能训练指导课程体系的搭建，并匹配了相应的导师团队，与 20 多个体职院校建立合作关系，2022 年将完成培训试点执行工作，2023 年进一步扩大培训规模。

（三）一个运动健康测评体系

华体青苗以“形正、芯实、会动、体强”的理念制定了少儿运动健康及潜能测评体系，指出青少年相应优势、须提升的环节并提供针对性建议，还可根据不同运动项目选材标准开展专项潜能测试。华体青苗在自有示范店开展体测服务的同时，不断拓展学校端业务，开展市、区级学生体质健康检测等业务。2022 年底，华体青苗克服疫情影响，迎难而上，完成北工大附属中学 4 所院校 3000 余学生的体测工作。

（四）一个“体适能 +”课程及教学体系

华体青苗结合中国青少年身体发展特点和兴趣偏好，开发出专属的体适能 + 体育培训体系，训练内容涵盖综合体适能及专项运动（篮球、羽毛球、武术、搏击、跑酷等），与学校体育相辅相成，互相补充。目前，华体青苗体适能 + 课程体系已经在华体青苗多个示范店落地开展，获得学员及家长好评。华体青苗后续将对现有课程教学体系进行提质升级，构建 2.0 版本，提升其科技化含量及标准化程度，并结合当下体育发展最新潮流，实现培训内容的与时俱进。丰富华体青苗产品体系，针对青少年体质体态问题中最为重要的问题，如脊柱侧弯、肥胖等，提供软硬件结合的解决方案，推出护苗计划。同时，为探索培训业务支持体旅业务的具体模式，并提升青少年体育锻炼内容多样性，华体青苗根据国防教育要求，结合国防体育特色营地，打造华体青苗特色体育研学营，和顺义、房山等地区的国防体育营地合作开展陆军夏令营、空军国庆营、周末营等研学项目，为体旅业务发展建立成功模式。

华体青苗以自有品牌示范店和体教融合合作学校为抓手构建品牌全国性战略布局。目前，华体青苗天坛、地坛、朝阳体育馆 3 个品牌示范店已正常运转；环京地区首个示范店落户燕郊；已和国内多个省市 100 多所中小学建立合作关系，“华体青苗体教融合示范校”授牌工作推进顺利。

为提升品牌及四大体系的影响力，并提高品牌管理效率，华体青苗成立后，便着手构建品牌推广及运营管理体系。完成Ⅵ体系设计并进行商标注册保护核心品牌资产；邀请鲍春来等 5 位世界冠军为品牌做推荐背书，通过微信、抖音、美团等建立自有传播矩阵，与新华社等权威媒体保持合作，展现品牌风采；举办华体青苗阳光亲子趣味跑等活动，后期将通过“冠军进校园”等项目输出体测、体培及研学类服务。此外，华体青苗搭建了自有会员培训、活动、家校互动及教务运营管理线上平台，进一步提高管理运营效率，为后期品牌输出、连锁管理奠定基础。

随着华体青苗业务体系日渐成熟，品牌影响力逐渐凸显，其市场价值也逐渐得到业界认可。中国关心下一代工作委员会健体中心下属全资公司国锐赢通云技术有限公司通过北交所平台完成对华体青苗的股权投资，进一步提升华体青苗全国拓展能力。华体青苗积极对接资本市场，引进战略投资助力企业快速发展的模式为华体国际文旅及旗下其他业务板块的发展提供了成功实例，具有广泛的示范效应。

五、华体国际文旅呈现多元发展格局，构建体旅融合新版图

2022 年，经过 2 年多摸索，华体国际文旅进一步明确了深化体旅业务、开拓新业务、多业务板块协同、整体业务分步走的发展策略，紧紧围绕青少

年体育需求打造业务板块，继续巩固青少年体培及体育会展业务，为体旅业务筑牢客户用户基础，拓展传媒渠道，扩大品牌影响力；针对地方政府及景区需求，以家庭为单位打造特点鲜明、影响深远的体旅类活动 IP，以高附加值的优质体旅方案激发体旅消费潜力，助推体旅业务多元化发展。

（一）聚焦营地运营，扩展咨询培训，推动体旅业务全面深入发展

华体国际文旅体旅业务围绕构建青少年户外体旅活动 IP 展开，重点推动青少年研学活动内容和华体研学示范基地项目的落地和实施。在研学业务逐步成熟后，华体国际文旅将进一步增加青少年营地规划设计、营地运营托管等业务，推动业务营收稳步增长。同时联合户外教育权威机构推广“研学旅行安全工作规范”，完善青少年研学标准体系，推进“华体体育研学示范基地”落地，稳步拓展全国市场。为满足市场对青少年研学和营地运营日益增长的人才需求，华体国际文旅还将开设营地运营管理师、露营从业人员暨户外教育师等专业培训班。

（二）顺应时代新趋势，涉足新媒体运营，组建华体传媒板块

随着互联网产业在新时代的进一步发展，短视频、直播等新媒体成为大众喜闻乐见的传播形式，这一趋势在体育领域也展现出巨大的影响力和市场潜力。

2022 年 8 月，华体国际文旅成立华体新锐体育文化科技（北京）有限公司，即华体国际文旅传媒板块，开始涉及休闲体旅内容的新媒体运营、传播业务。华体新锐依托先进的云媒体技术及移动互联网全牌照优势，倾力打造“休闲体育手机台”这一核心产品，树立“华体传媒”品牌，为体旅活动及休闲赛事提供直播等媒体推广服务。华体国际文旅补充了传媒业务这一板块后，业务架构更加成熟完善，在获得新业务的同时，也进一步强化了对华体国际文旅原有的体旅、会展、培训业务的传播力度，有助于充分提升其品牌知名度及影响力。

目前，华体新锐在与国内棋牌类协会开展直播业务合作的同时，将服务对象进一步扩大至各类休闲体育运动协会，并不断增加服务内容，在满足赛事直播需求的基础上，增设新媒体矩阵托管运营业务、体育明星新媒体代言推广业

务；进一步扩展内容分发平台，在央视网基础上，覆盖各大新媒体平台。

党的二十大报告提出“坚持以文塑旅、以旅彰文，推进文化和旅游深度融合发展”“广泛开展全民健身活动，加强青少年体育工作，促进群众体育和竞技体育全面发展，加快建设体育强国”，为新时代的体育和旅游发展方向提出了明确的要求。目前，华体国际文旅战略明晰，架构适宜，资源优厚，产品竞争力强，已为未来筑牢发展根基。

未来 5 年，华体国际文旅将围绕户外休闲体育运动为内容，以京张体育旅游文化带为基点，面向全国打造高质量体旅内容精品、体旅目的地及路线；大力推动休闲体旅内容的新媒体运营、传播业务的发展，推动体教融合政策落地实施，全力开展青少年体适能培训，充分利用青少年体育培训流量积累，利用新媒体力量，使华体国际文旅的会展、赛事、培训、体育旅游、景区等流量倍增；大力开拓国际体旅路线和青少年游学、研学内容；通过丰富多彩的休闲体育项目的开发和利用，建立休闲体育与体育旅游融合的新场景，来打造华体国际文旅体育旅游的 IP；显著提升华体国际文旅品牌在用户及行业中的知名度与影响力，并积极对接资本市场，探索引入理念相近、资源契合的战略投资者，提升整体发展速度，逐渐成为中国体旅产业国企典范。

2023 年，华体国际文旅即将迎来公司成立 20 周年，如同一名朝气勃发的青年，始终坚信自己“施展才干的舞台无比广阔，实现梦想的前景无比光明”，将在新时代推动体旅高质量发展的道路上奋力前进。

11　科学赋能 引领我国运动地板行业高质量发展
——以北京畅森体育科技有限公司为例

赵　军*

摘　　要：《中国制造2025》提出"中国速度"朝"中国质量"的转变。畅森体育历经20余年的发展，在行业内拥有较强的市场影响力和行业号召力。畅森体育以创新为引擎、以科研为驱动，不断提高自主创新能力，持续打造满足广大消费者需求的健康运动产品，着力推动科技与体育产业的联动，努力实现绿色转型，助力中国制造走向世界，为建设体育产业强国而奋斗！

关 键 词：体育产业；战略导向；科研技术；领军品牌

一、基本情况

"路漫漫其修远兮，吾将上下而求索。"北京畅森体育科技有限公司（以下简称畅森体育），在蓬勃发展历程中，伴随着中国运动地板行业的发展，从一名不见经传的企业逐步成长为行业领军品牌：产品种类从单一的运动地板产品再到篮球场梦幻系列、PVC塑胶地板、舞蹈专用地板、塑胶跑道、硅PU、足球草坪等多种产品。从照搬国外标准再到制定符合国情的国家标准，畅森体育运动木地板通过了国际篮联（International Basketball Federation，FIBA）认证、世界羽联（Badminton World Federation，BWF）认证、欧盟认证（Conformite Europeenne，CE）、德国标准DIN、欧洲标准EN五大国际证书，获得了体育馆木地板领域的全球"通行证"，满足国际篮联规定的一二三级赛事场馆的专业运动实木地板工程要求；中国著名品牌等全面系列荣誉资质。

自成立以来，畅森体育始终专注投身于体育产业，秉承着"以客户为中

* 赵军，北京畅森体育科技有限公司董事长。

心，以品质求生存”的管理理念，引进先进的生产检验设备，建立高于行业的企业内控标准，打造品质、创新、服务于一体的核心竞争力，是一家集研发、生产、销售、安装、售后服务为一体的综合型服务公司，产品遍布全球80多个国家和地区，为全球8000余个运动场馆提供一站式的整体解决方案，受到国内外专业场馆用户的认可与青睐。

畅森体育在社会上也引起了广泛的关注与认可。国家木材节约发展中心主任、中国木材保护工业协会会长刘能文，黑龙江省林业科学院木材科学研究所原所长王宏棣，北京公交有轨电车公司党委书记韩从笔，北京建工环境修复公司党委书记李文波等社会知名人士，及业内知名品牌的考察调研、技术交流，赢得了众多的肯定与赞赏。在2022年8月运动地板峰会上，畅森体育被授予运动地板五大领军品牌之一，同年9月成为“青山行动——中国木材工业协会2030碳达峰”发起单位之一。

二、探索新方向，引领行业新战略

（一）建立海内外原木基地

2015年4月1日起，大小兴安岭、长白山林区的天然林全部停伐，国内原材料缺失。但早在2008年畅森体育就居安思危，积极地探索行业资源的新方向，大力拓展海外资源，在俄罗斯、美国、加拿大等国都有稳定的原材料供应渠道。其中以俄罗斯木材为主要进口渠道，俄罗斯的木材产量居世界第一，可大量采伐，成熟林和过成熟林绝对占优势。目前，俄罗斯木材年采伐量约为1.3亿立方米，而实际采伐量高达5亿立方米。2016年畅森体育董事长赵军在俄罗斯克拉斯诺亚尔斯克考察原木进出口，实地了解当地相关木料情况，与当地木材公司进行了详细的探讨与合作，保障每一批木材的质量，有效地保证了国内外的市场供应。畅森体育的国内原木基地落户黑龙江绥芬河、辽宁抚顺等地，通过地理区位优势，俄罗斯的木材可快速运回国内，进行加工处理后，便可发往全国各地，实现了资源的快速、持续性的配置。

（二）转变思路，开拓原材料种类

运动地板一般以枫木、枫桦木、桦木、柞木、俄勒冈松木等作为原材料，才能从源头上保证地板的弹性、拉伸性、密度重量等功能作用。随着资源的日益消耗，畅森体育把视角转移到了东南亚的热带经济树木——橡胶木，橡胶木是被公认为世界上用途最广泛的轻质硬木实木之一。另外，橡胶木生产成本比较低，是普通体育场馆的优选地铺材料，是社区、企业体育活动中心、健身房、训练场地的高性价比地铺材料。随着橡胶木在国内市场知名度的不断扩大以及行业的越加规范，在实木风潮的推动下，人们开始将科研重心转移到橡胶木领域，这在一定程度上对橡胶木市场起到提振的作用。随着橡胶木改良加工工艺与技术的进步，现在的橡胶木可通过物理及化学方法进行烘干技术的处理，做到防虫、防腐、防霉三防的效果，同时也可使橡胶木含水率调整应用到不同地域、不同环境湿度中，现已应用于运动木地板的生产中，并在全国众多场馆中推广使用，获得一致好评。

（三）共话体育产业技术，畅谈前沿技术与社会使命

2022 年 1 月，畅森体育董事长赵军等人赴中南林业科技大学就产品提升、管理体制、企业改制等方面的工作进行培训学习，互相交流经验和技术。中南林业科技大学党委副书记、教育部“长江学者”特聘教授、中国工程院院士吴义强培训组给予了热情接待，详尽介绍了高校产业发展过程中的经验，就共同关心的问题进行了深入探讨。深度学习了橡胶木消费指南、橡胶木的物理及化学改性技术，于 2022 年参编出版业内知名书籍《橡胶木消费指南》。

运动地板作为体育场馆建设的重要组成部分，不同于其他行业的发展，我国运动木地板行业经历了从零到一的标准树立。在 2022 中国运动地板峰会上，畅森体育董事长赵军任运动地板专业委员会首届轮值会长，作为行业的领军人，将会持续引领行业发展，助力中国运动地板行业绿色、高质量发展。

运动木地板产业同样也是中国的优势产业、绿色产业，重要的固碳减碳产业，发展以低能耗、低排放为基础。畅森体育作为中国木材工业 2030 碳达峰——青山行动发起单位之一，在第二届中国绿色板材大会暨家居产业高质量发展论坛上，也提出要注重生产、安装过程中绿色材料的选择，深度践行

"绿水青山就是金山银山"的理念，助力2030实现碳达峰、碳中和目标。

（四）案例展示

1. 北京国际戏剧中心（图1）

北京国际戏剧中心紧邻首都剧场东侧，是同规模话剧剧场中最专业、舞台表演形式最丰富、话剧创作演出设施最完善的专业话剧剧场，是北京市全国文化中心建设重点项目。该项目由畅森体育设计并施工，含舞台木地板、舞台座椅等，根据舞台表演的特殊性、专业性定制而成，具有一定的缓冲作用，且不涩、不滑，柔韧度好，使脚感更舒适，更好地避免运动损伤，提高舞者水平的发挥。其内有"曹禺剧场"和"人艺小剧场"两座专业话剧剧场。伴随着冯远征导演的新排《日出》，濮存昕、唐烨导演的新排《雷雨》，由青年导演闫锐执导的新排《原野》，3部曹禺经典名剧的演出，将全方位展现新剧场、新演员、新表达的北京人艺新面貌。

图1　北京国际戏剧中心

2. 新疆博乐全民健身中心（图 2）

新疆博乐全民健身中心的建成填补了博州地区大型文体设施的空白，健身中心集全民健身、赛事、文体培训、演出、休闲娱乐等于一身，可承办国家级、省级各项球类比赛和大型文艺演出。畅森体育承接博乐全民健身中心体育场馆运动木地板项目，施工面积 1800 平方米，采用枫桦木 A 级面板层单龙骨结构。项目竣工后承担了全市机关运动，是博乐市对外体育文化的重要阵地，也是各单位举办各类健身活动和开展群体性体育活动的重要场所。每年举办各类体育运动高达 60 场以上，接待开展体育活动人群达数万人，是博州规模大、活动项目多、功能齐全的全民健身活动场所，同样也是展示博州文化体育发展成就的重要窗口。曾举办过 2022 新疆伊力王酒男篮系列热身赛（博乐站）、新疆维吾尔自治区博州市第一届少数民族传统体育运动会等重大运动赛事。

图 2　新疆博乐全民健身中心

3. 武汉雪莲体育馆（图 3）

武汉雪莲体育馆是大型现代化综合体育场馆，设有标准恒温游泳馆（四季恒温 28℃）、综合健身馆、乒乓球馆、羽毛球馆、桌球馆五大场馆，满足体操、篮球、排球、羽毛球、乒乓球比赛以及全民健身的要求，并配备最高水准、达到高清电视转播效果的场馆智能照明控制系统。场馆内所涉及的灯光音响、

图 3　武汉雪莲体育馆

运动地板、看台座椅、吸音软包等均由畅森体育进行设计、施工，畅森体育是体育场馆总承包商。工程完成后经华安体育检测公司专业的验收检测，所有产品及施工标准都达到绿色节能环保的要求，可实现碳达标文明建设。同时该场馆为世界第七届军人运动会的主要场馆。

4. 四川营山县奥体中心体育馆（图 4）

四川营山县奥体中心体育馆坐落在营山县朗池镇新生村，占地面积 119 亩，总建筑面积 3.1 万平方米，概算总投资 3.25 亿元，包括体育馆、游泳馆、健身活动中心、室外体育运动设施和休闲健身场地等。四川营山县奥体中心体育馆是营山发展史上投资最多、规模最大、标准最高的体育场馆，是南充范围内规模最大、功能最全的体育场馆。四川营山县奥体中心室内体育场由畅森体育设计及施工，对丰富群众文化体育生活和提升城市整体形象具有十分重要的意义。南充市第六届运动会乒乓球比赛、营山县第九届运动会在此举办。

图 4　四川营山县奥体中心体育馆

5. 甘肃省金昌市全民健身中心（图 5）

金昌市全民健身中心项目当时是省列重点 PPP 项目，建设用地面积 8 万余平方米，投资 1.2 亿元，采用畅森体育进口枫木 LVL 双龙骨双胶垫结构，可达赛事级别。建成后其成为金昌市功能最齐全、规格最高的健身中心，可以满足群众不同时间段、多种健身项目的运动需求和体验，可承办大型活动赛事，从根本上解决了全市青少年竞技体育缺少正规训练阵地和场馆的困境，对完善城市的体育功能，推动全民健身、体育产业的发展，拉动体育消费，打造金昌城市体育名片发挥积极的作用，真正实现用体育的方式宣传金昌、推介金昌。

图 5　甘肃省金昌市全民健身中心

6. 成都大学体育馆（图 6）

成都大学体育馆采用了中国传统文化中的“天圆地方”理念：圆形的屋顶，盖住了一座方形的建筑。屋顶是蓝色的，寓意着天的颜色。在晴朗的日子里，蓝色的屋顶融合在蓝色的天空里，建筑就与自然完美地结合在了一起。主馆的中间，是一个标准的排球比赛场地，采用畅森体育双层龙骨枫木实木面板，可以有效减震，在防止运动员受到损伤的同时，有利于运动员发挥最好的运动状态。馆内采用的是无甲醛地漆，符合绿色生态的办赛理念，并配备先进的体育运动设施和比赛使用设备，能够满足万名师生体育教学和体育活动的需要。在第 31 届世界大学生夏季运动会上，其排球比赛场馆将作为主要比赛场馆。

图 6 成都大学体育馆

三、品牌战略：五位一体发展规划

（一）战略规划

《中国制造 2025》指出推动中国到 2025 年基本实现工业化，迈入制造强国行列。其提出了 3 个转变：从中国制造到中国创造的转变；从中国速度到中国质量的转变；从中国产品到中国品牌的转变。各个行业有责任和义务为“中国制造 2025”做出自己的贡献。体育行业如今正在快速成长，符合质量标准是走向市场的先决条件，未来将会出现 15% 的知名品牌占领 85% 的市场份额的局面，且知名品牌地位会越来越突出。品牌溢价正在日益突出，服务成为价值的核心。市场正在逐步认可品牌价值，品牌溢价正在得到体现。

2020 年发布的《中共中央关于制定国民经济和社会发展第十四个五年规划和二〇三五年远景目标的建议》强调要在 2035 年建成体育强国。体育是提高人民健康水平的重要途径，是满足人民群众对美好生活向往、促进经济社会发展的重要动力，是展示国家文化软实力的重要平台，承载着国家强盛和民族振兴的梦想，而体育运动木地板的存在正是支持体育运动行业蓬勃发展的台阶。

体育产业是朝阳产业和绿色产业，具有资源消耗低、需求弹性大的特点，体育事业的发展已经上升至国家发展战略，将加速国内各类体育运动场所的建设。此外，越来越多的民众开始重视体育健身，进而增加各个应用场景对运动类产品的需求。整个体育产业已步入发展快车道，进入黄金赛道！畅森体育历经 20 余年砥砺前行，已拥有国际领先技术，并拥有符合国情的项目施工解决方案，正在以"工匠精神"积极参与"中国制造 2025"计划的战略实施，将持续助力体育运动行业蓬勃发展，坚定树立品牌自信、彰显品牌价值，实现社会价值。

（二）五位一体发展规划

1. 拓展核心竞争优势，助推行业发展

中国作为世界上最大的原木进口国、加工国和贸易国，拥有广阔的市场空间。2021 年发布的《"十四五"体育发展规划》提出，"十四五"期间体育产业发展的目标是总规模达到 5 万亿元，增加值占国内生产总值比重达到 2%，居民体育消费总规模超过 2.8 万亿元，从业人员超过 800 万人。畅森体育正在积极地开拓并扎根国内市场。当前，由于政策倾斜、全民健身意识增强，运动场地的需求呈指数增长趋势，中国体育行业发展非常迅猛。畅森体育有能力满足这些不断增长的需求，致力于在未来开展更多国内外相关的业务。

畅森体育积极强化一个战略、两个规划、三个定位的发展方针，拓展核心竞争优势。积极践行一个战略：为实现国家双碳目标，贡献微薄力量，稳固行业领军地位。两个发展规划：发展成为全国行业标杆，逐步发展成为全球行业标杆。坚持三个定位：高品质产品质量、高标准施工质量、高效服务及售后质量。同时坚守内地的巨大市场资源，持续将产品拓展到香港、澳门等地区，努力探索海外市场，先后在加拿大、印度等国成功拿下订单，成为国家体育总局训练局、中国女排训练基地、北京体育大学等全国 30 多个省市超过 3 万余个体育场馆 100 万平方米以上地面服务商，全国 CBA 篮球联赛、军运会、国际乒乓球公开赛及青奥会等国内外重大赛事指定产品。

2. 创新 2.0 运营模式，科研为先、创新驱动

畅森体育始终专注投身于体育产业运动地面材料领域，以市场需求为源头，以创新为引擎、以科研为驱动，不断提高自主创新能力，持续打造满足

广大消费者需求的健康运动产品，着力推动科技与体育产业的联动。畅森体育集国家体育总局设施建设标准、国家体育用品质量监督检验中心、中国体育用品联合会及中国林业科学院木材工业研究所等国内外专家标准资源优势，融合体育运动地面新材料技术创新投入和研发成果产业化应用，实现体育运动场馆设施室内外铺装材料高于行业或国家标准。

畅森体育产品在体育设施建设、新材料、体育器材装备、运动地面及场馆建设装修等领域广泛应用，拥有国际化的专业团队。知识产权涵盖 11 项专利，9 类软件著作权及 3 类作品著作权，先后通过 ISO 9001 国际质量体系和 ISO14001 国际环保体系双认证；AAA 级信用企业和中国著名商标品牌。

3. 价值链技术化管理，描绘行业增长曲线

随着全球价值链日益碎片化，其可持续发展越来越关系到各国产业健康、经济安全、社会稳定。贸易摩擦与新冠肺炎疫情更是突显了全球价值链治理与升级的重要性。习近平总书记曾经指出："要以智能制造为主攻方向推动产业技术变革和优化升级，推动制造业产业模式和企业形态根本性转变，以'鼎新'带动'革故'，以增量带动存量，促进我国产业迈向全球价值链中高端。"畅森体育多年来的始终贯彻：满足客户需求，为客户创造价值，赋予潜在动能。对于畅森体育而言，把握正确方向、始终充满活力是一条亘古不变的康庄大道，这样才能在行业中引领前行，描绘行业二次增长曲线。

4. 把握市场动向，产品功能个性化日益突显

在《体育强国建设纲要》中，"体育场地"作为体育强国建设不可或缺的一环，多次被重点提及，大众对于运动场景需求的多元化改变，也正在给运动地板行业提出新的要求。尤其是年轻群体追求时尚运动、健康运动的理念，畅森体育馆也推出符合用户个性化发展，满足专属定制需求的产品，将更多有趣、更具吸引的元素融入其中。比如年轻人很喜欢的篮球馆，通过炫酷的色彩和创意设计搭配，开发了多款既符合新时代品位，又顾及球馆实际需求的创意；或在后期装饰时会加入篮球明星或篮球插画等为背景，为整体空间营造活力、动感的运动氛围。

畅森体育面对多元化、个性化市场需求，从单品类拓展到多品类，不仅有利于分担单品类市场增速减缓带来的风险，增加企业的市场占有率，更重要的是产品延伸已成为地板企业发展的主流模式。对于运动地板企业能利用

技术手段有效地解决这类问题，不仅增加了企业的市场占有率，更重要的是已成为地板企业发展的主流模式。畅森体育还专注科研技术，研发了可拆卸运动木地板（专利号：ZL 2021 2 1362877. 7），连接件连接，能快速实现球场功能转变，极大地提高场馆使用率。重视体育场馆的空间开发及利用，保证体育场馆既能够满足比赛要求，同时更能满足非赛事活动的需要。

5. 传统 B2B+M 模式，融合新媒体发展浪潮

"拂面春风好借力，正是扬帆启航时。"在媒体技术日新月异、快速发展的今天，借助新媒体发展的浪潮，信息传播加速度。依托传统的 B2B+M 模式，融合繁荣新媒体发展的浪潮。体育产业发展之路必将越走越宽，越走越快。在"互联网 +"时代下，畅森体育新旧模式结合，构建体育全媒体传播格局。B2B+M 的传统信息交流模式，更易压缩中间环节，节省成本，垂直获客，高效快捷地达成合作。畅森体育还打通电商平台，搭建天猫旗舰店、京东店铺、抖音小铺等线上商铺，在新媒体的浪潮下，存在着不容忽视的潜在商业巨浪。架设专业的推广运营团队，SEO 技术推广、构建线上一体化。体育全媒体传播格局，打造体育融媒体产品，发挥短视频平台、微博、微信、客户端等在体育文化传播中的积极作用。

当下世界卫生组织（World Health Organization，WHO）已向部分国家发出警告：如果再不鼓励民众锻炼，到 2030 年，全球将新增近 5 亿病例！而这将进一步导致每年 270 亿美元的经济损失。随着后疫情时代的来临，适当的体育锻炼不仅对巩固身体健康有好处，还会对社会、环境和经济持续地带来价值。体育运动建立了更多元的价值理念：非功利性、自发性、自我的重塑。对于民众而言，运动可以让人充满活力，体育可以提升身体素质。健身、冰雪、马拉松等热潮催生流行文化，人人都能找到自己的健身舞台。社会提供了广阔的健身场地，畅森也在积极地布局全国多层次的运动场所。中国体育产业快速增长运行态势，预计 2022 年体育产业规模将进一步超过 3.5 万亿。到 2025 年国家投资达 5 万亿，反映了我国体育场地设施建设快速蓬勃的发展势头。

四、科学赋能，产业发展进入黄金赛道

（一）促进“体育+”产业规范化发展

就体育的文化属性而言，体育是规则化的语言，只要懂得体育规则，就可以在国际上通用和交流。奥运会之所以被全世界接受，正是因为这一特征。因此，体育产业相比其他文化产业有一个优势，就是有天然的国际化特点，并拥有天然的国际市场。无论是奥运会还是世界杯，都拥有强大的国际影响力和国际市场。

伴随着互联网产业的井喷式发展、人工智能技术的更新换代等，居民体育消费模式升级，运动鞋服、健身器材、训练工具、运动营养等市场需求多样化。产业消费市场需求多样化、个性化和娱乐化拉动了“体育+”产业融合发展，体育+教育、体育+旅游、体育+文化等跨界融合。促进不同产业的升级，拉动经济增长，找到与其他产业联合发展的契合点，打破行业壁垒而形成的一个协调、共同发展、相互渗透、紧密相连的产业系统，也就是一个“1+1＞2”的新兴产业业态，会不断地促进体育市场的消费水平不断升级，也将积极反馈于体育产业的高质量、绿色化发展。

（二）促进全民健身生活与体育融合

在“后奥运时代”，群众体育得到越来越高的重视，全民健身的热情依旧在日常生活中持续着。习近平总书记多次强调要紧紧围绕满足人民群众需求，统筹建设全民健身场地设施，构建更高水平的全民健身公共服务体系。为充分发挥全民健身在全民健康促进中的积极作用，国家将全民健身上升为国家战略，广泛开展全民健身活动。由此体育场馆、学校运动场馆、舞台戏剧院等的需要量急剧上升，随之带动了体育场馆和剧院舞台的地铺材料产业发展，中国体育运动地板市场需求强劲。

美好生活，健康先行。畅森体育为人民群众提供全方位、全周期的健康服务，提高健康水平。体育健身成为健康中国战略的重要组成部分，而广泛开展全民健身运动离不开基础设施、健身设备的健全。尤其是近 3 年，受到

新冠肺炎疫情影响，人民对健康的需求进一步提升，运动促进健康成为人民共识。健康向上、健康生活的大众体育精神被越来越多的人认可。无论是政策方向的倾斜，还是群众高涨的运动热情，都加大、加快了对运动场地的需求，缺口巨大，也印证了体育运动地板行业的上升趋势。

（三）行业标准呈现规范化，把握关键趋势

1. 国家标准逐渐专业规范化

长期以来，标准作为国际交往的技术语言和国际贸易的技术依据，在保障产品质量、提高市场信任度、促进商品流通、维护公平竞争等方面发挥了重要作用。随着经济全球化进程的不断深入，标准在国际竞争中的作用更加突显，继产品竞争、品牌竞争之后，标准竞争成为一种层次更深、水平更高、影响更大的竞争形式。因此，世界各国越来越重视标准化工作，纷纷将标准化工作提到国家发展战略的高度。

《中国制造 2025》提出“中国速度”朝“中国质量”的转变，国家标准先行，以实施标准化发展战略，加强林业产品标准化工作，提升产品质量和品牌形象，对促进我国林产工业健康稳步发展，具有非常积极的意义。把标准化放在更加突出的位置，以标准全面提升推动产业升级，形成新的竞争优势，促进行业快速可持续发展。畅森体育积极参与行业国标的制定：《体育馆用木质地板》（GB/T 20239—2023）、《绿色建材评价标准——装饰装修用木质建材》，对加强标准化与市场规范，落实绿色发展理念，树立国家标准，助力行业的健康可持续发展，产业升级协同发展具有重要意义。

2. 创新驱动，主编团体标准软实力彰显

团体标准相比较于国家标准和行业标准有着更短的制定周期以及更高的市场要求，它既能够填补国家标准的空白，又能够灵活地吸纳行业内优质的新产品、新技术，及时反映行业特点。畅森体育参与主编团体标准：《体育馆用木质地板施工技术规程》《体育馆用木质地板维修及保养技术规范》，对运动木地板施工标准化管理，规范化作业，保证工程进度，高质量标准化的按期交付工程有所裨益。不同于企业标准，也不同于行业标准，团体标准在行业中拥有影响力及引领性，是企业引领市场、扎根市场的强力抓手。畅森体育通过参与团体标准的制定获得话语权，提升企业竞争力，促进释放标准化

能量激发产品创新活力，引领行业高质量发展。

3. 领航开拓新资源，扩大行业发展新方向

橡胶木是优质的可持续木材资源，对保护我国森林资源，促进生态文明建设，实现双碳目标，践行“绿水青山就是金山银山”的理念具有重要意义。为贯彻绿色发展理念，促进橡胶木产业的高速发展：由国家木材节约发展中心、国家木材与木制品性能质量检验中心、国家橡胶木及制品创新联盟、畅森体育等单位联合编写的《橡胶木消费指南》，历经两年多时间对国内外橡胶木相关产地供应商、贸易商、生产企业、科研人员深入调研，共同努力下，现已出版发行。

畅森体育始终坚持开拓新资源，立于高处的前瞻视角，引领行业生产消费的新未来。

五、科研赋能，推动绿色环保与生态保护

2022 年生态环境部确定六五环境日主题为“共建清洁美丽世界”。中国“双碳”目标提出后，经济社会全面向绿色低碳转型，生态环境保护也迎来新局面。在降碳减污扩绿增长的协同发展路径之下，政府的治理思路要转变，企业的发展模式要转变，个人的生活消费方式也要转变，在全社会的共同努力之下，才能共建一个绿色环保的世界。

随着人们节能环保意识的增强，在白热化的市场竞争上，畅森体育唯有加强绿色环保的发展，才能充分满足消费者健康环保的消费理念，谋得在市场上长足发展。对此，畅森体育唯有把“绿色环保与健康品质”作为企业的发展策略，如此才能在市场中长久地立于不破之地。

畅森体育不断加强对科研技术的投入，以科技赋能，坚持绿色高品质高质量发展。作为国内运动地板品牌领军企业，坚定践行双碳目标、可持续发展与体育产业相结合，满足广大群众对运动健康的实际需求，传递绿色环保、可回收、可循环的绿色消费和健康生活理念，助推产业的科学、可持续化发展，助力绿色环保美丽新世界的形成。

六、结束语

畅森体育专注投身于体育产业，雄厚的实力与辉煌业绩使品牌快速成为国内体育产业的领军者、佼佼者；已发展为国内外 1000 多家经销代理，愿与更多全国及全球体育产业供应商携手合作，共创美好未来。

12　常州延陵天元教育发展案例分析

聂红蓉*　汤　程**

摘　　要： 本文重点剖析了常州延陵天元教育的发展历程，详述常州延陵天元教育的品牌建设和科学管理方面的经验，分享对新环境下围棋培训行业的发展前景的期望，以期为同行发展提供有益参考。

关 键 词： 常州延陵天元教育；围棋；发展案例；品牌建设；科学管理

常州天元棋院成立于2010年5月，是拥有常州市教育局颁发的民办学校办学许可证的专业少儿围棋培训机构。2014年10月，天元棋院再次注册为江苏延陵天元教育信息咨询有限公司（注册资金1000万元），正式成为常州以围棋培训、竞赛组织和棋类相关产品开发为主的专业围棋培训机构和围棋教育信息发布平台。

一、基本情况

自创办以来，天元棋院以打造全国一流围棋教育机构为宗旨，面向全国吸引了众多优秀名师的加盟。目前棋院已有超过100名专职围棋教师在一线教学，现有的教学团队以世界冠军唐韦星老师为名誉总教练、技术总指导，更有前职业四段、全国晚报杯冠军韩启宇老师，现役职业三段肖琪老师，常州市青少年围棋队总教练、业余5段沈超老师等一大批有丰富幼儿教学经验的知名教练。目前已经在全市建立了40多个分院教学点，拥有近5000名学员，是江苏省内最大的围棋教育机构之一。

天元棋院以传承中华传统文化为己任，致力于普及少儿围棋运动，是常州唯一一家进入幼儿园为孩子免费普及围棋知识的围棋教培机构。自2011年起已先后向全市5万余名少年儿童开展了围棋普及教育，目前这项中国传统

* 聂红蓉，常州延陵天元教育信息咨询有限公司经理。

** 汤程，常州延陵天元教育信息咨询有限公司董事长。

文化活动的普及工作仍在进行中。公司承接协办了城市围棋联赛与中国围棋甲级联赛两项国家级围棋赛事，并先后邀请到中国棋院院长华以刚八段、孔祥明八段、罗洗河九段等重量级嘉宾莅临比赛现场，世界冠军芈昱廷九段、唐韦星九段，名将谢赫、王檄首度走进常州市区，促进了常州围棋文化的传播与发展，尤其是对发展少儿围棋运动、加强青少年素质教育等起到了推动作用。同时多次承办江苏省围棋定级、定段赛（常州赛区）和“天元杯”常州少儿围棋赛事，累计吸引了近万名不同学棋阶段的小棋手参赛，获得了常州及周边城市参赛者的一致认可，扩大了围棋运动在青少年人群中的影响，得到了省、市棋协领导的好评。另外，棋院十分重视教学质量，深入研究少儿围棋教学的规律，并广泛使用多媒体教学，让孩子在愉快的学习环境中健康成长。公司还就教学内容申请了10多项图文专利。在过去几年中，棋院学员在全市历届各项围棋比赛中均名列前茅，已培养出近百名优秀少儿棋手，占全市优秀小棋手的半数以上。

延陵天元教育的成绩还获得了业内人士的认可，多家外地同行慕名而来，寻求合作。目前延陵天元教育已在湖南、陕西、云南、广东等地成立公司，成为常州首家走向全国的围棋教培机构。延陵天元教育能够在少儿围棋培训行业取得一定的成就，离不开中华民族伟大复兴的大背景和城市发展、人口增长给行业带来的整体红利。除此之外，延陵天元教育也苦练内功，在品牌建设、科学管理等方面不断钻研，在此做一些分享，以期能给大家提供一些参考。

二、品牌建设

（一）高层参与，科学定位品牌

品牌的灵魂就是品牌的核心价值，它是品牌资产的重要组成部分，能够让消费群体一目了然地分清品牌与品牌间的差异，并让消费者记住品牌的个性和利益点。品牌的核心价值是驱使消费者接受、喜欢甚至离不开一个品牌的主要原因。延陵天元教育核心价值观可以定义为：“用虔诚的态度做良心教育。”在品牌的建设过程中，品牌的最终目标就是核心价值，也是一个品牌推广传播工作的原点。品牌建设要围绕品牌核心价值开展相关工作，这些工作均是对延陵天元教育品牌核心价值的演绎与体现，同时对公司品牌核心价值产生了丰满和强化的作用。

在进行品牌建设中，延陵天元教育定位于建设成为当地有影响力的少儿围棋培训品牌，根据自身的教育培训特点和当地竞争者的特点，有效优化品牌建设策略。

1. 做好市场细分

延陵天元教育根据自身的教育培训对象，按照既定的标准进行区分，确定公司的目标客户人群。主要依据延陵天元教育所处区域的地理标准、心理标准、人口标准和行为标准，根据这些细分标准的相关要素条件对应做好人口细分、心理细分、地理细分和行为细分。

2. 选择目标市场

延陵天元教育目标市场的选择主要通过以下几个策略进行：①选择无差别市场策略。延陵天元教育把整个市场都作为自己的目标市场，只考虑延陵天元教育所在当地市场需求的共性，而不考虑其所在地的差异性，仅运用延陵天元教育的产品、固定的价格、固定的推销方法，吸引尽可能多的学生和家长的注意力，获得更多的市场空间。②选择差异化市场策略。延陵天元教育把当地教育市场细分为若干个子市场，针对不同的细分市场，设计出不同的有效产品，制定出不同的价格区间，并制定出不同的营销手段，以满足不同的学生需求，从而吸引尽可能多的学生和家长的注意力，获得更多的市场空间。③选择集中性市场策略。延陵天元教育在细分后的市场基础上，选择两三个或数量不多的几个细分市场作为目标市场，实行专业化的课程教学和销售模式，在少数、个别市场上发挥延陵天元教育优势，从而提高市场占有率，以变相的形式达到获取更多的市场份额。上述所列举的目标市场选择策略各有利弊。在选择目标市场，必须考虑当时公司所面临的各种各样的因素和内外部条件，如延陵天元教育的规模及教学水平、产品的相似度、市场相似度、课程的寿命及周期等。选择适合的目标市场，是一项复杂且包含不确定性因素的工作。延陵天元教育内外部环境条件均在不断地发生变化，负责人需不断地进行市场调查和判断，分析和掌握市场的变化和发展趋势；不断地发现与竞争对手间的差异，做到扬长避短，主动出击，采用机动的、适应市场态势的相关策略，以此获取最大化的效益。

3. 明确品牌定位

准确合理地进行品牌定位，需要从 5 个方面着手：第一，定位要以产品的真正优点为基础；第二，定位要凸显竞争优势；第三，定位要让消费者切身感受到；第四，定位要用足够的资源进行支撑；第五，定位要清晰、简单、易接受。

延陵天元教育意识到品牌定位的重要性，充分理解品牌定位的目的，将教育培训的目的、办学模式以及品牌建设做到精准、合理。延陵天元教育从以下几个方面进行定位：①办学规模的定位。在充分分析所在区域的幼儿园、中小学生人数，当地类似围棋培训公司的数量，结合延陵天元教育自身的办学条件、实力，同时结合自身近几年的发展规划，在充分利用可用资源的情况下，对办学规模进行精准定位，确保延陵天元教育拥有稳定的生源，并为生源提供高质量的教学服务。②办学层次和类型的定位。延陵天元教育培训公司面向全社会招生，以专业的围棋教学为核心课程，成为该领域的倡导者。尊重学生个体差异，坚持以学生的个性化发展为核心，以发掘学生潜能、全面提升综合素质为目标，借助专业化教学力量对学生进行因材施教。延陵天元教育在“教研 + 战略”的赋能下，全面提升教育教学质量，始终以“用虔诚的态度做良心教育”的理念，多元发展，研发出更多适于素质教育的课程，推动教育培训行业的创新与发展。③经营理念的定位。延陵天元教育经营理念清晰，即“用虔诚的态度做良心教育”。定位准确，“不求大，只求强；不求快，只求稳”。在发展的道路上，延陵天元教育踏踏实实做教育，扎扎实实做服务，一心扑在教育产业上，不涉足其他行业，力求把教育培训产业做精、做好。

（二）明确定位，实施差异化策略

在充分研究品牌战略模型的规律下，深入研究延陵天元教育的财力、公司的规模、公司的发展阶段、产品特点、消费者心理、品牌的推广力以及竞争格局等情况基础上，确定品牌建设的策略。

1. 产品差异化

产品和服务是教育培训公司之根本，也是教育培训公司营销之本。所以，如何让延陵天元教育产品和服务异于他人，管理者们从以下几点进行了考虑：

①定位差异化策略。包括延陵天元教育品牌定位、行业角色的定位等，即要创建什么品牌，在教育行业中给自己确定一个什么角色，能提供什么样的不同于别人的服务。②执行差异化策略。根据客户需求导向、沟通模式和营销执行体系的变化，调整延陵天元教育人员配置、机制等。客户层次的不同导致需求类型的不同，客户家境条件的差异使得需求价格的不同，客户需求适时变化，营销模式也要进行调整。③需求差异化策略。客户对产品的功能、品质、价格等的需求不同，需要对教学产品进行定制开发，以满足不同客户家长的需要，如课程难易度、功能、价格，授课的时间长短，人数的差异化等。④个性差异化策略。包括产品包装、附加服务、产品名称、产品卖点等的差异化，使自己的产品不同于竞争者。

2. 服务差异化

服务差异化是企业面对竞争对手在服务内容、服务渠道和服务形象等方面采取有别于竞争对手而又突出自己特征，以战胜竞争对手的一种做法。目的是通过服务差异化突出自己的优势，与竞争对手相区别。延陵天元教育作为教育服务企业，在注重传统服务模式的基础上，主要从以下几个方面加强服务方面的工作：第一是无形产品有形化，如赠送印有广告的小礼品给客户；第二是将标准产品进行顾客化定制，如针对不同年龄、接受程度设计出一对一教学培训；第三是加强员工的素质提升，由于服务主要是人员提供的，从根本上提高员工的教学水平和服务水平，可以促进服务质量提高，建立难以模仿的竞争优势。

3. 品牌形象差异化

品牌形象差异化主要是指公司实施通常所说的品牌化战略和CI战略的情况下而产生的不同。延陵天元教育主要从两个方面加强品牌形象的差异化工作：一是在原有品牌视觉系统的前提下进行规范，如logo的推广，包括基础元素和应用元素的运用，让家长和学生看到logo就能想到围棋培训是延陵天元教育的专长：二是提高社会形象，通过节假日在大型商场、文体中心、地产营销中心、社区等地举办联欢活动，主办或协办捐书日、敬老日、交通协管日、学习雷锋日等公益活动，联合当地旅游局、旅行社举办儿童夏令营活等，来塑造延陵天元教育品牌在各界社会群体中的形象。延陵天元教育从生动、鲜明、良好的社会公益形象以及容易识别记忆的品牌形象，使其品牌更具亲和力，为提升效益做好基础工作。

（三）借助专业力量，高效创建品牌

1. 重视品牌形象设计

如今企业形象设计在企业发展战略中处于主要地位，企业如果注重自身的形象设计，必然会为企业迎来更多的关注和认同，这也正是当下不少企业决定进行企业形象设计的初衷。企业要发展就必须注重企业文化建设，塑造良好的企业形象，以形象力提升竞争力，最终取得经营发展的最大优势。

延陵天元教育对公司形象进行重新优化设计，让学生和家长能够更加清楚地识别，从而做到与其他教育培训公司有效的区分。延陵天元教育品牌和形象设计的重要性越发凸显，是延陵天元教育未来继续发展的关键性因素，对现有的品牌和形象设计进行优化建设，必然会为延陵天元教育的发展起到推动作用。具体的作用主要包括以下几个方面：①招生发展的战略。企业形象设计是延陵天元教育长期发展的一项重要市场战略，也是促进延陵天元教育招生的重要方法。在正常的市场条件下，因为人们对品牌的偏好大部分是从视觉中获得的，所以树立良好的品牌视觉形象是十分必要的。延陵天元教育形象设计的成品也是确定其在消费者心中地位的有效途径。②知名度的提升。延陵天元教育形象设计也是延陵天元教育在市场上赢得先机的重要方法，专业的企业形象设计能够大大提升延陵天元教育的知名度。企业形象设计一般都是采用鲜明的颜色以及简洁的线条和文字，可以让人们在最短的时间内记住企业或其产品，有助于知名度的扩散和提升。③企业文化的体现。企业形象设计体现了企业的文化，对于内部员工而言，增加员工的自豪感，可以更加努力工作，员工的稳定性高也有利于吸纳优秀的人才；对于客户来说，在优秀企业形象的基础上，能够有效地提升客户群体对产品品质的信赖，有利于在留住原有老客户的同时，吸引新的客户，创造直接经济效益。④品牌延伸的前提。品牌延伸可以有效地降低新产品导入市场的成本和风险。延陵天元教育进行品牌延伸是在其品牌拥有一定价值和消费者熟知且信赖的基础上实施的。

总的来说，延陵天元教育形象设计是一项一劳永逸的工作，这就需要让设计人员深刻地了解延陵天元教育文化、核心目标、发展市场，只有了解深入透彻才可以让设计人员设计出贴合延陵天元教育的品牌和形象。

2. 品牌形象设计策略

品牌形象的建立是一个长期的经营积累过程，是品牌构成要素在人们心里的综合反应，是消费者记忆中关于品牌的所有联系的综合感知。品牌的形象是由品牌的内在形象和外在形象两个部分所构成。延陵天元教育拥有自己的办学理念，即“用虔诚的态度做良心教育”，拥有自己的品牌标识，这些都是独一无二的，是延陵天元教育经过多年的经营教学，从中淬炼出来的，是延陵天元教育区别于其他教育培训公司最为关键的部分，是反映延陵天元教育的精神所在，代表着延陵天元教育的形象。在现有的基础上如何更好地做好延陵天元教育品牌形象建设，主要可从以下两方面着手实施。

（1）从延陵天元教育内部提升形象：

第一是形成科学的延陵天元教育理念。延陵天元教育的理念是向知名企业学习，成为成功企业在消费群体心中的概念。在当下的社会市场里，众多企业都高度重视企业文化的塑造和企业精神的提炼，以此来体现企业的目标定位，反映企业的思想理念，彰显企业的使命，展现企业的经营策略，并且通过企业的宣传口号、标语及道德规范来鼓励和约束公司员工，树立良好的公司形象。第二是为员工创造良好的工作和生活环境。一个公司的办公环境直接影响公司形象。公司的环境好，形象就不会差；而公司的环境脏乱差，其形象必然不会很高，因此公司的环境和形象是密不可分的。公司的环境是公司文化最基本的表现方式。第三是为社会提供优秀、高质的产品和满意的服务。产品和服务是公司形象最为直观的显现。公司形象的对外展现，最为基本的就是公司所提供的产品和服务。因此，延陵天元教育要提升形象，第一要素就得提升公司的产品质量和服务水平，向目标群体提供优质的产品和满意的服务。延陵天元教育的产品和服务，关系的不仅是效益问题，更加关系的是公司的声誉，是公司企业文化最根本、最直接的反映。第四是塑造延陵天元教育领导和员工良好的形象。公司领导和员工，代表着延陵天元教育的一个整体形象。为了提升延陵天元教育的形象，延陵天元教育领导在公司内部起到带头作用和自身示范作用，这是公司良好形象塑造的关键。领导清廉，处事必公正，上梁不正下梁必歪。同样，延陵天元教育员工的整体形象是公司内在素质的具体表现，塑造爱岗敬业、团结友爱、协助发展的整体形象。

（2）从延陵天元教育的外部建设提升形象：

第一是参加公益活动。以公司名义，多参加公益活动，是提升公司整体形象的最为有效的途径之一。延陵天元教育通过对社会所需人员的捐赠与帮扶，能够充分彰显公司在创造自身财富的同时也在进行社会公益事业，体现了公司在当今社会条件下的权利和义务。有社会责任心的公司必然会获得更多目标群体的信任和依赖，从而更加容易获得稳固的形象与品牌。赞助和支持文化或娱乐方面的事业，同样也可以达到提升企业形象的作用，这需要有充分的论证与设计。第二是借助网络进行有效推广。当今，伴随着网络信息科技的发展，网络已经融入每个人的生活中，并已成为不可缺少的部分。延陵天元教育可以借助网络的力量塑造公司的形象，这是有效提升公司形象最为有效、快捷的方式。网络推广的形式多样，延陵天元教育要想有好的效果，就必须从多方面、多渠道采用全覆盖的手段进行推广，这些对提升延陵天元教育的知名度和公司形象都有比较好的效果。

（四）多渠道，立体化传播品牌

1. 广告传媒传播

广告传媒作为品牌传播在现代社会中的一种主要方式方法，其含义是品牌的拥有者以向广告经营部门支付一定费用，通过电视、广播、灯箱等传播途径，通过其专业的策划创意，对延陵天元教育目标群体，以公司的品牌标志、名称、文化、定位等为主要内容的宣传推广活动。众所周知，广告已经成为品牌推广最为传统、重要的传播方式之一。社会群体了解、认知某个品牌，基本是通过广告的宣传获取的，广告同样也是提高延陵天元教育品牌的知名度、客户的忠诚度和信任度、塑造延陵天元教育品牌形象以及提升个性的主要手段。延陵天元教育在做广告时按照以下几项内容进行操作：第一是对现有市场进行研究，了解广告针对目标群体客户的潜在消费习惯以及消费心理的表现，然后通过广告渠道来宣传延陵天元教育的高质产品和优质服务，以此来吸引消费群体的眼光，获得家长和学生的购买；第二是延陵天元教育要结合市场时期的差异性，有效地对广告制作、宣传，采用不同的应对办法和手段；第三是延陵天元教育所发布的广告具有连续性，因广告的滞后因素，广告投放需要有持续性，不能轻易停；第四是延陵天元教育在做广告宣传时，注意选择资源投入和广告媒介间的比例，确保在广告传播活动过程中媒介的传播价值均衡。

2. 公共关系传播

公共关系是公司的形象、技术、品牌、文化等传播的有效解决途径，包含投资者关系、事件管理、员工渠道传播及其他非营利性传播渠道等相关内容。公共关系作为品牌传播的一种有力方式，能有效地利用第三方企业的认证，为延陵天元教育的品牌提供有利于其的相关信息，从而有目的性地引导和感化消费群体。公共关系传播可以为企业带来以下几个方面优势：第一是可以有效地为延陵天元教育塑造品牌的知名度，正确合理地应用新闻热点，以此来塑造延陵天元教育的整体形象和对外的知名度；第二是为延陵天元教育树立信任感和美誉度，有效地协助延陵天元教育在消费群体中获取认同感；第三是通过延陵天元教育免费体验的营销模式，让本来不好衡量的公关效果得以具体化；第四是提升延陵天元教育的品牌影响力，促使延陵天元教育的社会责任和品牌资产增值；第五是通过延陵天元教育的标准营销模式，化解延陵天元教育的营销压力。

3. 人际传播

人际传播是人们之间进行的直接交流，主要通过延陵天元教育员工的讲述、示范操作、服务等，使家长和学生了解和认识延陵天元教育，并最终形成对延陵天元教育的初步印象和最终评价，这种评价也许会直接或间接地影响到延陵天元教育形象。在品牌传播的众多方式中，人际传播是最容易被消费群体所接受的。人际传播是形成品牌美誉度的重要途径之一，但是如何能让人际传播获得一个好的效果呢？就必须提高延陵天元教育人员的素质，提升他们的服务水平，让学生和家长对延陵天元教育的产品认可、服务满意，并主动为延陵天元教育进行义务宣传，从而起到提升延陵天元教育的品牌知名度的效果。另外，延陵天元教育品牌也需要在保证质量的同时不断进行价格调整，以刺激家长们的敏感度。

4. 新媒体传播

随着互联网技术、移动通信技术、数字媒体技术的发展，品牌传播的可使用范围也随着新媒体的发展随之发展起来。新媒体包括手机媒体、网络媒体、数字电视媒体等。有效的品牌传播对于品牌占据受众内心位置和塑造品牌竞争力具有重要作用。在新媒体作为重要传播工具的背景下，品牌为了实现自身的可持续发展，在进行品牌传播活动之前，必须对使用新媒体的受众精确定位。除了巩固传统媒介进行品牌传播，还要分析当前使用新媒体的受众特征，了解他们对新媒体的使用方式和程度，这样才能够对他们有一个精准的宏观乃至微观的把握，才可以投其所好地对他们进行有针对性的品牌传播。延陵天元教育积极运用新媒体的传播手段，建立新媒体传播链条，将品牌传播力度加大，最终形成品牌促效益、效益促品牌的互动效应。

（五）专人专岗，不断推动品牌创新

1. 定期开展品牌调研

延陵天元教育将以年度为周期，针对消费者群体开展延陵天元教育品牌调研，了解消费者对延陵天元教育的品牌认知，确保消费者认知与延陵天元教育品牌定位没有太大的错位。如果调研中发现两者存在较大差异，则需要有针对性地策划品牌推广活动，以缩小差异。

2. 理性进行品牌扩张延伸

延陵天元教育在做好品牌调研的同时，不断加强品牌延伸扩展，以获取较好的资源与收益。无形资产是可以重复利用且无需再花费相关成本，只需要延陵天元教育相关领导有序谋划品牌延伸策略，结合延陵天元教育相关理论依据，就能理性地利用品牌扩张与延伸来展现品牌资源这一无形资产，实现延陵天元教育的跨越式发展。

针对延陵天元教育品牌延伸中的相关环节，有计划性地进行前瞻性和科学性规划，是延陵天元教育品牌战略的重要内容。首先，延陵天元教育向员工征集，采取集思广益的方式提炼出具有延陵天元教育特色的品牌核心价值，向员工暗示品牌核心价值的重要性，提前对品牌延伸进行预埋；其次，抓住一切机会对品牌延伸进行有效扩张，同时做好品牌延伸产品中存在风险延伸情况的有效回避；最后，提升品牌固有资产、加强品牌核心价值，延陵天元教育在做好品牌延伸的同时，加大推广新产品的力度。

3. 科学管理品牌资产

延陵天元教育为打造核心价值和个性鲜明、品牌联想丰富、品牌知名度高、溢价能力强、品牌忠诚度高、价值意识强的强势品牌，积累了丰富的品

牌资产。延陵天元教育需要做好以下几个方面：首先，要充分了解品牌资产是如何构成的，深入了解品牌资产的质量认知度、知名度、品牌关联度、溢价能力、品牌忠诚度等各项指标及其相互关系。在此基础上，结合延陵天元教育的实际，制定延陵天元教育品牌建设要实现的品牌资产目标，使延陵天元教育的品牌建设工作具有明确方向，从而达到有针对性的目标，减少无谓的浪费。其次，根据延陵天元教育品牌构成的原则，围绕品牌资产目标，创造性地规划低成本营销传播策略，提升品牌资产。

（六）品牌建设保障

延陵天元教育品牌的树立是其面向市场、展示自身优势和特点、参与市场竞争的必然之路，同时也是延陵天元教育实现自我提升、自身发展的有效途径和必然选择。延陵天元教育实现品牌的建设，首先是对品牌建设进行有效定位，正如一个优秀的企业品牌定位，相当于一半品牌建设工作已经完成。在定位时，根据品牌的要素原则，延陵天元教育需要提出清晰的目标，然后编制出实现此类目标的方法。对于成型多年的延陵天元教育，对品牌进行诊断，找出延陵天元教育在品牌建设过程中所存在的问题，并进行总结，找出自身的优势和弊端。其次是延陵天元教育品牌建设阶段，重点工作是明确品牌的价值观。正如一个企业树立怎样的价值观，也就确立了该企业能走多远。最后是品牌建设的形成阶段，延陵天元教育根据其所在的市场情况和自身公司内部经营管理、团队组成、业务发展等变化，在现有基础上不断地自我调整和提升，使品牌提升至新的高度，促使产生更大、更为长远的品牌影响力。

1. 品牌意识保障

品牌意识是现代经济竞争中用于引导企业获胜的至关重要的战略性意识，品牌是战略资产和核心竞争力的重要来源。对于任何一个企业而言，树立品牌意识和建立强大的品牌，已经成为保持战略领导地位的关键。也正如营销专家拉里·赖特所说，“未来企业间的战争是品牌间的战争。企业和投资者须认识到这一点，企业最为珍贵的资产是品牌，不是拥有市场，更不是拥有工厂”。因此，延陵天元教育必须加强品牌意识的树立，但如何树立，需从以下几个方面实施：

（1）加强品牌使用意识。延陵天元教育需加强对品牌价值和效用、使用品牌的重要性的认同和认知进行提升。品牌建设对延陵天元教育的经营有着举足轻重的作用，而此作用的体现是搭建在延陵天元教育对品牌的运用基础上的，也就是延陵天元教育在自身经营过程中有效地、主动地创建和使用品牌，只有这样，品牌才能有效地成为延陵天元教育真正的代表或体现，同时也能让品牌的其他作用得以体现。“愚人卖货，智者卖牌”，正是形象地说明了该理念。

（2）品牌保护意识。延陵天元教育对品牌的保护认知和理解程度需再提升。品牌创造是品牌效用的基础，但更重要的是，需要延陵天元教育对品牌进行有效保护，为品牌效用提供保护。如果延陵天元教育的品牌效果不明显，声誉不高，允许他人假冒品牌，那么延陵天元教育的品牌声誉将很难形成。也就是说，品牌发挥应有作用的前提是其知名度高、公众评价好。

（3）品牌发展意识。延陵天元教育树立牢固的发展品牌意念、增强品牌的深度、加大品牌创新思维，不断提高延陵天元教育的品牌竞争力和市场形象，使品牌的内在价值最大化得以体现。创立品牌虽然重要，如果延陵天元教育没有课程的研发、服务的提升，品牌推广没有立竿见影的策略，必将出现品牌效用停滞不前的现象，或将出现延陵天元教育品牌被市场丢弃的现象。

2. 产品质量保障

延陵天元教育以提升学生棋艺为指标开展内部管理工作。传统的“酒香不怕巷子深”在竞争愈发激烈的今天，已经不再普遍，甚至出现了“酒香也怕巷子深”的情况。但也并非仅仅强调品牌，而忽视了内功修炼（即产品质量）。当今社会，因质量问题而引发品牌受损，甚至因质量问题导致企业破产倒闭的案例数不胜数。

延陵天元教育一手抓教学质量，打造精品化课程，加大新课程的研发，推崇质量创新，实现质量价值创造的同时，一手抓好品牌的建设，最终形成质量成就品牌，品牌推动质量的双轮局面。王威指出，在“中国制造”销售全世界的现行下，制造出具有市场竞争力、影响力，且归属于中国的自主品牌，在提高国家整体经济实力方面，是具有非常重要的现实意义和战略意义的。对于中国企业而言，必须抓住全球产业结构调整和资源配置的机遇，树立知名品牌，提高产品质量，增强企业核心竞争力。

3. 管理制度保障

对于教育培训公司而言，由于市场进入门槛较低，加上我国教育培训行业起步较晚，与其他行业相比，许多方面还不够成熟，比如学校的标准化体系建设，很多中小机构在这方面尚处于起步阶段。有的教育培训公司在还没有建立完整的标准化可复制体系时，就开始麻木扩张新校，导致混乱不堪，最终关门歇业。与公办的小学、初中相比，由于延陵天元教育办学的时间不是太长、办学特点的差异性，在学生管理、教师管理制度上存在缺陷，在品牌建设过程中，制度不完善的缺陷凸显出来，因制度的不完善在一定程度上影响了延陵天元教育日常的教学活动，从而在一定程度上影响了延陵天元教育教学的质量，不利于延陵天元教育品牌的建设。延陵天元教育在品牌建设过程中需加强标准化管理体系建设，以此来加强对学生、老师和校区的管理。所涉及的管理制度主要包括教师职业素质标准、岗位职责标准、岗位考评标准、教学、教研、教务、财务、营销管理以及行政后勤、人力资源管理等方面。

4. 企业文化保障

在企业发展过程中，企业文化建设与品牌建设都在一定程度上影响着企业的健康发展，决定着企业的成败与兴衰。企业文化和品牌建设都是企业的核心竞争力，两者从不同角度塑造着企业的影响力、控制力、领导力。其中，企业的核心价值观起着至关重要的作用，为企业品牌建设和企业文化建设明确了方向，企业文化和品牌建设相辅相成，互相支持，协调发展。从战略角度讲，战略实现和战略落地均是在企业文化和品牌建设的支持下形成的。杰克·韦尔奇认为，“企业文化是永远不能替代的竞争因素，企业靠人才和文化取胜。缺乏文化底蕴的品牌建设是苍白无力的，没有明确的企业文化的企业做品牌建设，就好比空中楼阁，将会轰然倒塌。炒作出来的品牌因为内涵不足更加经不起市场经济的洗礼，必然会被社会所淘汰”。

延陵天元教育将明确公司企业文化，从制度文化、理念文化、行为文化着手，加强延陵天元教育的文化建设。第一，在制度文化方面，加强制度体系的建设，对已有的制度进行优化调整，使其更加符合延陵天元教育自身的需求，最终以制度文化来塑造企业精神文化，用制度来保证企业精神所倡导的一系列行为准则，通过制度建设规范学生、老师的行为，并通过制度文化使企业精神转化为延陵天元教育学生和老师们的自觉行动；第二，明确延陵天元教育的经营理念，把这种经营理念固化到每一位教师的心中，形成一种意识，从而激发全体教师形成以做良心教育为荣的理念文化，以此激发教师们崇高的使命感和奋力工作的干劲；第三，延陵天元教育加强行为文化的建设，明确教师们在教学活动、学习娱乐中自我规范、严以律己，始终以一名人民教师的身份要求自我，不能因是非公办教师而降低自我的要求。另外，延陵天元教育不断地、有计划地对教学设施进行投入和维护，保证教学的环境。延陵天元教育将加大对教师队伍的考核力度，积极鼓励教师参加专业类的培训和学历提升，以此促进教师队伍专业水平的提高，为学生们提高更好的教学服务。

三、科学管理

（一）完善工作运行机制

延陵天元教育在发展过程中，高度重视工作运行机制建设，特别是着眼于解决工作划分不明确的问题，进一步健全和完善规范化的工作机制。为此，延陵天元教育高度重视工作运行体系建设，成立了专门的管理机构，负责工作安排、工作分析、绩效考核等工作，这样能够使延陵天元教育工作运行机制更具科学性。延陵天元教育把制度建设作为优化工作划分的重要措施，建立科学的组织机构，对各方面的业务都建立了明确的部门，并由专人负责，同时还明确岗位职责，根据不同的岗位制定相应的岗位目标责任制，使每个岗位都十分清晰，这样能够使员工明确自己的职责，知道自己应该做什么、不应该做什么、应该做到什么程度等，这样能够使工作划分更具精细化，进而形成自我管理的有效机制，使工作运行更具科学性。

（二）优化薪酬管理机制

延陵天元教育积极创新薪酬管理机制，特别是要将公平、公正、公开作为薪酬管理的重要原则，按照员工岗位特征设计薪酬等级，即根据员工的不同岗位的特点设计不同的薪酬模式，从而建立科学的员工薪酬等级。在公开方面，通过制定科学的薪酬管理制度，明确每个层级、每个岗位的工资标准，并严格按照这一标准执行，无论是高管薪酬还是基层的教师乃至勤杂人员，均有明确的工资标准，并且采取公开化的方式，让每一名员工了解公司整体薪酬设计情况，不仅有利于体现对员工特别是普通员工的尊重，同时也有利于激发普通员工通过勤奋工作向更高层次发展。

在公平方面，充分考虑内部公平与外部公平两个方面，内部公平在充分征求员工意见和建议的基础上建立明确、具体、清晰的薪酬制度；外部公平采取具有外部竞争优势的薪酬政策，对于管理人员、教学人员、急需要人员、市场需求大于供应的人员，将薪酬水平定位于市场水平之上。大力加强提成薪酬的管理，建立提成薪酬管理机制，提升提成薪酬管理的科学性，必须注重与管理人员、行政人员、教学人员的沟通，建立评审和员工申诉系统，成立薪酬申诉小组，这样做既有利于加强对薪酬管理制度落实情况的监督和指导，也有利于广泛收集教学人员对提成薪酬管理的意见并加以处理，在建立、落实、完善提成薪酬管理制度过程中落实好人本管理的理念。

（三）强化人员管理效能

延陵天元教育把强化人员管理效能作为健全和完善管理机制的重要组成部分，因为只有大力加强人员管理，才能使管理人员、行政人员、营销人员、教学人员的积极性、主动性和创造性管理能效发挥，进而能够形成做大做强的合力。延陵天元教育把制定人力资源管理工作规划作为重中之重，围绕推动延陵天元教育发展与促进人员发展双赢目标，研究制定近期、中期、长期人员管理工作规划，明确具体要求、方法步骤、组织领导、保障措施。加强组织领导，建立专门机构，使人员管理制度的实施有领导、有组织、有机构、有人员，激发延陵天元教育各类人员的学习动力、创新动力和工作动力，最大限度地发掘各层次人员的潜力，提高整体素质。延陵天元教育通过打造具有自身特色的企业文化，最大限度地提升以人为本管理的渗透性、务实性和效能性。这需要在企业文化建设方面做到 3 点：一是从道德的角度，强调企业的社会责任；二是基于对知识价值的认识，旨在建立一种学习型企业，适应知识经济时代的要求；三是基于对人性的认识，旨在建立一种关心人、尊重人、激励人的文化。比如，延陵天元教育经常开展座谈讨论、沟通交流、征求意见、评比表彰等系列活动，激发员工热爱企业、奉献自我、实现价值的精神追求，提升员工创业、创新、创造的意识和能力。

（四）优化企业管理模式

延陵天元教育为了进一步健全和完善管理机制，把优化企业管理模式作为重要的基础。这就需要延陵天元教育大力加强现代企业制度建设，按照现代企业制度的模式重新对延陵天元教育的组织、运行、人员等进行科学配置，这样能够提升管理效能。比如延陵天元教育实施员工持股计划，通过员工持股计划，不仅为延陵天元教育扩大规模、做大做强提供资金渠道，而且员工持股具有激励性和约束性的双重作用，进而能够进一步激发教师、员工以及员工开展工作的积极性、主动性和创造性，这样能够为延陵天元教育做大做强创造更为有利的条件。再比如在开展管理工作过程中，高度重视内部管理体系的完善，特别是要在建立现代企业制度方面狠下功夫，这样能使延陵的发展步入更加科学化的轨道，不仅有利于逐步促进延陵天元教育做大做强，而且也有利于提升自身的市场竞争力，更有利于吸引优秀的教学人员以及管理人员，为延陵天元教育未来发展奠定坚实的基础。

四、深刻领会和贯彻二十大精神，为进一步发展素质教育、推进中华传统文化体育事业发展和增强民族自信而奋斗

党的二十大报告为我们在新时代新征程上进一步发展素质教育、推进中华传统文化体育事业发展以及增强民族自信指明了方向、明确了任务。一方面这为围棋作为素质教育工具的发展提供了机会，同时也对围棋作为发源于中国的传统体育项目提出了更高的要求，而作为围棋从业者，我们也理应承担起相应的责任，做出应有的贡献。

（一）抓住机遇，深耕行业，做人民满意的素质教育

党的二十大报告强调加强素质教育和推动文化自信，围棋作为素质教育产品，也一定会迎来大发展、大繁荣。在“实施科教兴国战略，强化现代化建设人才支撑”部分，习近平总书记这样强调：发展素质教育，促进教育公平。教育、科技、人才是全面建设社会主义现代化国家的基础性、战略性支撑。

必须坚持科技是第一生产力、人才是第一资源、创新是第一动力。深入

实施科教兴国战略、人才强国战略、创新驱动发展战略，开辟发展新领域新赛道，不断塑造发展新动能新优势。我们要坚持教育优先发展、科技自立自强、人才引领驱动，加快建设教育强国、科技强国、人才强国。

总书记在提到教育这一块的时候，着重提到了要加强素质教育。围棋是很好的素质教育工具，又蕴含着丰富的中华文化内涵，为推进围棋发展，国家制定了一系列政策：

（1）2021 年，国务院印发《全民健身计划（2021—2025 年）》。文件指出：探索建立全国统一的“运动银行”制度和个人运动码，推动武术、龙舟、围棋、健身气功等中华传统体育项目“走出去”。

（2）2021 年 8 月，深圳市教育局印发《深圳市围棋项目进校园实施方案》的通知，大力落实推广围棋。

（3）2021 年，杭州棋类被纳入中学体育特长生项目。

（4）2022 年，围棋纳入上海高中体育招生计划。

（5）2022 年 4 月，衢州发布《衢州市围棋发展振兴条例》，这是全国首部围棋法。

2022 年是进入全面建设社会主义现代化国家、向第二个百年奋斗目标进军新征程的重要一年。围棋所蕴含的自由、平等的理念，有助于人们在社会生活中和平共存。围棋不仅对于个人修身养性，而且对民族社会的群体心理产生深刻影响。以上这些都说明，围棋在国家民族精神生活中的地位和影响已远远超出了单纯智力游戏和智力博弈活动的范畴。围棋作为素质教育工具和中华优秀传统文化，将来一定会变得越来越流行。国家实现民族振兴、实现现代化的梦想，急需更多全面发展的创造型人才，实施素质教育是达到此目的的基础和必由之路。

素质教育，首选围棋。4000 多年前，“尧造围棋，教子丹朱”，它告诉我们中国是围棋的发源地。围棋是中华民族传统文化的瑰宝，是一项将智力、体力、品质、意志融为一体的活动，是古代“琴棋书画”四艺之一。双减政策下，家长和学生从学科培训的重压“逃离”后，对兴趣类培训的重视程度越来越高。

围棋作为素质教育产品，也一定会迎来大发展、大繁荣。延陵天元教育也必将以更高的标准来要求自己，苦练内功，深耕行业，为广大学员开设更高质量的课程，培养更多优秀的高素质学员。

（二）传承围棋传统文化，推进传统体育事业发展，增强民族自信

习近平总书记强调：一个国家、一个民族不能没有灵魂，并指出文化就是国家和民族的灵魂。一个民族的强盛是以文化为支撑的。文化兴国运兴，文化强民族强。因此，对本民族文化一定要有坚定的文化自信，没有高度的文化自信，就不可能有文化的繁荣兴盛，更不可能有民族的兴旺发达。中华民族的传统体育包括少数民族的传统体育和汉族的传统体育，它是各民族在长期的社会生产和生活过程中逐渐积累起来的包含其世界观、人生观、价值观和民族信仰乃至一切民俗民风的载体文化，是蕴含丰富历史文化信息的特殊文化活动形式，是各民族身体技艺的彰显，是典型的中华优秀传统文化，是中华民族体育乃至世界体育中“和而不同”的组成部分。我国目前正处在一个中华民族伟大复兴的时代，传统体育作为中华优秀传统文化中的一枝独秀，在文化的发展和中华民族的伟大复兴中都具有“补钙壮骨”和“固本培元”的作用。习近平总书记在党的十九大报告中强调：要让中华优秀传统文化展现出永久魅力和时代风采。

“尧造围棋，教子丹朱”，中国是围棋的发源地，将这一民族瑰宝传承好、弘扬好，是每一个围棋人要去做的事情。延陵天元教育在培训方面虽然已经取得了一些成就，但在围棋文化的传承、传统体育事业发展以及增强民族自信方面还有很多工作要做。延陵天元教育应将自身定位在更高的层次、在更广的范围内进行思考和实践。

一是要深刻领会党的二十大精神的重要意义，从讲政治的高度学习好、运用好习近平新时代中国特色社会主义思想，用辩证唯物主义和历史唯物主义史观分析解决围棋传承发展、普及提高、改革创新等方面的问题，结合学习贯彻二十大的精神，在竞赛规则改革、产业发展、宣传推广、人才培养等方面消化好、转化好、运用好、宣传好。二是要从战略和全局高度完整、准确、全面理解把握党的二十大精神，深入学习领悟过去 5 年工作和新时代 10 年伟大变革的重大意义，进一步坚定历史自信、增强历史主动；深入学习领悟以中国式现代化全面推进中华民族伟大复兴的使命任务，发挥自我革命的精神，把握团结奋斗的时代要求，找准围棋作为我国民族优秀传统文化在体

育强国建设中的地位和作用，以新的姿态推动围棋事业改革发展，为中国式的现代化建设贡献围棋力量。三是要坚定推动党的二十大精神在围棋行业落地落实，生根开花。全面对标对表党的二十大各项部署，对标体育强国建设，找准贯彻落实的结合点、发力点，牢固树立为人民服务的宗旨，将“办人民满意的围棋”作为衡量标准，推动围棋事业高质量发展。

延陵天元教育将更加努力、脚踏实地地下好“本手”，努力创新弈出“妙手”，形成“立德树人、弈棋成长、以弈知礼、提升养成”的围棋文化，并不断提升传统体育事业发展，增强民族自信。

参考文献

[1]中共中央办公厅 国务院办公厅印发《关于构建更高水平的全民健身公共服务体系的意见》[EB/OL].（2022-03-23）[2023-05-01]. http://www.gov.cn/zhengce/2022-03/23/content_5680908.htm.

[2]天猫发布《2019 运动消费趋势报告》：2019 年天猫平台运动消费年增速近 40%[EB/OL].(2019-12-16)[2023-05-01]. https://baijiahao.baidu.com/s?id=1653062552310202807&wfr=spider&for=pc.

[3]国家统计局 .2021 年全国体育场地统计调查数据 [EB/OL]. [2023-05-01]. https://www.sport.gov.cn/jjs/n5043/c24251191/part/24251201.pdf.

[4]李颖川 . 体育蓝皮书：中国体育产业发展报告（2019）[M]. 北京：社会科学文献出版社，2020.

[5]李颖川 . 体育蓝皮书：中国体育产业发展报告：2021—2022[M]. 北京：社会科学文献出版社，2022.

[6]《2021 中国健身行业数据报告》发布 全国健身会员数连续 5 年增长 [EB/OL].(2022-06-14)[2023-05-01]. https://baijiahao.baidu.com/s?id=1735567535428123477&wfr=spider&for=pc.

[7]全国体育总局 . 2022 年中国全民健身发展白皮书 [M]. 北京：人民体育出版社，2023.

[8]人民爱健身发布《2022 国民健身趋势报告》[EB/OL].(2022-08-02)[2023-05-01]. https://baijiahao.baidu.com/s?id=1740011968182047069&wfr=spider&f.

[9]教育部基础教育质量监测中心 . 2018 年国家义务教育质量监测数学、体育与健康监测结果报告 [M]. 北京：人民教育出版社，2019.

[10]陈曦 .“后疫情时代”，户外运动时尚报告 [J]. 中国会展（中国会议），2022(14)：36-39.

[11]张军，魏傲东 . 冰雪运动进校园的现状与策略研究 [J]. 大连教育学院学报，2022，38(3)：62-65.

[12]王国伟，龚静 . 我国城市马拉松发展的现状、热点和趋势 —— 基于 Cite Space 和 VOSviewer 分析 [J]. 吉林体育学院学报，2022，38(5)：76-82.

[13]官媒：中国电竞产业收入 1445 亿元 人才缺口超百万 [EB/OL].(2023-01-19)[2023-05-01]. https//www.163.com/dy/article/HRBQF1SU0553LKHX.html.

[14]全民健身点亮幸福生活 [EB/OL].(2022-09-11)[2023-05-01]. https://www.sohu.com/a/584154321_121106854.

[15] 朱晓君 . 疫情时期体育赛事运营策略 [J]. 合作经济与科技，2022(12)：80-82.

[16] 黄海燕，刘蔚宇 . 新型冠状病毒肺炎疫情对体育赛事发展的影响研究 [J]. 体育学研究，2020，34(2)：51-58.

[17] [名单在此] 国家登山健身步道示范工程总体情况 [EB/OL].(2020-03-20)[2023-4-24]. www.sohu.com/a/381721923_723302.

[18] 京东发布：2022 户外露营消费趋势洞察报告 [EB/OL].(2022-09-28)[2023-4-24]. https://www.meadin.com/246978.html.

[19] 鲍明晓 . 论场景时代的体育产业 [J]. 上海体育学院学报，2021，45(7)：1-7.

[20] 梁强 . 基于 ROS 与 ISM 的国家登山健身步道运营管理策略研究 [J]. 山东体育学院学报，2021，37(3)：1-9.

[21] 梁强 . 基于 ROS 的户外运动基地可持续开发模式研究 [M]. 北京：经济管理出版社，2021.

[22] 赵伟，梁强 . 国家登山健身步道系统构建与可持续发展研究 [M]. 北京：经济管理出版社，2020.

[23] 梁强 . 户外休闲产业国际视野与本土观察 [M]. 北京：知识产权出版社，2014.

[24] 梁强，李伟 . 我国户外休闲产业发展环境与成长路径的分析研究 [J]. 南京体育学院学报 (社会科学版)，2015，29(5)：1-10.

[25] 梁强 . 我国登山户外参与人口调研平台建设研究 [J]. 南京体育学院学报 (社会科学版)，2014，28(4)：53-58.

[26] 杨成，胡庆山，刘买如，等 . 我国商业赛马赛事风险管理体系的构建 [J]. 上海体育学院学报，2012，36(1)：27-31.

[27] 张琮玫，涂克强 . 中国商业性赛马的风险初析 [J]. 武汉商业服务学院学报，2010，24(1)：28-30.

[28] 铁钰，赵传飞 . 中国电子竞技产业研究 [J]. 体育文化导刊，2017(7)：100-104.

[29] 菅瑞珍 . 浅析内蒙古马产业与马文化 [J]. 当代畜禽养殖业，2018(9)：49-50.

[30] 包思勤 . 中国马产业蓝皮书 [M]. 呼和浩特：内蒙古教育出版社，2019.

[31] 王怀栋，等 . 内蒙古马文化与马产业研究丛书：马产业 [M]. 呼和浩特：内蒙古人民出版社，2019.

[32] 农业农村部办公厅 国家体育总局办公厅关于印发《全国马产业发展规划（2020—2025）》的通知 [EB/OL].(2020-09-29)[2023-05-01]. http://www.moa.gov.cn/govpublic/xmsyj/202009/t20200929_6353503.htm.

[33] 走中国特色现代马产业发展道路——农业农村部、国家体育总局有关司局负责同志解读《全国马产业发展规划（2020—2025 年）》[EB/OL].(2020-09-29)[2023-05-01]. http://www.moa.gov.cn/xw/zwdt/202009/t20200929_6353556.htm.

[34] 孔蓉，吴钢芳，祁小叶，等 . 中国马文化产业蓝皮书 [M]. 北京：商务印书馆，2021.

［35］殷俊海，云梦迪，郎林，等 . 内蒙古马文化与马产业研究丛书：赛马业 [M]. 呼和浩特：内蒙古人民出版社，2019.

［36］龙芬芳 . 浅析我国自驾车旅游发展的意义、现状及思路 [J]. 中国集体经济，2010，22：143-144.

［37］肖建成 . 自驾游在中国的发展现状分析 [J]. 经济师，2010(11)：273，281.

［38］曾璐 . 自驾车旅游中的法律问题研究 [J]. 乐山师范学院学报，2013(3)：92-97，102.

［39］崔美玲，朱斌 . 浅谈中国自驾游的开展 [J]. 经济研究导刊，2013(27)：270-271.

［40］赵鹏，李享，刘磊 . 旅行社与汽车俱乐部经营自驾车旅游的比较研究 [J]. 旅游学刊，2008(1)：76-80.

［41］罗祥云 . 基于旅行社平台的自驾游市场开发与产品设计 [J]. 湖南第一师范学报，2008(1)：154-156.

［42］魏荔莉 . 体验经济时代自驾游与景区发展策略 [J]. 乐山师范学院学报，2008(8)：74-77.

［43］马聪玲 . 我国自驾游发展的现状及趋势 [J]. 中国经贸导刊，2014(29)：46-47.

［44］李东和 . 旅游目的地自驾车旅游服务体系构建 [J]. 旅游学刊，2012(3)：9-10.

［45］代俐 . 中国自驾车旅游要有序发展 [J]. 中国市场，2009(22)：17-18.

［46］崔祝南，董志文 . 中国自驾车旅游研究综述 [J]. 求实，2009(S1)：187-189.

［47］王东 . 自驾游存在的安全问题及其应对机制 [J]. 旅游纵览（下半月），2015(4)：33-34.

［48］付冰，刘思羽 . 国内自驾游安全问题及应对策略研究 [J]. 品牌，2015(8)：71，73.

［49］汪丽珍，周晓雷 . 自驾车旅游市场发展趋势及对策分析 [J]. 老区建设，2015(18)：30-32.

［50］陈乾康 . 自驾车旅游市场开发研究 [J]. 旅游学刊，2004(3)：66-71.

［51］王晶 . 山东省自驾车旅游营地建设及市场发展研究 [D]. 青岛：中国海洋大学，2014.

［52］程泓 . 国内自驾游客的消费行为研究 [D]. 北京：中国社会科学院，2016.

［53］北京市人民政府关于印发《2022 年市政府工作报告重点任务清单》的通知 [EB/OL].(2022-01-30)[2023-05-01].https://www.beijing.gov.cn/zhengce/zhengcefagui/202201/t20220130_2604669.html.

［54］北京市卫生健康委员会关于印发“十四五”时期健康北京建设规划编制工作方案的通知 [EB/OL].(2021-03-08)[2023-05-01].https://www.ylqx2b.com/zbZcfg/Itemcb43ba2e08a4436d.html.

［55］北京市体育局 2021 年度日常履职考核事项完成情况 [EB/OL].(2022-01-18)

[2023-05-01]. https://tyj.beijing.gov.cn/bjsports/zfxxgk_/1421305/zdrwjz/21204240/index.html.

[56] 北京市统计局，国家统计局北京调查总队 . 北京市 2021 年国民经济和社会发展统计公报 [EB/OL]. (2022-03-01)[2023-05-01]. https://www.beijing.gov.cn/gongkai/shuju/tjgb/202203/t20220301_2618806.html.

[57] 调查：2021 年北京市居民人均体育消费 3310.3 元 [EB/OL](2022-08-08)[2023-05-01]https://finance.eastmoney.com/a/202208082474038253.html.

[58]《北京 2022 年冬奥会和冬残奥会遗产报告（赛后）》发布 [EB/OL].(2023-02-01)[2023-05-01]. https://politics.gmw.cn/2023-02/01/content_36344617.htm.

[59] 夯实首都职鉴质量基础 激发人才培养创新活力——北京体育职业技能鉴定十年回顾 [EB/OL]. (2022-10-10)[2023-05-01]. http://tyj.beijing.gov.cn/bjsports/gzdt84/zwdt/325959244/index.html.

[60] 林志刚，李杉杉，吴玲敏 .2022 年北京冬奥会推动京津冀冰雪旅游公共服务协同发展策略研究 [J]. 中国体育科技，2021，57(9)：20-28.

[61] 刘峣 . 冷冰雪成为“热运动”“热经济”[N]. 人民日报海外版，2022-04-27(009).

[62] 2022 年中国冰雪运动行业发展趋势报告 [J]. 国际品牌观察，2022(8)：75-76.

[63] 2021 年北京市体育场地主要指标数据公报 [EB/OL].(2023-09-03)[2023-4-25]. http://tyj.beijing.gov.cn/bjsports/xxcx/tjxx/325910047/.

[64]“双奥之城”的光荣与梦想 [EB/OL].(2022-06-29)[2023-4-25]. https://www.beijing.gov.cn/renwen/jrbj/202206/t20220629_275 4576.html.

[65] 关于北京市 2021 年预算执行情况和 2022 年预算的报告 [EB/OL].(2022-01-19)[2023-4-25]. http://www.bjrd.gov.cn/zyfb/bg/202201/t2 0220119_2594869.html.

[66] 北京市财政局关于北京市 2021 年地方留用彩票公益金筹集分配使用情况的公告 [EB/OL].(2022-04-26)[2023-4-25]. http://czj.beijing.gov.cn/zwxx/tztg/202204/t20220426_2691888.html.

[67] 北京市体育局关于 2021 年北京市体育彩票公益金筹集使用情况的公告 [EB/OL].(2022-06-30)[2023-4-25]. http://tyj.beijing.gov.cn/bjsports/zfxxgk_/czyjs/325867753/index.html.

[68]《中国冰雪旅游发展报告（2022）》：“三亿人上冰雪”从愿景到现实 [EB/OL].(2022-01-06)[2023-4-25]. http://www.ctaweb.org.cn/cta/gzdt/202201/0e0ee233eeb740f2bcd10d3936466a7a.shtml.

[69] 2021，陕西体育实现历史性跨越 2022，陕西体育勠力高质量发展 [EB/OL].(2022-02-17)[2023-05-01]. http://www.shaanxi.gov.cn/xw/ldx/bm/202202/t20220217_2210774.html.

[70] 陕西发布 15 项体育精品赛事 [EB/OL].(2021-03-09)[2023-05-01]. http://www.

shaan xi.gov.cn/xw/ldx/bm/202103/t20210309_2155585.html.

［71］新浪综合 .2017 年西安马拉松鸣枪开跑 中国男选手跻身前三 [EB/OL].(2017-10-29)[2023-05-01].http://sports.sina.com.cn/run/2017-10-29/doc-ifynhhay7604982.shtml.

［72］中国新闻网 .2018 西安国际马拉松开跑 数万跑者“穿越”千年城史 [EB/OL].(2018-10-20)[2023-05-01].https://www.chinanews.com.cn/ty/shipin/cns/2018/10-20/news789661.shtml.

［73］三秦网 .2019 西安（阳光城）国际马拉松赛鸣枪开跑 [EB/OL].(2019-10-20)[2022-02-02].https://www.sanqin.com/2019-10/20/content_8069013.html.

［74］中国青年报 . 2021 西安（融创）马拉松赛鸣枪开跑 [EB/OL].(2021-04-17)[2023-05-01].https://baijiahao.baidu.com/s?id=1697277089854437226&wfr=spider&for=pc.

［75］新浪体育 . 相约西安筑梦全运 2021 西安城墙半马开跑 [EB/OL].(2021-04-10)[2023-05-01].https://sports.sina.com.cn/run/2021-04-10/doc-ikmyaawa8911053.shtml.

［76］搜狐新闻 . 世界女子国际象棋大师巅峰赛落幕 中国棋手包揽冠亚军 [EB/OL]. (2021-12-16)[2023-05-01]. https://www.sohu.com/a/508811354_120578424.

［77］新浪体育 . 世界女子国象巅峰赛西安收官 侯逸凡蝉联冠军 [EB/OL].(2020-12-05)[2023-05-01]. https://sports.sina.com.cn/go/2020-12-05/doc-iiznezxs5405289.shtml.

［78］搜狐 . 燃炸了！ 2021 年陕西省街舞公开赛西安开赛 [EB/OL].(2021-11-19)[2023-05-01].https://www.sohu.com/a/504146744_632637.

［79］光明网 .2021 咸阳中国杯城市定向赛鸣枪 [EB/OL].(2021-06-12)[2023-05-01].https://m.gmw.cn/baijia/2021-06/12/1302355189.html.

［80］人民网 .1000 余支参赛队 咸阳中国杯城市定向赛火热开赛 [EB/OL].(2021-06-12)[2023-05-01].http://sn.people.com.cn/n2/2021/0612/c380805-34774544.html.

［81］潇湘晨报 . 陕西 2021 铜川射箭公开赛将于 10 月 30 日开赛 [EB/OL].(2021-10-16)[2023-05-01].https://baijiahao.baidu.com/s?id=1713704386641933497&wfr=spider&for=pc.

［82］彭麟凯，刘长江，王小春 . 陕西省休闲体育产业发展现状研究 [J]. 当代体育科技，2019，9(13)：2.

［83］搜狐 . 参观红色体育博物馆 推动党史学习教育往实里走 [EB/OL].(2021-04-19)[2023-05-01].https://www.sohu.com/a/461685200_488054.

［84］汤凯，张强，华锋 . 试论陕西体育博物馆的功能完善与发展路径 [J]. 新西部，2021(1)：92-94.

［85］“十四运东风”助力陕西人均体育场地面积增长 84.1%_[DB/OL].(2021-04-29)[2023-05-01].http://www.shaanxi.gov.cn/xw/ldx/bm/202104/t20210429_2161807.html.

［86］黄龙县人民政府网站 . 黄龙概况 [EB/OL].(2023-03-29)[2023-05-01].http://www.hlx.gov.cn/zjhl/hlgk/xqgk/1.html.

附录：全书各篇报告英文摘要及关键词

General Report

1 Current Situations and Trends of Leisure Sports Development in China

Li Linlin Luo Shuaicheng Li Xiangru

Abstract: After the 20th National Congress of the Communist Party of China, China's sports reform has continued to advance, the modernization of sports governance system and governance capacity has been carried out solidly, the leisure sports consumption market has enjoyed unlimited business opportunities, the leisure sports industry has made great progress and become more and more important in the national economy, and the construction of a healthy China and a strong sports nation has taken new steps. In retrospect, the scale and structure of China's leisure sports industry has been optimized, fitness and leisure facilities have been gradually increased, fitness and leisure life choices have become increasingly diversified, fitness and leisure consumption has continued to grow, domestic brands have achieved record sales, the number of people participating in fitness and leisure has steadily risen, national physical health has been significantly improved, fitness and leisure protection has been strengthened, and the leisure sports industry has taken on a prosperous look. On the whole, China's leisure sports have undergone innovative changes in theory and practice, technological applications and participating people, organizational forms and publicity methods, sports scenes and event effects. The fashionable leisure sports industry represented by outdoor sports, ice and snow sports, marathon sports, equestrian sports, e-sports, etc., the regional leisure sports industry represented by Beijing, Shaanxi

Province and Jiangsu Province, the typical leisure industry is represented by urban leisure sports, special leisure projects and special leisure enterprises have all achieved remarkable results. Looking into the future, leisure sports in China is flourishing, and it is the right time!

Keywords: China; leisure sports; current development; future trend

Special Reports

2 Analysis of the Current Situation and Trends of the Development of Outdoor Sports Industry in China

Liang Qiang Wang Yuyue

Abstract: The outdoor sports industry has shown a spurt of development under the guidance of a series of national and local policies. 2020 saw a major impact on the development of outdoor sports due to the sudden advent of the COVID-19 pandemic, and at a time of government guidance and when outdoor sports' own characteristics are being explored, outdoor sports have been reborn and gradually come out of the predicament, bringing confidence and experience to the innovative development of China's sports industry. This paper studies China's outdoor sports industry in terms of big data, analysis of the current situation of the outdoor sports industry, analysis of the problems of the outdoor sports industry and analysis of the environment of the outdoor sports industry. On this basis, the trends and characteristics of the overall development of China's outdoor sports industry are derived, and suggestions are made for the further development of the outdoor sports industry.

Keywords: outdoor sports industry; development characteristics; development trend; development suggestion

3 Status Quo, Trend and Research Focus of Electronic Sports Industry in China

Yang Yue

Abstract: "Electronic sports" is an evolution of human sports behavior in the information age. It is a competitive sports activity among people that uses electronic game content as a carrier and utilizes electronic interaction technology and hardware tools. Given the enormous influence of e-sports among young people, it has become an industry form that cannot be avoided or even must be highly valued in the formulation of policies on science, technology, economy, society, and sports culture in China in the future. This study focuses on the fact that e-sports is becoming a global cultural phenomenon and a rapidly emerging type of sports, attracting a large number of participants and viewers, especially young people. Electronic sports have become a prominent sports event independent of online games, and are of great significance for the development of the sports industry. This study proposes preliminary research and analysis on several issues that are currently worth studying, such as e-sports game standards, e-sports alliances and clubs, health problems caused by e-sports and rehabilitation, elimination of negative impacts of e-sports, e-sports education, and public management in the e-sports industry.

Keywords: China; electronic sports; e-sports industry; research hotspot

4 Report on the Current Situation and Development Trend of China's Leisure Equestrian Industry

Yin Junhai Yun Mengdi Qi Xiaoye

Abstract: At present, China has completed the building of a moderately prosperous society, and the leisure industry has occupied an increasingly important position in the overall situation of national economic and social development. As

China's comprehensive national strength and people's living standards improve, society's demand for sports and athletics also increases. Equestrian sports and riding tourism will become a new hobby for the people, and horse riding clubs become important places for leisure and fitness and children's education. This report begins with an overview of China's leisure equestrian industry and its current development, analyzes the characteristics of the leisure equestrian industry, and on this basis points out the trends and suggestions for the future development of China's leisure equestrian industry.

Key words: China's leisure industry; equestrian sports; leisure equestrian industry

5 Study on the Development of Self-driving Tour in Shandong Province

Han Lei

Abstract: Shandong Province boasts abundant tourism resources and a rich cultural atmosphere, earning it the name "Land of Qilu". Its profound history, splendid culture, beautiful natural landscapes, and gorgeous cultural attractions all showcase its charm to the world. Since 2011, the tourism-related departments in Shandong Province have actively built the tourism brand "Hospitable(Haoke) Shandong" to expand the influence of Shandong's tourism brand. Leveraging its cultural and tourism resources over the past 15 years, Shandong's self-driving tourism has gained momentum and taken a leading position within the domestic market. However, there are currently numerous issues within Shandong Province's self-driving tourism market, including disorderly development of self-driving tour organizations, necessitating stronger supervision by relevant authorities. In the future, guided by relevant regulatory agencies and industry associations, Shandong's self-driving tourism organizations will work towards standardized development goals. This article analyzes the current development of Shandong Province's self-driving tourism market and the related issues it faces, and summarizes the challenges in its development. Subsequently, based on these issues, the article offers suggestions for promoting the establishment of a regulatory framework for Shandong's self-driving tourism from the perspectives of government oversight and industry supervision.

Keywords: supervision; self-driving tour; self-driving tour organization;

6 Report on the Research of the Current Situation of Marathon Events in China

Feng Yu

Abstract: Based on the development of domestic marathon events in China over the past decade and combined with the theory of life sports, this paper analyzes and studies the development path of domestic marathon events in China over the past 10 years, the impact of domestic marathon events on people's lives, and its driving role in the national economy. First, the changes brought about by the popularization of sports in daily life are outlined, the latest data is used to show the development of national fitness activities and industries, and the theory of life sports is introduced. Secondly, an overview is given of the sport of marathon and its development in China. Thirdly, the factors behind the popularity of the marathon sport throughout the country are explored and studied. Fourthly, the development of the marathon event industry is studied. Fifthly, suggestions are made for the public to participate in marathon sports and for organizers to organize marathon events.

Keywords: life sports; marathon; health; industry

Regional Reports

7 Report on the Development of Ice and Snow Sports of Beijing in 2021

Kong Lingxue Yang Xinjie Wang Zhiwen

Abstract: In 2021, Beijing made orderly progress in various fields, providing strong support for the development of sports industry in terms of policies, economy, culture, etc. 2021 is the opening year of the 14th Five-Year Plan and also the year to put on a final sprint for the preparations of the Winter Olympics. As the host city of the Winter Olympics, Beijing has included ice and snow sports in its urban development plan and has continuously introduced a series of policies and measures related to ice and snow sports. With its natural resources and location advantages, Beijing is accelerating the construction of ice and snow sports venues and professional arenas, actively cultivating ice and snow talents, and promoting the popularization of ice and snow sports among the public. In the post-Winter Olympics era, Beijing needs to maintain the momentum of ice and snow sports development and further consider future development direction to open a new chapter in ice and snow sports of the city.

Keywords: ice and snow sports; leisure fitness; Beijing; Winter Olympics; professional talents

8 Report on the Development of Leisure Sports in Jiangsu Province

Xu Yue

Abstract: Jiangsu Province, located in the Yangtze River Delta, is a region with the highest level of economic development, industrialization, urbanization and modernization in China, and a zone where leisure sports enjoy the fastest development. With the increasing popularity of sports activities in Jiangsu Province, leisure sports have become increasingly prominent. Nowadays, leisure sports have become an important part of people's life, which have a far-reaching impact on the society, economy and culture of Jiangsu Province. Based on combing and discussing the present situation, characteristics and advantages of leisure sports development in Jiangsu, this paper studies the internal and external factors, development foundation, advantages and feasibility of leisure sports development in Jiangsu, and then discusses the development ideas suitable for leisure sports in Jiangsu, so as to provide useful reference for creating a reasonable and sustainable development path of leisure sports.

Keywords: sports industry; integration of sports and travel; integration of sports and health; industry development

9 Report on the Development of Leisure Sports in Shaanxi Province

Wang Bo Ji Yunbo

Abstract: In 2021, in the face of the relentless hindrance of the pandemic, we under the correct and scientific leadership of the Party and the government, still made certain achievements in leisure sports of Shaanxi Province and are full of confidence and strength for future development. This report will outline the picture of leisure sports development in Shaanxi Province in 2021 in terms of events, venues, industry, culture and organization, based on which the characteristics and trends of leisure sports development in Shaanxi Province will be proposed.

Keywords: Shaanxi; leisure sports; events; industry; culture

Typical Cases and Analysis

10 Case Study of Huatie International Culture and Tourism (Beijing) Co., Ltd.

—Responsibility of State-Owned Enterprise: Promoting High-Quality Development of Sports and Tourism Integration in the New Era

Xiao Jingli

Abstract: In the face of the new mission in the new era, Huatie International Culture and Tourism (Beijing) Co., Ltd. takes the initiative, overcomes difficulties and challenges, and gives play to its resources and brand advantages. Innovating the development model, it builds a brand of international leisure sports tourism development conference based on the strategy of a leading sports nation and plans the content of sports and cultural tourism activities for various local governments. With youth as the key target group, it links sports training and sports tourism research and study. The newly-set media section will increase brand promotion and promote high-quality development of sports tourism.

Keywords: sports tourism; youth sports training; sports research and study; Huatie International; Huatie Youth

11 Case Study of Changsen Sports

—Scientific Empowerment Leads China's Sports Flooring Industry to High-Quality Development

Zhao Jun

Abstract: *Made in China 2025* has called on transformation of "Chinese speed" to "Chinese quality". With more than 20 years of development, Changsen Sports boasts a profound influence in the industry. With innovation as the engine and scientific research as the driving force, Changsen Sports constantly improves its independent innovation ability and continuously creates health and sports products to meet the needs of the majority of consumers. It focuses on promoting the linkage between science and technology and the sports industry, and strives to realize the green transformation so as to help Chinese manufacturing go global and build a leading sports industry nation.

Keywords: sports industry; strategic orientation; science and technology; leading brand

12 Case Study of Changzhou Yanling Tianyuan Education Information Consulting Co.

Nie Hongrong Tang Cheng

Abstract: This article focuses on the development history of Changzhou Yanling

Tianyuan Education Information Consulting Co., details its experience of brand building and scientific management, and shares expectations for the development prospects of the go training industry in the new environment, with a view to providing useful reference for the development of companies in the same field.

Keywords: Changzhou Yanling Tianyuan Education Information Consulting Co.; go; development case; brand building; scientific management